LES SEIGNEURS

DU MÊME AUTEUR
CHEZ LE MÊME ÉDITEUR

Clockers
Ville noire ville blanche
Le Samaritain

F

Richard Price

LES SEIGNEURS

Roman

Traduit de l'anglais (Etats-Unis)
par Jacques Martinache

PRESSES DE LA CITÉ

Titre original : *The Wanderers*

ISBN 2-258-06726-X

Je chercherai en mon âme même… le Lion

Van Morrison

Les beaux jours,
O, enfants, pensez aux beaux jours

Lucille Clifton

1

Le seigneur de la guerre

Sur le terrain de jeu, Richie Gennaro, dix-sept ans, seigneur de la guerre des Vagabonds, était entouré de ses homologues des Rays, des Pharaons et des Bourreaux. Alliés susceptibles. Conversation tendue. A l'ordre du jour...

— Faut arrêter les négros.

— Tu crois que les Boules à Z de Fordham se mettraient avec nous ?

— Si on les a avec nous, c'est réglé.

— Oublie pas les Wong. Ils connaissent le judo, les bridés.

— C'est pas avec des prises de judo que tu peux lutter contre ça !

— Hé, range ce truc ! Putain, tu veux qu'on se fasse tous agrafer ?

— Et les mecs de Lester Avenue ?

— Nan, c'est des tueurs, ces gars-là.

— Justement. Ils te tuent aussi bien un bamboula.

— Paraît que les Bombardiers se sont mis avec les Extras parce que Clinton Stitch a un cousin chez eux.

— Les bronzés, ils ont toujours des cousins partout, t'as remarqué ?

— Les Bombardiers... merde... on est mal.

— Il nous faut vraiment les Boules à Z.

— Antone, tu connais Joey DiMassi, non ?

— Ouais.

— Si tu faisais un tour à Fordham ce soir avec Gennaro, pour voir si tu peux discuter avec les Boules à Z ?

— D'ac.

Richie se sentait mal à l'aise avec Antone. Les Vagabonds et les Pharaons se chicoraient souvent, et cette paix conclue en urgence n'était que temporaire. Et si ce soir Antone le poussait sur les rails pendant qu'ils attendaient le métro ? Les Pharaons savaient que Richie était l'esprit froid et logique derrière la machine de guerre des Vagabonds. Richie savait que s'il avait fait partie des Pharaons et qu'il avait l'occasion de pousser le chef des Vagabonds sous une rame de métro, il ne la laisserait pas passer. Il vaudrait peut-être mieux prendre un taxi.

La réunion fut ajournée.

— Alors, tu viens avec moi voir DiMassi, ce soir ?

— D'accord.

— Je te retrouve ici vers dix heures, O.K. ?

— O.K. On prendra un tax ?

Antone haussa les épaules, considéra Richie d'un œil méfiant.

— Ah, écoute... je sais pas si j'ai assez de blé pour un taxi.

— Bon, on verra.

— A plus.

— A plus.

Une fois que chacun eut regagné son coin de rue, son terrain vague ou son jardin public, Richie s'assit sur un banc et griffonna un état des lieux façon feuille de résultats.

NOUS		*EUX*	
Vagabonds (rital)	27	Extras (négro)	50
Pharaons (rital)	28	Cavaliers (négro)	30
Rays (irlandais)	42	Bombardiers (négro)	36
Bourreaux (polac)	30	Mau-Mau (négro)	40
Boules à Z (mélangé)	40	Wong (bridé)	27
Lester Av. (très rital)	50		

Sans les gars de Lester Avenue, c'était à peu près équilibré. Richie devait trouver un moyen de les mettre dans le coup sans qu'ils se retournent contre leurs alliés. Ils ne pouvaient pas blairer les bronzés, mais en réalité ils ne pouvaient blairer personne. Ceux de Lester Avenue étaient plus âgés, vingt et un ans en moyenne, et les comparer aux autres bandes du North Bronx, c'était comme comparer les marines aux gardes-côtes. Les autres bandes se castagnaient un peu, avec de temps en temps une mâchoire pétée ou quelques points de suture, mais les mecs de Lester Avenue avaient tous fait de la taule ou bossaient pour la Mafia. L'année précédente, Louie et Jackie Palaya, leurs chefs, avaient été inculpés de meurtre et avaient été tirés d'affaire par des avocats de la Mafia.

La seule autre bande à craindre, c'était les Boules à Z de Fordham, tellement givrés qu'ils se rasaient le crâne pour ne pas avoir les cheveux dans les yeux pendant la baston. Ils étaient plus âgés, eux aussi : dix-huit ans en moyenne. Le plus coriace des Boules à Z, c'était Terreur, un monstre bigleux qui se bigornait avec les gars de sa propre bande quand il n'y avait personne d'autre contre qui se battre. Mais même lui ne se risquait pas à emmerder le moins baraqué des gars de Lester Avenue. Ils leur tomberaient dessus, ils foutraient tout le quartier en l'air et ils recommenceraient tous les soirs jusqu'à ce que Terreur se livre. Puis ils lui feraient un procès bidon et, la semaine d'après, on retrouverait Terreur dans le coffre d'une caisse abandonnée, à Hunt's Point.

Richie songeait à l'adversaire. La plupart du temps, il ne comprenait rien aux nègres. Il avait fait le test « Préjugés raciaux » d'un magazine de BD et il avait eu tout bon, sauf à la question « Est-ce que les Noirs ont une odeur particulière ? ». Là, il avait coché « oui », et la réponse, lisible quand on retournait la page, était « non ». Des conneries, parce qu'il savait bien qu'ils avaient une odeur. Sa mère l'avait toujours mis en garde contre les bougnoules, les couteaux et les rasoirs, et comme quoi il ne fallait jamais monter seul dans un ascenseur avec des nègres parce qu'ils te coupaient les couilles et les fourguaient contre de la gnôle ou de la dope. Une chose qu'il avait vérifiée : dans les immeubles où la plupart des locataires étaient des nègres, le hall d'entrée ou l'ascenseur puait toujours la pisse. Une fois, il était passé à la cité de Gun Hill pour prendre l'énoncé d'un problème de maths chez un gars de sa classe, et l'odeur de pisse dans l'ascenseur l'avait fait gerber avant qu'il arrive à l'étage du mec.

Il comprenait qu'ils essayent de rassembler toutes les bandes de négros parce que, au fond, les mamadous avaient la pétoche sauf quand ils étaient toute une armée. Ce qu'il ne voyait pas, c'était pourquoi les Wong se mettraient avec eux. Ils appartenaient à des mondes différents. Au lycée, ils ne se bastonnaient jamais, mais ils ne faisaient pas copain-copain non plus. Les Wong, c'étaient les plus dingues. Non seulement ils étaient tous chinois, mais ils étaient tous parents ! Vingt-sept gus avec le même nom de famille. Wong. Tous avec un dragon tatoué, et on racontait qu'ils connaissaient tous le jujitsu et qu'ils savaient tuer du tranchant de la main.

Richie pensait que la plupart des chinetoques, mis à

part les cocos, étaient inoffensifs, et il aimait la bouffe chinoise, mais ces types, c'était autre chose. Il avait entendu dire que leur grand-père était un vrai seigneur de la guerre – d'une des triades de Chinatown, pendant la Première Guerre mondiale – et qu'il avait élevé ses gosses pour qu'ils perpétuent la terreur de cette époque. A ce que Richie avait compris, elle existait toujours là-bas, beaucoup moins puissante que la Mafia, d'accord, mais allez savoir ce qui se passait vraiment là-bas, et qui descendait en douce des bateaux venus d'Extrême-Orient pour se glisser dans Mott Street... Au lycée, les Wong étaient inséparables. Silencieux, même entre eux, ils passaient dans les couloirs comme la garde impériale, en laissant une impression de noblesse et d'unité qui les mettait au-dessus de toutes les autres bandes.

— Salut.

— Salut.

Richie leva les yeux vers P, qui regardait ses notes par-dessus son épaule. P était sa copine : quinze ans, les cheveux crêpés en choucroute, les taches de rousseur planquées sous une sorte de boue couleur chair. P était l'abréviation de peigne, elle avait toujours à la main un grand peigne rose et un Kleenex chiffonné.

— C'est quoi, ça ?

— Rien.

— Si c'est rien, pourquoi tu le caches ?

— Parce que ça te regarde pas.

— Vous allez vous battre avec les Pharaons ?

— Non.

P s'assit à côté de lui. Il plia la feuille de match et la fourra dans sa poche revolver, contracta ses pectoraux sous son tee-shirt bleu ciel pour attirer l'attention de P. Elle s'activait furieusement des mâchoires pour lécher son Bazooka, qui lui donnait une haleine sucrée. Sa blouse en rayonne rose collante révélait les plis de son soutien-gorge trop grand. Richie savait qu'elle le rembourrait avec des Kleenex, mais il regardait toujours ailleurs quand elle les enlevait avant qu'il la pelote.

La boucle du ceinturon de Richie était ornée d'un cœur entourant les initiales RG & P au-dessus des mots *Un grand amour ne meurt jamais.* P les avait gravés avec un clou le soir où elle lui avait taillé une plume pour la première fois sur le terrain de jeu. Il aurait préféré une pipe parce qu'il avait entendu des mecs dire que c'était encore meilleur que baiser, mais P avait obstinément refusé. Finalement, un autre soir, après quelques semaines de disputes, P avait accepté de lui en faire une le lendemain. Le lendemain, Richie avait pris deux douches, il s'était longuement inspecté la queue, il l'avait baignée dans l'eau de Cologne. Quand le grand moment était venu, P avait donné avec réticence un premier coup de langue et avait failli vomir, écœurée par l'eau de Cologne. Après quoi, ils n'avaient plus jamais abordé le sujet.

Elle passa sa jambe par-dessus celle de Richie et lui fit un clin d'œil. Elle portait des boots pointues en simili-cuir noir, Richie des Santiag effilées comme des dagues, remontant haut sur la cheville et s'abaissant vers le talon.

— Qu'est-ce que tu fais, ce soir ?

— Faut que j'aille à Fordham.

— Pour quoi faire ?

— Quelqu'un à voir.

— Je peux venir ?

— Non.

— T'as rencard avec une fille ? fit-elle, une promesse de violence dans le regard.

— Non, j'ai pas rencard avec une fille, répliqua-t-il en l'imitant. Je dois voir un mec.

— Pour quoi ?
— Un boulot.
— C'est du flan.
— Non, c'est pas du flan.
— J'ai besoin que tu m'aides pour mes devoirs.
— Des devoirs de quoi ?
— Maths et sciences so.
— Je passerai vers huit heures.
— A toute, alors.

Elle lui ébouriffa les cheveux et partit.

Le jour vira au gris neutre. Six heures et demie, l'heure de dîner. Le terrain de jeu était désert, mis à part un gardien en uniforme vert olive qui ramassait les ballons de basket et les balles en mousse rouge. Richie Gennaro traversa la cité en direction de son bâtiment.

Son père était déjà rentré, ce qui signifiait que Richie était en retard. Il se lava rapidement et se mit à table. Sa mère coupa un cantaloup en quatre et s'assit avec eux.

La table du dîner : un saladier de purée de pommes de terre, un saladier de brocolis, un plat avec quatre steaks, du pain frotté d'ail enveloppé de papier alu, une bouteille de soda Hammer au citron, une bouteille de soda Hammer à la crème, un saladier de laitue, une bouteille de vinaigrette Seven Seas, une bougie non allumée, un Richie Gennaro, dix-sept ans, un Randy Gennaro, douze ans, un Louis Gennaro, quarante et un ans, une Millie Gennaro, quarante et un ans. Dans un coin, un téléviseur réglé sur la 9, un Dick Van Dyke.

Le père de Richie brandit une édition de poche de *L'Amant de Lady Chatterley* en lançant à Richie :

— C'est à toi ?
— Ouais.

— Je ne veux pas de cette saleté dans ma maison.

— C'est un livre formidable.

— Me réponds pas. C'est des saletés.

— Tu l'as lu ?

— Je lis pas de saletés.

— Alors, comment tu sais que c'est des saletés ?

— Je suis parti de rien. Y a des jours, ta mère et moi, on devait faire les poches de tous les vêtements du placard pour trouver de quoi acheter du lait.

— Papa, c'est un classique, ce bouquin.

— Ah ouais ? Regarde un peu page 267, c'est de la saleté classique.

— Je croyais que tu l'avais pas lu.

— Petit malin, va. On se tue au travail pour qu'ils réussissent dans la vie et qu'ils aient des choses dont on osait même pas rêver, et voilà comment ils vous récompensent.

Il abattit le livre sur la table.

— Louis ! Enlève ça ! On est en train de manger !

— Ça y est, ta mère est contrariée, maintenant.

La famille mangea en silence et personne ne rit des plaisanteries de Dick Van Dyke. Richie finit son assiette, se leva et se dirigea vers la porte.

— Assieds-toi, prends un dessert.

— Pas envie.

— De la compote, au moins.

— Non, à plus tard.

— Hé, professeur ès saletés, tu vas où ?

— Chez P.

— Tu reviens cette semaine ?

Richie claqua la porte derrière lui et retraversa la cité.

— Espèce de feignant, je nettoierai plus cet appart de merde si tu continues à ramener de la boue et Dieu sait quoi sur mon tapis neuf chaque fois que tu mets les pieds ici. LA BONNICHE NOIRE FAIT PLUS LE MÉNAGE, T'AS COMPRIS ?

— Arrête de faire chier. Tu te bouges pas le cul de la journée et tu me traites de feignant devant mes gosses ? J'AI BESOIN QU'ON ME RESPECTE DANS MA MAISON. C'EST MOI QUI VOUS DONNE À BOUFFER, NOM DE DIEU.

Richie appuya sur la sonnette. Silence total.

Une voix dans la salle de séjour :

— Ouais ? C'est qui ?

— C'est moi.

Il avait horreur de crier à travers une porte fermée.

Le père de P vint ouvrir, gras, chauve, petit et mauvais. La visite de Richie le laissait indifférent, et la scène de ménage repartit aussitôt.

Richie traversa le vestibule en direction de la chambre de P. Caché dans la cuisine, Dougie, le petit frère, écoutait la bagarre des parents. Richie lui fila un coup de pied dans les fesses qui l'expédia dans la salle à manger.

— Hé, t'es con, protesta Dougie, qui retourna dans la cuisine avant de se faire repérer. Les Vagabonds sont des pédés ! Les Vagabonds sont des pédés !

— Dougie, je vais te laver la bouche au savon noir, menaça son père.

— Il m'a donné un coup de pied... Il m'a donné un coup de pied... Bon, je m'en vais de cette baraque.

— Oublie pas ta brosse à dents.

Richie entra dans la chambre de P. Elle était penchée au-dessus d'un classeur bleu sur la couverture duquel elle avait écrit de sa plus belle écriture : *P & RG. Un grand amour ne meurt jamais.* Il lut par-dessus son épaule :

Denise Rizzo *Algèbre*
12/9/62 *Mr Lumish*

$$2x = 10,\ x =$$
$$10x = 100,\ x =$$
$$5x = 65,\ x =$$

P & RG = Mrs PG
Denise Gennaro, Denise Rizzo Gennaro
DG DRG DRG & RG = Grand Amour
Mrs DRG Si x = RG et y = P, x + y = Amour

Elle ne l'avait pas entendu entrer parce que les Shirelles braillaient sur son électrophone. Il lui enfonça un doigt dans les côtes, elle poussa un cri et se retourna, chiffonna la feuille de papier. Ils bûchèrent péniblement pendant une heure et Richie finit par écrire lui-même le devoir. P était probablement la seule lycéenne de la ville à ne pas savoir quelles fonctions le maire Wagner exerçait à la tête de la ville.

Il la quitta à neuf heures et demie pour aller attendre devant le terrain de jeu. Antone arriva à dix heures.

— Salut.

— Salut.

— On prend un taxi ?

— Non, j'ai pas un rond.

— Moi j'ai pas envie de me taper le métro.

Ils prirent finalement deux bus pour se rendre à Fordham.

La plupart des magasins étaient fermés mais des milliers de gens déambulaient encore dans le vaste quartier commercial. Au milieu du carrefour le plus animé, sur un îlot abritant deux centres de recrutement pour la marine et l'armée de terre, ainsi qu'une rangée de vingt cabines téléphoniques, traînaient les Boules à Z de Fordham, crâne miroitant sous les tubes fluorescents, blousons noirs piquetés de clous, de boucles et de chaînes en argent. Mollement adossés aux cabines, ils mastiquaient du chewing-gum ou fumaient au ralenti avec des poses étudiées qui contrastaient avec la hâte des passants.

Antone et Richie se sentaient intimidés par la présence renfrognée des Boules à Z. Quand Terreur les repéra et s'approcha d'un pas nonchalant, il poussa des jointures à l'estomac de Richie. Il s'attendait à tout, il n'était prêt à rien. Antone arborait une expression de défi, mais son visage était blême. Terreur pesait cent cinquante kilos pour un mètre quatre-vingt-treize. Son absence de cheveux révélait un épais bourrelet de graisse sur la nuque. Asthmatique, il émettait à chaque inspiration un bruit de presse à vapeur. Il avait quitté le lycée ou plutôt il en avait été viré parce qu'il avait éraflé la tête d'un prof avec une lime à l'âge de quinze ans.

— Qu'est-ce que vous foutez ici ?

— On voudrait voir Joey... C'est important.

Les yeux bigleux de Terreur étaient des perles noires. Il ne cillait jamais. Tommy Tatti avait dit un jour que la mère de Terreur était mexicaine, mais personne n'avait cherché à vérifier en lui posant la question. Personne ne posait jamais de question sur la mère de quelqu'un d'autre. Même un simple « Ça va, ta mère ? » était exclu parce que l'autre se demanderait aussitôt ce qui pourrait ne pas aller chez sa mère.

— Il est pas là, Joey... Cassez-vous.

— Tu sais où on peut le trouver ?

— Il est en train de tringler ta mère.

Richie et Antone s'éloignèrent, poursuivis par le rire de Terreur qui retournait avec les autres crânes rasés.

— Tête de con, marmonna Antone.

Richie gardait le silence. Terreur lui filait tellement les

jetons qu'il n'osait même pas parler de lui derrière son dos. Ils descendirent Fordham Road en passant devant les boutiques aux vitrines éteintes.

— Hé, le v'là, fit Richie, qui avait repéré le crâne chauve de Joey montant la colline pour rejoindre sa bande.

Antone arrêta Joey.

— Salut, Antone, ça roule ? Hé, ça fait une paie qu'on vous a pas vus, les mecs.

Joey DiMassi était grand et maigre. Une balafre oblique sur son sourcil droit donnait à son visage une expression perpétuellement ahurie. Chef des Boules à Z, il n'était ni le plus coriace ni le plus malin de la bande, mais il avait un esprit logique et un sens aigu de la justice. Il était respecté.

Antone lui parla de la guerre qui se préparait. Joey sourit, demanda les noms des adversaires et dit à Antone de se détendre : il s'en occupait. Tout le monde avait une confiance implicite en Joey DiMassi. Quand il disait quelque chose, c'était comme si c'était fait. Tommy Tatti avait déclaré que Joey se présenterait un jour au poste de maire pour les Boules à Z de Fordham.

Le lendemain au déjeuner, le bruit courait que les bronzés avaient décidé de renoncer à la castagne. Tout le monde ignorait pourquoi, mais Antone et Richie savaient que Joey y était pour quelque chose. La réaction dominante consista en bordées de jurons, grandes claques dans les paumes et uppercuts dans le vide.

— Putain, je leur aurais pété la gueule.

— J'avais mon plan, ils auraient jamais compris ce qui leur tombait dessus.

— C'est des dégonflés, les moricauds.

Le soir, Richie mangea deux steaks et prit deux fois de la compote au dessert. Après le dîner, il décida de passer au camp des Vagabonds, un terrain vague bordé par des arbres et l'arrière de garages commerciaux au bout de sa rue. Les Vagabonds avaient déblayé une zone d'environ huit mètres de circonférence, où ils faisaient des feux de camp et sniffaient de la colle. Sur les murs des garages, on avait bombé le nom de la bande et, dessous, ceux de ses membres.

A une rue de distance, Richie sentit qu'il se passait quelque chose : trop de monde autour du camp. D'abord il crut que c'étaient des flics, ils se pointaient toujours quand il y avait un bon feu, mais il faisait encore trop clair pour ça. Ce n'étaient pas des flics. Il courut vers la clairière.

Les Wong.

Les Vagabonds avaient l'air de ne pas savoir quoi dire ni quoi faire. Perry cavala comme un dingue à la rencontre de son chef et murmura :

— C'est ces enfoirés de Wong !

— Qu'est-ce qu'ils veulent ?

— Je sais pas. Ils disent rien !

Les Wong demeuraient immobiles, comme s'ils posaient pour une photo de groupe, impassibles, les yeux réduits à des fentes. Si l'un d'eux avait poussé un cri de judoka, les Vagabonds auraient vidé les lieux en dix secondes chrono. Les troupes de Richie se tenaient en petits groupes, le regard fixe, se frottant nerveusement les bras. Finalement, Teddy Wong, le chef du clan, estima qu'il y avait assez de Vagabonds présents et dit d'une voix très basse :

— On est venus vous prévenir, pour les négros.

— La castagne est pas annulée ? fit Perry d'une voix incertaine.

— Si. Ils en veulent seulement à un mec. C'est qui, Gennaro ?

Richie aspira l'intérieur de sa joue, s'approcha de Teddy en courant.

— Pourquoi ? Qu'est-ce que j'ai fait ? Qu'est-ce que j'ai fait ?

Teddy le toisa avec mépris et les autres Wong eurent une moue dédaigneuse devant un tel manque de maîtrise de soi.

— Allez, mec, j'ai vu ce que t'as écrit sur le trottoir devant le bahut et à l'arrêt du bus.

— Quoi ? J'ai rien écrit du tout !

Teddy commença à s'éloigner, les autres suivirent en file indienne. Richie avait envie de rattraper Teddy et de pleurer sur son tatouage en implorant son pardon : il avait plus peur des Wong que de Clinton Stitch et des nègres. Le dernier Chinois à partir se tourna vers lui.

— C'était con, mec... vraiment con.

Ils se dirigèrent en formation rapprochée vers la station de métro.

Panique dans le camp. Le tee-shirt de Gennaro était trempé de sueur et son slip lui collait au zob là où il avait lâché un peu de pipi. Les autres firent cercle autour de lui.

— J'ai rien fait, j'ai rien fait, répétait-il, la voix brisée.

Le steak et la compote commençaient à remonter. Quand il envoya la gerbe, les autres firent un saut en arrière. Buddy Borsalino courut prendre la voiture de son père. Les autres aidèrent Richie à monter à l'arrière en prenant soin de ne pas trop s'approcher de lui : il empestait. Ils allèrent au lycée et virent sur au moins sept dalles du trottoir, écrit à la peinture blanche :

LES NÈGRES PUE

RICHIE GENNARO

Il ignorait totalement qui avait fait ça. Il n'avait pas vraiment d'ennemis, il ne s'était pas battu depuis des mois. A l'arrêt du bus, même chose, cette fois sur les murs. Ils retournèrent au camp.

— Richie, si tu dois te battre, on se battra aussi.

— Ouais, faut se serrer les coudes.

— C'est pas moi, c'est pas moi, répétait-il en un gémissement las.

— T'en fais pas, mec, on te laissera pas tomber.

Cette nuit-là, Richie fit un cauchemar.

Complètement nu, il se faisait dérouiller par deux gigantesques Noirs portant des lunettes de soleil qui lui enfonçaient lentement la tête dans le béton du terrain de jeu. Tambours vaudous. L'âcre odeur de pisse de l'ascenseur le faisait hoqueter. On l'avait mis à cuire dedans, dans une grande marmite noire au-dessus d'un feu roulant. Clinton Stitch, le chef des Extras, remuait le pipi avec une longue louche terminée par une tête de mort. On l'attacha ensuite sur un chevalet et les Wong lui assouplirent la couenne du tranchant de la main. Teddy les regardait faire en tunique brodée et calotte de soie noire ; il avait les yeux maquillés et une moustache mécheuse de soixante centimètres de long, les mains jointes, cachées dans les manches du vêtement. Soudain, elles apparurent, avec des ongles de cinq centimètres au vernis noir. Il les claqua deux fois l'une contre l'autre et deux gros chinetoques chauves amenèrent P, nue elle aussi, les mains liées derrière le dos. Ils la tirèrent par les cheveux, la forcèrent à s'agenouiller devant Teddy, qui ouvrit sa tunique. Son énorme dard se dressait, orné de chaque côté de tatouages de dragon crachant le feu. P reçut l'ordre de le sucer, ce qu'elle fit avec avidité, ne s'arrêtant que brièvement pour respirer et gémir : « J'aime ça, j'aime ça. »

Richie se réveilla avec la plus grosse trique de sa vie, que quelques coups de poignet transformèrent en giclées couleur nacre.

Au matin, les Vagabonds arrivèrent au bahut avec une gueule sinistre. Richie se traita de tous les noms pour ne pas avoir eu l'idée d'effacer au moins son nom la veille. Il suait sur les règles du pronom relatif sujet ou complément d'objet du redoutable Warriner, manuel de grammaire et de composition anglaise, quand un élève de seconde année grassouillet entra dans la classe avec un mot convoquant Gennaro au bureau de Mr Mulligan. Richie avait oublié les sanctions disciplinaires.

Mr Mulligan, ou « Biff », était une sorte de cyclone. Surveillant général, entraîneur de l'équipe de foot et casse-couilles en chef de l'établissement. Les jambes en flanelle, Richie entra dans le bureau situé au sous-sol, découvrit les deux flics, énormes et graves, avec des flingues gros comme des bites de cheval.

— C'est toi, Gennaro ? grogna l'un d'eux.

— Oui, m'sieur.

— Alors, t'es le malade qui a bombé le trottoir !

— C'est pas moi, m'sieur ! C'est pas moi !

— Tu mens.

— Non, je mens pas, m'sieur.

Les pouces glissés sous le ceinturon, les policiers avaient l'air de s'ennuyer. Le dossier disciplinaire à couverture beige de Richie était ouvert sur le bureau de Biff.

— Ne... sois... pas... insolent. Et fais disparaître ce petit sourire arrogant de tes lèvres avant que je ne l'efface d'une taloche !

Richie se demanda où Biff voyait de l'arrogance puisqu'il était quasiment en larmes.

— Tu as de gros ennuis, mon garçon.

— C'est pas moi !

Sa lèvre inférieure se mit à trembler, signe qu'il allait pleurer.

Biff le remarqua et adoucit légèrement le ton :

— Tu peux le prouver ?

— Pour commencer, je sais qu'on doit mettre e-n-t à « puent ».

L'un des flics éclata de rire, se reprit aussitôt. Même Biff eut un sourire.

— Je sais aussi que je vais me faire tuer, cet après-midi.

— Bon, retourne dans ta classe. Ce n'est pas fini, Gennaro.

En refermant la porte du bureau, il entendit l'un des flics s'esclaffer.

— Ah, ce gamin n'a rien fait, dit Biff. Je demanderai au gardien de passer les inscriptions au goudron.

A la cafétéria, les Vagabonds, se sentant faibles et sans défense, étaient assis dans un coin, les épaules voûtées. Ils avaient l'impression que tous les élèves les lorgnaient et ricanaient. Toutes les cinq minutes, un Noir passait devant leur table avec un sourire mauvais. Richie jeta son sandwich au thon à la poubelle et enfouit sa tête dans ses mains.

A trois heures, les Vagabonds se regroupèrent devant le bureau du principal et sortirent ensemble. Apparemment, tous les élèves noirs du lycée les attendaient dehors, formant un demi-cercle dans lequel les Vagabonds durent s'avancer. A l'exception de Richie, les membres de la bande furent poussés sur le côté et prévenus de ne pas revenir s'ils tenaient à leurs fesses. Impuissants, ils se tenaient de l'autre côté de la rue et tendaient le cou pour essayer de voir ce qui se passait par-dessus les têtes laineuses.

Richie était seul. Clinton Stitch sortit de la foule et lui fit face.

— Salut, Clinton, dit Richie avec un sourire nerveux.

Un rire parcourut les rangs des Noirs, suivi d'un chœur de « Salut, Clinton » en voix de fausset. Furieux contre lui-même, Gennaro se traita de pédé et retrouva un peu de force et de courage. Clinton était si musclé qu'on aurait dit qu'on lui avait cousu des pierres rondes sous la peau des bras et de la poitrine.

— C'est pas moi !

Nouveaux rires.

— Hé, allez vous faire foutre ! C'est pas moi, je vous dis !

— T'affole pas, mec, répondit Clinton. T'auras pas à te battre contre toute la bande. Juste contre moi.

— Je me bats pas contre toi, mec.

— Alors, je vais te buter là où t'es... mec.

Dans la foule, les jeunes Noirs se tapaient joyeusement dans la main et se bousculaient pour une place au premier rang. Clinton fit un pas vers Gennaro mais tourna la tête quand, dans un hurlement de freins, cinq Buick cabossées s'arrêtèrent devant le lycée. Dix types déboulèrent de chaque caisse en braillant, armés de chaînes de vélo, d'antennes de voiture et de battes de base-ball, faisant détaler la foule. Clinton expédia son poing dans la poitrine de Richie.

— Je t'aurai plus tard, enculé ! lâcha-t-il avant de disparaître.

Le cul par terre, étourdi, Richie pressait les mains sur son estomac. Tutti Frutti, un des gars de Lester Avenue, le saisit par le devant de son tee-shirt.

— Ecoute-moi... Si un de ces bouffeurs de bite pose encore la main sur toi, tu nous appelles, d'accord ? D'accord ?

— Oui, m'sieur, fit Richie, qui se sentait comme un petit garçon.

Autour de lui, tous les visages étaient blancs. Trois ou quatre des Noirs les moins rapides se faisaient tabasser sur la pelouse. Plus loin, Richie vit un jeune Extra poursuivi par un rital cinglé qui poussait des cris en faisant tournoyer une batte de base-ball au-dessus de sa tête.

— Où t'étais ? J'ai failli appeler ton père pour lui demander d'aller te chercher.

— J'avais une réunion.

Richie passa devant sa mère pour entrer dans la cuisine.

— Me raconte pas d'histoires. J'ai failli appeler la police.

— Laisse tomber, m'man.

— J'ai cru... Dieu nous préserve ! J'ai cru qu'un de ces nègres...

— Tu me lâches un peu, bon Dieu ?

Il ouvrit le réfrigérateur, prit une bouteille d'orangeade, but une longue gorgée.

— Dégoûtant ! On doit tous boire après toi, maintenant, hein ? fit-elle en lui giflant la nuque.

Il la regarda d'un œil torve, rota et ressortit avec la bouteille.

— Où tu vas ? dit-elle en le suivant dans le couloir.

— Chez P.

— Si t'es pas rentré à six heures, t'auras pas à manger... Je m'en fiche.

— D'accord.

— Oh ! Richie !

P l'entraîna à l'intérieur de l'appartement.

— Hé, qu'est-ce qui se passe ?

— J'ai réussi mon contrôle de maths.

Il lui offrit de l'orangeade.

— Moi aussi, j'en veux, fit Dougie.

Le gamin surgit en courant, lui arracha la bouteille de la main, éclusa près de dix centimètres du liquide en une lampée. Sa chemise blanche sortait de son pantalon et sa cravate à élastique de l'école du Saint-Rosaire pendouillait sous son col. Son visage étroit de lutin était barbouillé de chocolat et, quand il eut fini de boire, ses lèvres minces luisaient d'un reflet rougeâtre.

— Qu'est-ce que tu regardes ?

— On te le met quand, l'appareil ?

Dougie avait les dents de devant à la Bugs Bunny.

— Je t'emmerde ! vociféra le gosse. Si j'avais un chien avec une tête comme toi, je lui raserais le cul et je lui apprendrais à marcher à reculons !

Il était tellement en rogne qu'il avait de la salive sur le menton.

— Avec un appareil, tu ne postillonnerais plus sur les gens.

— Richie... intervint P.

Dougie se rua sur lui, essaya de lui coller un coup de pied dans les couilles mais Richie lui attrapa le mollet et lui fit faire le tour de la pièce sur une jambe. Dougie ne pouvait que hurler de rage impuissante. Quand Richie le lâcha, il tomba sur le dos.

— J'espère que les négros t'en ont mis une belle !

— Quoi ? fit Richie en saisissant son bras grêle. Qu'est-ce que t'as dit ?

Dougie prit peur et la ferma.

— Richie, laisse-le, tu lui fais mal.

P voulut libérer son frère, mais Richie ne le lâcha pas.

— Comment t'es au courant, pour les nègres ? Je vais te péter le bras, Dougie.

Le gamin se débattit et Richie vit de la peinture blanche sur ses doigts. Il sourit, tordit le bras de Dougie derrière son dos et lui murmura à l'oreille :

— Pourquoi t'as fait ça, Dougie ?

— Lâche-moi-lâche-moi-lâche-moi, oooh, Denise !

— Réponds et je te lâche.

— Deu-niise !

— Richie, arrête.

— Y avait qui d'autre, Dougie ?

— Deu-niise !

Richie tordit un peu plus le bras de Dougie.

— Yavéscoti, lâche-moi-lâche-moi, s'il te plaît !

Il le lâcha.

— Scottie Hite ?

Dougie se releva en se frottant le bras.

— Scottie Hite... répéta Richie.

Dougie fit un pas vers lui, se ravisa, frappa sa sœur au nichon gauche et courut s'enfermer dans la salle de bains.

Après le dîner, les Vagabonds se réunirent sur le terrain de jeu.

— Comment tu te sens ?

— Ça va, répondit Richie en se massant l'estomac. Hé, j'ai trouvé qui c'est.

— Antone ?

— Nan.

— Terreur ?

— Nan, vous devinerez jamais... Dougie Rizzo.

— Dougie ?

— Ouais, et son copain Scottie.
— Scottie Hite ?
— Merde, ils ont quoi... dix ans ?
— Tu veux qu'on leur botte le cul ?
— Nan... J'ai une meilleure idée.

Ce soir-là, Richie et Perry traversèrent le Bronx Park jusqu'à la grotte située près du terrain French Charlie. Six bicyclettes couchées devant formaient une marguerite. Sur l'extérieur de la grotte on avait peint une tête de mort et des tibias croisés avec cet avertissement :

CELUI QUI PÉNÈTRE DANS CETTE GROTTE
MOURRA DE LA MAIN DES ZORROS !!!

RANDY GLEN
CARY GENIE
STEVE PHIL

Richie passa la tête dans l'obscurité et sa voix se répercuta contre les parois :

— Hé, Randy !

Randy Gennaro sortit. Il avait les yeux globuleux et endormis, les lèvres boudeuses de son frère, mais, au lieu de la coiffure en cascade de Richie, il arborait une banane de quinze centimètres de haut.

— Salut, Richie.
— Salut, môme, quoi de neuf ?
— On est en réunion.
— Ecoute, j'ai un boulot pour vous.

Randy appela par-dessus son épaule et les cinq autres Zorros sortirent. Tout le monde s'assit en cercle à l'indienne dans l'herbe humide. Les Zorros étaient un groupe d'élèves de sixième de Saint-Rosaire qui sillonnaient le Bronx Park à vélo comme une bande de motards.

— On a un boulot pour vous, répéta Perry.

— Quel genre de boulot ?

— Vengeance, répondit Richie, expédiant une perle blanche de salive entre ses dents de devant.

— On veut que vous liquidiez un ennemi, reprit Perry, qui se curait l'ongle du pouce avec un canif.

— Un costaud ? s'enquit Phil, un blondinet gras.

— Nan... Un petit.

— Deux petits, rectifia Richie.

— Quelle classe ?

— Septième.

Les Zorros rigolèrent.

— On vous filera une part de pizza et un paquet de clopes.

— Chacun ?

— Une part chacun et un paquet pour toute la bande, répondit Richie.

— Deux paquets, proposa Perry.

Richie lui lança un regard mauvais.

— O.K., deux paquets.

— D'accord.

Le lendemain, six Zorros portant des masques du Ranger Solitaire et pédalant sur des English Racers s'abattirent sur Dougie et Scottie au terrain de jeu et les emmenèrent au Bronx Park. Devant la grotte, ils leur mirent un bandeau sur les yeux, leur attachèrent les mains derrière le dos.

— Arrête, Randy, je sais que c'est toi, dit Dougie.

Scottie, petit et maigrichon comme son copain, avec des cheveux blonds presque blancs coupés court, fondit en larmes.

— Silence ! ordonna Cary en décochant une gifle sur la nuque de Dougie.

— Laissez-nous tranquilles, geignit Dougie.

Sur un signe de Randy, on poussa les prisonniers dans la grotte, on les fit asseoir le dos au mur. Les six Zorros s'assirent en face d'eux, leur ôtèrent leurs bandeaux et leurs liens.

— Je vous connais tous, les gars. Et je cafarderai, prévint Dougie.

Les Zorros gardèrent le silence. Randy agita devant le visage du gamin un gros ver de terre au bout d'un bâton.

— Si tu l'ouvres encore, je te le fais avaler.

Dougie la ferma.

— Bon, reprit Randy en tirant de sa poche une feuille de papier. Dougie Rizzo et Scottie Hite, vous êtes accusés de haute trahison. Vous plaidez quoi ?

Avant que Dougie puisse ouvrir la bouche, Randy approcha de nouveau le ver de terre de sa figure.

— Rien à déclarer ? Euh... outrage à magistrat. Très bien. Et toi ?

Il agita le bâton devant Scottie, qui se vomit dessus.

— On crache sur le juge, hein ?

Randy se tourna vers les Zorros.

— Votre avis sur les accusés ?

— Coupables !

— Qu'on les tue !

— Qu'on les pende !

— Plan C !

— Non, plan A !

— Plan B !

— On les tue !

Randy fit de nouveau face aux prisonniers.

— Vous avez été reconnus coupables de tous les, euh, chefs... Vous avez un dernier mot à dire ?

Il fit mine d'avancer le bâton mais n'eut même pas à achever son geste.

— Nettoyez un peu ce type.

L'un des Zorros tira sur le tee-shirt de Scottie pour lui essuyer la bouche et le menton.

— En ma qualité de juge, poursuivit Randy, je déclare que vous pouvez choisir entre trois trucs pour votre punition. Plan A, on vous attache tout nus sur le sol de la grotte, et demain matin on passe ramasser ce que les vers et les araignées n'ont pas bouffé.

Il posa le ver de terre sur l'épaule de Dougie, qui poussa un cri.

— Non ? Je me doutais que ça vous plairait pas. Bon, plan B…

Il ouvrit un canif, approcha la lame de la pommette de Scottie.

— On vous arrache les yeux.

Le visage de Scottie se tordit comme s'il allait se remettre à pleurer.

— Je crois qu'il nous reste que le plan C…

— Plan C ! braillèrent les cinq autres.

On fit sortir les condamnés de la grotte pour les conduire à un pont enjambant un cours d'eau à sec. Quand ils furent au milieu, Randy ordonna qu'on leur enlève pantalon et slip. L'un des Zorros tira de sa poche deux longs morceaux de ficelle, attacha l'un au zizi de Dougie, lança le second à un autre Zorro qui fit de même avec Scottie.

— Qu… qu'est-ce que vous allez faire ? bégaya Dougie.

— On va vous transformer en filles.

Un Zorro s'éloigna, revint avec deux grosses pierres, une sur chaque épaule, les fit tomber par terre. Randy y attacha les extrémités des deux ficelles. Les Zorros poussèrent Dougie et Scottie au bord du pont, leur montrèrent le lit à sec, six mètres plus bas. Randy et Cary soulevèrent chacun une pierre, vérifièrent les nœuds à chaque extrémité de la ficelle, tinrent les pierres au-dessus du vide.

— Vous voulez dire adieu à vos bites ?

Scottie se pissa sur les jambes. Randy tira légèrement sur la ficelle et regarda la queue de Dougie remuer comme une marionnette.

— Un peu plus et elle tombait tout de suite ! fit-il en riant. Hé, je veux vous entendre dire au revoir à vos bites. Au revoir, ma bite... c'est gentil de ta part d'être restée si longtemps entre mes jambes. Allez, dites-le.

— Au revoir... commença Dougie, c'est gentil... Randy, arrête, je m'excuse.

— Scottie, à toi, maintenant.

— Au revoir... c'est...

— Un... deux...

Dougie et Scottie hurlèrent à pleins poumons.

— Trois !

Les pierres tombèrent, heurtèrent la terre fendillée avec un bruit sourd. Dougie et Scottie se tenaient au bord du pont, tétanisés mais indemnes. Randy se pencha par-dessus le parapet.

— Hmm, je crois que les ficelles étaient trop longues. Y a qu'une chose à faire...

Il ouvrit son canif, s'approcha lentement de Dougie, qui se mit à trembler en poussant des petits cris aigus. D'un geste ample, Randy coupa la ficelle de Dougie puis celle de Scottie.

— Faudra qu'on trouve des ficelles plus courtes.

Il fourra les deux pantalons sous son bras et les Zorros partirent, laissant les deux gamins cul nu, frissonnant sur le pont.

2

La boum

Eugene Caputo faisait une boum et les Vagabonds se retrouvèrent dans Burke Avenue.

— T'y vas, Perry ?

— Pourquoi c'est toujours moi ?

— Parce que t'as l'air d'un vieux dégénéré de quarante ans.

— Ta mère aussi.

— Toi, t'en as pas, de mère.

— La tienne a un matelas cousu dans le dos pour se faire tirer dans les drive-in. Allez-y pendant que c'est chaud.

— Vas-y Perry, quoi, c'est toi qui fais le plus vieux.

— D'accord, d'accord, il faut quoi, déjà ? Deux Tango, une bouteille de Seven...

— Et de la vodka.

— Beurk !

— Putain, moi je bois pas cette pisse à l'orange.

— O.K., O.K., une bouteille de vodka.

— Attends voir, ça fait deux, trois, quatre, quatre cinquante.

— On est cinq, donc chacun donne... euh... quelqu'un a un stylo ?

— Quatre-vingt-dix cents chacun, ducon.

— D'accord, envoyez.

— Merde... j'ai qu'un billet de cinquante.

— Ouais, sûrement, tu sais même pas compter jusque-là.

— Ah ouais ? C'est plus que ce que ton vieux gagne en une semaine.

— Ah ouais ? C'est ce que prend ta mère pour écarter les cuisses.

— Ah ouais ? C'est ce qu'on donne à ta mère pour les fermer.

— Arrêtez, on a pas toute la nuit.

Une fois la gnôle achetée, ils se séparèrent pour aller prendre leurs copines. Richie retourna à la cité chercher P.

— Ouais ? C'est qui ?

— Richie.

Le père de P ouvrit la porte, fixa le jeune homme par-dessous ses paupières parcheminées, émit un grognement. Richie passa devant lui pour traverser le vestibule et se diriger vers la chambre de P. Elle se tenait devant son miroir et se crêpait les cheveux avec un peigne. Il la regarda faire du seuil de la pièce.

La boum avait lieu dans le sous-sol lambrissé d'Eugene. P et Richie arrivèrent de bonne heure, quand il n'y avait encore que le rencard d'Eugene, Terry, son cousin Ralph, de Queens, et Anne, la copine de Ralph.

— Salut.

— Salut, Richie, je te présente Ralph.

— Salut.

— Salut.

— Et elle, c'est P.

Tout le monde hocha la tête. Eugene entraîna Richie vers l'électrophone.

— Vise un peu, dit-il en lui tendant une pile de 45 tours.

Richie jeta un coup d'œil aux disques : « Soldier Boy », « Ten Commandments of Love », « Sealed With a Kiss », « Patches », « Tell Laura I Love Her », « Tears on My Pillow » et dix autres slows interminables.

— Ça va *frotter*, ce soir, murmura Eugene en lui donnant un coup de coude.

— Tu sais ce que m'a dit P en venant ? Elle m'a dit qu'elle était si excitée qu'elle irait peut-être jusqu'au bout.

— Sans déconner ?

— Je déconne jamais avec les cons.

— Va te faire mettre.

— Sois gentil et je te laisserai sentir mon doigt.

— Regarde ça.

Eugene abaissa l'interrupteur général et toutes les lumières s'éteignirent à l'exception d'une petite ampoule rouge dans un coin.

— Ambiance.

— Hé, arrête ! protesta Anne.

Eugene ralluma.

— On garde ça pour plus tard, quand elles seront toutes en chaleur.

— Euh, justement… si ça se présente bien, P et moi, je pourrai utiliser ta piaule ?

Eugene plissa le front.

— Tu crois vraiment que tu pourrais aller jusqu'au bout ?

— Peut-être même plus loin.

— Bon, d'accord, mais seulement si t'en as vraiment besoin.

— T'en fais pas.

Le carillon de la porte d'entrée sonna, Eugene grimpa l'escalier quatre à quatre. Les marches résonnèrent de nouveau, une minute plus tard, quand cinq gars et quatre filles descendirent en poussant des cris. Chaque garçon cachait une bouteille bien visible sous sa veste et tous confièrent la gnôle à Dindon qui se mit à préparer des shakers de Seven, de vodka-orange et de rhum-Coca.

— Hé, Dindon, mets dedans la cantharide que je t'ai filée, hé, hé.

Joey éclata de rire et pressa l'épaule de sa fille. En attendant les verres, tous tapèrent dans les chips, les M&M's, les bretzels et les Fritos.

— Les mecs, moi et Margo, on a vu *West Side Story* hier soir au Valentine, vous l'avez vu, vous ?

— Ouais, c'était extra.

— Ouais, vachement bath, les Jets.

— Ouais, mais le mieux, c'était Bernardo.

— Il est vachement mignon.

— Ah, mon cul est mignon.

— Vous avez vu les tee-shirts et les blousons des Portos ?

— Je viens de m'acheter un blouson comme Chico chez Alexander's.

— Moi, j'ai bien aimé Tony.

— Ouais, sensass, le mec.

— Et vous avez vu la paire de loches de la Porto ?

— Perry, t'es un vrai porc.

— Qui tu veux dire, Natalie Wood ?

— Non, l'autre.

— Natalie Wood, un rêve de menuisier...

— Plate comme une planche, pas de nœud dans le bois, tu risques pas d'abîmer le tien.

— Moi, j'ai trouvé Richard Beymer mignon, déclara Margo.

— Vous auriez dû la voir mouiller son mouchoir, à la fin, fit Buddy.

— Elle mouille, Margo ? s'étonna Joey.

— La bibine est prête ! cria Dindon de l'autre bout de la pièce.

Les gars se ruèrent sur le bar à roulettes.

— Vous savez quoi, on aurait dû demander aux Vagabonds de jouer la bande des Blancs pour ce film.

— Ouais, Perry aurait fait A-Rab, Joey aurait pu être Action, Richie aurait pu faire Riff, Dindon, Baby John.

— Non ! Dindon aurait pu faire N'importe Qui.

Tout le monde rit sauf Dindon.

— J'aurais pu être Tony, suggéra Buddy.

— C'est ça, mon cul ferait un meilleur Tony, dit Richie.

— Moi j'aurais bien aimé être Bernardo, fit Joey.

— Pourquoi ? C'était un Porto.

— C'est pas un vrai Porto. Il est italien, George Chakiris.

— Pas du tout, il est juif, assura Perry.

— Dis pas de conneries, il est trop beau pour être youpin.

— Il s'est peut-être fait retailler le nez, repartit Perry.

— Il s'est peut-être fait tailler une plume, dit Joey.

— Il s'est peut-être fait tailler une pipe, dit Richie.

— Y a rien de plus chouette qu'une bonne pipe, entonnèrent-ils tous les trois.

— Et maintenant, mesdames-messieurs, veuillez vous lever pour l'hymne national, réclama Eugene, au garde-à-vous près de l'électrophone.

Une introduction grésillante au piano précéda la voix puissante de Dion :

Je suis le genre de type qui ne se fixe jamais
Là où y a des jolies filles toujours vous me trouverez
Je les embrasse et je les aime
Pour moi elles sont toutes les mêmes
Je les presse et les serre dans mes bras
Mon nom, elles ne le connaissent même pas
Elles m'appellent le Vagabond, ouais, le Vagabond

Après la chanson de la bande, Eugene mit une pile de 45 tours en mélangeant slows et danses rapides à raison de deux pour une. La boum était lancée. Premier disque, « Blue Moon » par les Marcels. Comme aucun des garçons ne voulait danser tout de suite, P et Pat, le rencard de Perry, se lancèrent. Puis Margo, la fille de Buddy Borsalino, et Barbara, celle de Joey Capra, les rejoignirent. Les garçons se poivraient, en particulier Perry, qui sifflait des Seven l'un après l'autre.

Pour le disque suivant, un slow, P et Richie occupaient seuls la piste et Perry commença à jeter des M&M's sur la tête de Richie.

— Arrête, trouduc.

Perry ricana et se remit à picoler. Une demi-heure plus tard, presque tout le monde dansait. La plupart des gars étaient beurrés, à part Dindon, qui ne buvait jamais. Dans un coin du canapé, Eugene et Terry, assise sur ses genoux, se pelotaient sec. Dindon abaissa l'interrupteur général et la pièce fut baignée d'une lueur rouge. Plusieurs filles poussèrent des cris de feinte protestation, mais aucune ne demanda à Dindon de rallumer. Joey et Barbara réquisitionnèrent l'autre bout du canapé. Buddy et Margo s'installèrent dans un gros fauteuil, Ralph et Anne se rabattirent sur l'escalier. P et Richie étaient les seuls à danser. Quelqu'un éteignit l'ampoule rouge et la pièce devint sombre comme un placard.

P et Richie se roulaient des pelles. Il glissa un genou entre ses cuisses et elle répondit en se frottant contre lui.

— Tu veux aller dans la chambre d'Eugene ? murmura-t-il à son oreille.

— Qu'est-ce qu'il y a là-haut ?

— T'as jamais vu sa collection de pierres ?

Il essaya de l'entraîner vers l'escalier mais elle résista.

— On peut se caresser ici, argua-t-elle.

— Y a plus de place, dit-il avant de lui glisser la langue dans l'oreille. Allez, viens.

Il lui prit la main, elle se fit prier.

— T'es sûr qu'il râlera pas ?

— Non, il a dit que c'était d'accord.

Ils avancèrent à tâtons dans l'obscurité. En montant l'escalier d'un pas incertain, ils s'effondrèrent sur Ralph et Anne. Chacun récupéra ce qui lui appartenait, Richie et P recommencèrent à grimper.

Dans la cuisine, Dindon se faisait un sandwich. Perry vomissait dans la salle de bains. Richie et P trouvèrent la chambre d'Eugene, fermèrent la porte à clef derrière eux. Sans allumer la lumière, ils s'assirent sur le lit et commencèrent à se peloter. Richie renversa P en arrière et grimpa sur elle. Ils pressèrent leurs ventres l'un contre l'autre en un lent mouvement tournant. Richie fourra de nouveau sa langue dans l'oreille de P et posa une main sur l'un de ses petits seins. Avec un grognement, elle le saisit par le cou. Il déboutonna son chemisier, fit courir sa main le long des contours du soutien-gorge. Pas moyen d'y glisser un doigt, il était serré comme un piège à ressort. Elle se redressa, le dégrafa. Richie se mit à pincer et à sucer comme les types dans les films porno. Il se frotta encore un moment à elle avant de passer sa main sous la jupe et de sentir la moiteur de la culotte. Elle tendit le bras vers son entrejambe, lui caressa la queue. Il ouvrit fébrilement sa braguette, fit jaillir l'engin. Elle lui prit les couilles au creux de sa main. Il releva la jupe au-dessus de la taille et insinua une main dans la culotte, effleura les boucles de la toison et plongea soudain son majeur dans la chair humide. P gémit, gigota comme une truite au bout d'un hameçon. Richie bougea son doigt pour chercher le clito. Tommy Tatti disait que c'était comme une bille enrobée d'huile, mais Richie voulait bien être pendu s'il y avait là-dedans quelque chose qui ressemblait à une bille. Pourtant, il sentait qu'il n'était pas loin parce qu'elle haletait et lui pressait les couilles. Ça faisait mal mais c'était un signe révélateur. Il essaya de baisser la culotte, ne put aller plus loin que les genoux. Ecartant la main de P qui serrait son sexe, il tenta de la pénétrer. Elle se raidit. Richie sentit sa tension, introduisit de nouveau un doigt pour voir si elle était toujours mouillée.

— Non, dit-elle en serrant les jambes.

— Allez, quoi, bon Dieu ! Je déchargerai pas en toi.

— Pas encore.

— Qu'est-ce que ça veut dire, « pas encore » ? Faut que j'attende une demi-heure ? Cinq ans ? Je sais pas ce que tu veux dire avec ton « pas encore »...

— Juste pas encore.

Il se redressa dans le lit, considéra son érection, se laissa de nouveau retomber.

— Nom de Dieu, je vais mourir !

Il voulut lui lécher l'oreille, elle détourna la tête.

— Je te le fais avec la main.

— Formid' ! s'exclama-t-il. Ça, je peux le faire avec la mienne, j'ai pas besoin de toi.

P se mit à pleurer et l'érection de Richie descendit

graduellement, comme un cric de voiture. Tout à coup ils entendirent des cris. Richie referma sa braguette et se rua hors de la chambre en laissant P assise sur le lit, les vêtements en désordre. Au sous-sol, la lumière était allumée. Les filles étaient secouées de sanglots hystériques et Perry, allongé sur le canapé, avait un côté du visage couvert de sang. Les Vagabonds gueulaient par la fenêtre ; des types, dehors, leur répondaient. Des pierres frappaient le flanc de la maison.

— Les Pharaons, expliqua Joey Capra.

— On va se les faire ! dit Richie, qui marchait déjà vers la porte.

Dindon l'arrêta.

— Ils ont des chaînes. Perry s'en est déjà pris une.

Eugene descendit avec deux battes de base-ball et un fouet.

— T'es branque ? lui lança Joey. Ils sont huit, là dehors.

Eugene jeta son arsenal par terre.

— Alors, qu'est-ce qu'on fait ? On les laisse démolir la maison ?

— A-appelle les-les flics, balbutia Anne entre deux sanglots.

— Pas question ! rugit Richie, livide. On appelle pas les flics pour ces connards de Pharaons !

Il ouvrit la porte.

— Antone ! Je vais te claquer le baigneur !

— Sors, Gennaro ! Sors !

Une pierre fit résonner la porte au-dessus de la tête de Richie. Eugene le tira à l'intérieur.

— Je vais les tuer, je vais les tuer, gémissait Perry.

Une autre pierre fracassa un carreau, expédiant une pluie de verre dans la pièce. Richie empoigna une bouteille de gnôle, la lança vers la fenêtre. Dans sa fureur, il manqua son coup et la bouteille s'écrasa contre le mur.

— Ah, ouais, ça nous aide, ça, fit Ralph.

— Hé, attendez...

Dindon prit une bouteille à moitié pleine de rhum, regarda les autres.

— Prenez chacun une boutanche et montez.

— Quoi ?

— Faites ce que je dis.

Il grimpa l'escalier précipitamment et ils suivirent, une bouteille à la main. Dindon sortit de la salle de bains avec un rouleau de papier hygiénique.

— Mettez-en un morceau dans le col de la bouteille, comme ça.

Il déroula une bande d'une cinquantaine de centimètres de papier et la fourra dans la bouteille en en laissant dépasser une partie. Ils l'imitèrent.

— Venez ! cria-t-il en courant à la chambre d'Eugene. Merde ! Elle est fermée...

P ouvrit. Elle était rhabillée et avait les yeux rouges. Ils se ruèrent dans la pièce. Richie s'arrêta devant elle, ils se regardèrent un instant puis elle descendit. La fenêtre de la chambre donnait sur le devant de la maison, directement au-dessus des Pharaons. Dindon l'ouvrit à moitié, fit signe aux autres de reculer. Il tira un briquet de sa poche et alluma le papier de toilette, se colla contre le mur et lança la bouteille par la fenêtre, comme une grenade. Elle se brisa sur le trottoir, explosa en un rideau de flammes. Les Pharaons poussèrent des cris. Le bas du pantalon en feu, Antone tourna en rond devant sa bande avant de penser à se déshabiller. Dindon, toujours plaqué contre le mur, tendit son briquet vers les autres. Richie approcha sa bouteille de la flamme, la jeta par-dessus les têtes des Pharaons. Cette fois, ils déguerpirent. Des lumières s'allumèrent dans tout le pâté de maisons.

Les Vagabonds descendirent un par un ; Eugene et Richie allèrent dehors attendre la police ; Buddy Borsalino emmena Perry à l'hôpital. Quand les flics arrivèrent, Eugene expliqua qu'ils faisaient une boum, que des types bourrés avaient essayé d'entrer de force. Il leur montra le carreau cassé. Pour le feu, il n'avait pas d'explication et il ne connaissait pas ces types. Richie ajouta qu'ils avaient l'accent portoricain, peut-être des gars de Simpson Street.

Après le départ des policiers, Eugene et Richie retournèrent à l'intérieur. P était partie ; Anne dit que Dindon l'avait raccompagnée.

— Qu'elle aille se faire foutre, marmonna Richie.

Dindon était un vrai dindon. Toujours dans les premiers au lycée, mais les autres bons élèves ne voulaient pas le fréquenter parce qu'ils le trouvaient ennuyeux. Il avait un visage d'angelot, un corps épais, une peau jaune comme une dent cariée, et il portait des vêtements gris poussiéreux. Les Vagabonds aussi le trouvaient rasoir, mais ils étaient impressionnés par son intelligence. Il connaissait des trucs comme l'astronomie et les histoires de guerre. Il collectionnait les objets nazis (même s'il était juif) et parlait allemand. Il savait dessiner. Un jour, il avait fait un portrait de P au crayon et ils l'avaient tous trouvé digne d'être accroché dans un musée. Il savait chanter et n'avait pas peur de le faire devant les gens. Alors, il traînait de temps en temps avec les Vagabonds. Tout le monde savait que sa mère et son père étaient dingues. Que sa sœur était une salope de première qui se faisait baiser pour dix cents. Que le sol de sa maison était couvert de mouchoirs en papier et de magazines de cul.

Ce soir-là, il marchait lentement et en silence sous les réverbères, péniblement conscient de la présence de P à côté de lui. Quand elle avait quitté la boum, il avait couru derrière elle, sur une impulsion. Elle était en larmes. Il avait proposé de la ramener chez elle en arguant : « Les Pharaons sont peut-être encore dans le coin. » Elle n'avait pas répondu. Au bout de quelques centaines de mètres, elle avait cessé de pleurer. De temps à autre, elle reniflait, sans lever la tête, sans le regarder. Dindon se torturait les méninges pour trouver quelque chose à dire. Comme ils arrivaient au terrain de jeu, il lui demanda :

— Tu t'es amusée, ce soir ?

Elle se remit à pleurer, se laissa tomber sur un banc ; il s'assit à côté d'elle, pas trop près.

— Je suis désolé, P. J'essayais seulement de faire la conversation.

Elle tourna vers lui des yeux noyés de larmes, s'essuya le nez, sourit courageusement.

— Tu es gentil, Dindon. Merci de m'avoir raccompagnée.

Il allongea le bras sur le dossier du banc, derrière les épaules de P.

— Je vais rentrer, maintenant, reprit-elle.

— Je monte l'escalier avec toi, proposa-t-il en se levant.

— Non, ça ira. Merci encore de m'avoir raccompagnée. Je suis sincère, tu es vraiment gentil.

Elle lui sourit et se dirigea vers son bâtiment.

Dindon resta assis sur le banc à regarder le store baissé de la fenêtre de la chambre de P jusqu'à ce que la lumière s'éteigne.

— Je suis désolé.
— Pour quoi ?
— Pour samedi.
— Samedi ? fit P en inspectant ses ongles.
— Tu sais bien.
— Je sais quoi ?
— Bon sang, sois pas conne !

Richie avait parlé plus fort qu'il ne l'avait voulu, et quelques gosses avaient interrompu leur match de basket pour regarder le spectacle offert sur le banc. Richie savait que P ferait sa garce quand il s'excuserait et il avait répété cette phrase pendant une demi-heure, mais il l'avait dite trop fort, sur un ton trop nerveux. Il avait tout foutu en l'air.

— Pourquoi pas, Richie ? Les têtes de nœud, ça sort avec des connes, non ?

Il fut impressionné : la réplique était encore meilleure que la sienne.

— Tu me fais mal, là, dit-il, l'air blessé. Vraiment mal.

Les gamins retournèrent à leur match.

— Oooh, fit P avec une moue. Le pauvre Richie a mal...

Il se leva et promena son regard sur le terrain de jeu. P resta assise, croisa les jambes, continuant à examiner ses ongles.

— J'arrive pas à te parler, dit-il sans se retourner. J'ai jamais pu.

— Tu me parles, en ce moment, fit-elle d'une voix chantante.

Il se rassit.

— Ecoute, j'ai dit que j'étais désolé et je le répéterai pas. Si ça te plaît pas, tu peux me rendre la chaîne de cheville que je t'ai donnée.

— C'est comme ça que tu t'excuses, Richie ? Tu me

traites de conne et tu me dis que si ça me plaît pas je peux te rendre ta chaîne ?

Elle finit par lever la tête et il vit des larmes sur ses joues. Quelque chose en lui se replia comme une fleur.

Vendredi soir.

— Allez, P.

— Non !

Elle roula sur le ventre et Richie dut se contenter de lui caresser le dos et les fesses. Il proposa un compromis :

— Je la rentrerai que de ça, dit-il, réduisant l'espace entre ses doigts.

P demeura immobile et muette, comme un cadavre.

— Bon, laisse tomber.

Il commença à se rhabiller mais elle ne bougea pas. Il enfila ses chaussettes, son tee-shirt, mais elle ne fit pas un mouvement avant d'entendre le crissement métallique d'une braguette qu'on referme.

Elle roula sur le dos et Richie, en chaussettes et tee-shirt, s'abattit entre ses jambes comme une mouette piquant sur une moule. Le pantalon de Richie était par terre, fermeture à glissière de la braguette remontée. Comme il s'agitait entre ses cuisses avec détermination, il y eut une explosion et la pièce s'emplit de fumée. P glapit, Richie se leva d'un bond, le cœur battant, son érection se ratatinant comme un immeuble s'effondrant au ralenti sur lui-même. Une odeur âcre flottait dans l'air. P pressait la couverture contre elle, les yeux agrandis de terreur. Richie repéra par terre des débris de pétard, entendit Dougie et Scottie manifester leur joie par un rire idiot de l'autre côté de la porte. Sous l'effet de sa colère, le film repartit en avant et il eut une érection rageuse. P le rattrapa par le bas de son tee-shirt avant qu'il n'ouvre la porte et ne noie les deux gamins dans la baignoire comme des chatons.

Lenny Arkadian tenait une boutique d'enseignes dans Olinville Avenue, et les Vagabonds y passaient parfois après les cours parce que Lenny était un jeune gars qui jurait comme un matelot et connaissait les meilleures histoires de cul. Sorte d'épave empâtée et molle, il avait gagné un concours de ressemblance avec William Bendix au lycée. Il était généralement couvert des pieds à la tête de peinture rouge, la seule couleur qu'il utilisait pour ses pancartes. Sa boutique avait été condamnée six fois par les services d'hygiène depuis qu'il l'avait ouverte, et ce n'était pas un mince exploit car elle ne contenait rien d'autre qu'un établi éclaboussé de taches, quelques rames de carton blanc et une pyramide de pots de peinture rouge. Il avait encadré les six contraventions et les avait accrochées autour de son avis d'expulsion de l'Ecole de dessin de Rhode Island. Il se considérait comme un artiste, une fine braguette et un vrai marrant, dans cet ordre. Il s'était fait tatouer une enseigne de coiffeur sur le braquemart quand il était à Tanger dans la marine ; il était capable d'étirer un pet sur quinze secondes et n'en avait rien à cirer de rien. Il aurait fait n'importe quoi pour avoir un public. Un jour que les Vagabonds étaient venus le voir, une vieille dame était entrée dans la boutique pour une pancarte. Lenny s'était mis à quatre pattes, avait aboyé en essayant de lui mordre les mollets et l'avait fait fuir dans la rue. Après quoi, il s'était retourné contre les Vagabonds, grondant et jappant, marchant de côté comme un crabe jusqu'à ce que Joey lui vide un pot de peinture rouge sur la tête. En cinq minutes, les murs, le sol, les rames de carton et toutes les personnes présentes s'étaient retrouvés noyés de peinture. Lenny avait foutu en l'air deux jours de boulot et cinquante dollars de pancartes déjà prêtes, mais tout le monde avait rigolé.

Depuis, on le surnommait « Loup-Garou ».

— Loup-Garou !

— Gennaro ! Ça gaze ?

Lenny n'avait pas levé les yeux quand les grelots avaient tinté au-dessus de sa porte et que Richie était entré, jetant ses livres d'école sur l'établi. L'air absorbé, il mélangeait de la peinture avec un couvert à salade en bois, le bras enfoncé dans un tonneau jusqu'à l'aisselle. Il portait un pull raide de peinture et un pantalon de toile grise.

— T'as vu Eugene ? demanda Richie.

— Il était là y a pas dix minutes. Paraît que vous avez eu une boum d'enfer, samedi. Pourquoi vous m'avez pas invité ?

— C'était la pleine lune.

— Ah ! vous me faites marrer, les gars.

Lenny grimaça quand la peinture lui monta à l'épaule.

— Hé, Gennaro, j'ai entendu dire que t'as tiré ton coup. J'y crois pas, mais c'est ce que j'ai entendu dire.

— Non, j'ai pas réussi. Qui est-ce qui t'a raconté ça ? Eugene ?

— Ouais, il dit que t'as planté ton poireau dans sa motte...

— J'ai planté que dalle.

Après s'être à peu près essuyé la main et la manche, Lenny posa un carton vierge sur l'établi.

— C'était à ça, ajouta Richie, dont le pouce et l'index se touchaient presque. Je sais pas, je vais me faire moine, dit-il en secouant tristement la tête.

— Gennaro, je voudrais pas que tu te sentes plus

empoté que tu l'es, mais faut que je te raconte ce qui m'est arrivé hier soir...

Lenny travaillait en parlant, traçant soigneusement les lettres annonçant une vente promotionnelle de blanc au grand magasin Lipschitz du coin de la rue. Richie riait d'avance, il savait qu'une bonne histoire arrivait.

— Je suis sorti avec une nana, hier soir, une infirmière de Jacobi. Tu les connais, les infirmières. Tu sais que la moitié des opérations où le patient meurt, c'est parce que le docteur est trop crevé pour tenir un bistouri droit parce qu'il sort de, je sais pas, la salle de stérilisation, où il a stérilisé avec l'infirmière. C'est un fait, je l'ai lu dans *Argosy*. Bref, je pense que Rochelle – c'est l'infirmière dont je te disais que je suis sorti avec hier soir –, je pense que Rochelle est responsable de la moitié des opérations foirées à Jacobi...

— Hé, ma mère était infirmière !

— Ben, j'ai une histoire sur elle aussi. Pour revenir à Rochelle, je l'ai levée au Manny's hier soir. J'ai juste sorti le vieux baratin et, je le jure devant Dieu, un quart d'heure plus tard, elle était dans ma piaule, et vingt-sept minutes plus tard je lui bouffais la chatte comme si c'était mon dernier repas.

Richie doutait de l'horaire car Lenny vivait à Westchester et le trajet en voiture aurait pris une demi-heure à lui seul.

— J'ai dû mettre dans le mille parce que j'avais jamais vu autant de jus de moule. Mon menton ruisselait comme ce pinceau.

Il trempa l'instrument dans le tonneau et la peinture coula de manière obscène sur le sol et ses espadrilles de toile bleue.

— Alors, il m'est venu une idée. Je me relève, je vais chercher un couteau à beurre et une tranche de Wonder

Bread, tu sais, le truc qui apporte douze éléments essentiels à votre organisme, et toutes ces conneries. Bref, je reviens avec le couteau et le pain, je presse le couteau sur la touffe, je prends une bonne grosse goutte de jus de moule et je l'étale sur le pain.

Pour illustrer son récit, Lenny passa lentement le pinceau sur sa paume.

— Comme ça, tu vois ? dit-il à un Richie muet d'étonnement. Jusqu'à ce que j'aie une bonne tartine de mouille. Puis je l'ai pliée en deux et je l'ai mangée. Et tu sais ce qu'elle me sort, cette connasse, quand j'ai fini ? Elle me sort : « Lenny, tu n'aurais pas dû faire ça... J'ai une gonorrhée. »

— Eurk !

— « J'ai une gonorrhée », répéta Lenny en grimaçant.

— Loup-Garou, t'es à n'pas croire.

— Exactement ce qu'a dit ta mère quand j'ai eu fini avec elle.

Avant que Richie puisse protester, il poursuivit :

— En ce qui concerne ton problème, tu frappes à la bonne porte. Je te garantis que si tu suis les ordres du bon docteur, ta virginité apparemment incurable aura disparu dans une semaine.

— Tu me fais marcher, dit Richie en plissant les yeux d'un air sceptique.

— Pas du tout. On n'en viendra peut-être pas à bout avec le premier traitement, mais faut dire que...

Il inspecta Richie, haussa les épaules.

— Continue, dit Richie.

— On parle bien de Miss Denise Rizzo, alias P ?

— Ouais, ouais.

Lenny termina sa pancarte, la tint devant lui pour examiner son œuvre.

— Allez, le pressa Richie.

— Patience, mon gars. T'as attendu seize ans, tu peux bien attendre cinq minutes de plus. Faut que je gagne ma croûte, moi.

Richie soupira, leva les yeux au ciel.

— Elle est bien, cette pancarte, hein ? fit Lenny en la lui montrant.

— Lenny... supplia Richie.

— Tu sais combien ce gros con de Lipschitz se fait par an ? Par semaine ? Par jour ?

Richie se gratta le crâne, tira sur ses cheveux.

— Je sais pas non plus, avoua Lenny, mais un paquet, je suis sûr.

Voyant Richie faire mine de partir, il ajouta précipitamment :

— Mets de la vaseline sur une carotte.

— C'est à moi que tu parles ?

— Tu l'enduis de vaseline et tu lui fous dans la chatte. Ça lui donnera un avant-goût du vrai truc.

— C'est à moi que tu parles ? répéta Richie en pointant un doigt vers sa poitrine.

— Te goure pas de sens en l'enfonçant, surtout. Une banane, c'est trop mou. Elle risque de se casser au milieu et là, tu serais mal.

— T'es pas un loup-garou, t'es un...

— J'ai connu une fille dont les muscles du con étaient si forts qu'elle pouvait ramasser une carotte sur une table avec sa tirelire et la faire disparaître. Bien sûr, une banane non épluchée, ça ferait aussi l'affaire, mais les bouts sont trop rugueux, quelquefois. Parce que le truc, pour tirer sa chique, c'est la douceur.

Le lendemain, Richie alla faire des courses au supermarché. Tout ce qu'il voulait c'était une carotte, mais pour ne pas éveiller les soupçons de la caissière, il acheta aussi un kilo d'oranges à jus, une livre de navets et quatre cœurs de laitue.

Tous les vendredis soir, les parents de P allaient à une réunion du Cousin's Club, et tous les vendredis soir, Richie se glissait dans la chambre de P pour son match de catch hebdomadaire. Jusque-là, P était invaincue, mais cette fois il était monté sur le ring avec un coup de poing américain. L'échauffement se déroula comme d'habitude. Lumière éteinte, télé allumée, il enleva la blouse et le soutien-gorge de P sur la musique de « Seventy Seven Sunset Strip » ; il ôta jupe et culotte sur fond sonore de « La Quatrième Dimension » et quand arriva l'heure du « Shock Theater » de Zacherle, ils étaient en plein match-à-mort-tous-les-coups-sont-permis-et-la-totalité-des-gains-au-vainqueur, encore que P n'eût qu'à imposer un nul à Richie pour remporter la victoire.

— P ?

— Hmm ?

— Je reviens tout de suite, dit-il en se levant.

Il chercha à tâtons la carotte qu'il avait cachée dans une de ses chaussettes en se déshabillant, la fit glisser sous le devant de son pantalon et alla à la salle de bains. La lumière le fit cligner des yeux lorsqu'il inspecta l'armoire à pharmacie des Rizzo en quête de vaseline. Ils en avaient un pot modèle familial. Il en prit une poignée, enduisit le légume jusqu'à ce qu'il soit recouvert d'une couche terne et visqueuse, le remit dans son pantalon et retourna dans la chambre. Son plan consistait à l'introduire en lui mettant un doigt, à profiter de l'obscurité pour procéder à la substitution. Il se déshabilla de nouveau, garda le godemiché organique à portée de main. Au moment où il glissait ses doigts dans P, en roi de la mandoline qu'il était, et où une blonde aux gros nibards se faisait dévorer par les hommes-punaises de la planète Mars façon « Shock Theater », il saisit de son autre main la carotte glissante et s'apprêtait à opérer le changement index-légume quand P alluma la lumière.

— Je vais juste... Qu'est-ce que c'est ? s'exclama-t-elle, les yeux écarquillés.

— Quoi ? fit-il d'un air idiot, la main paralysée, la carotte à quinze centimètres du nez de P.

— Ça !

— Ça ?

— Oui.

— Oh, ça ? C'est une carotte. C'est, euh, c'est vraiment bon, tu sais.

Il en croqua un morceau qu'il mâcha avec entrain, essuya un filet de vaseline coulant sur son menton et la proposa à P avec le sourire du végétarien qui vient de perdre un pari et doit s'appuyer un steak de cheval saignant.

— T'en veux ?

— Lenny ! Sale con !

Il était trois heures du matin, mais le peintre d'enseignes avait décroché à la première sonnerie et semblait parfaitement réveillé.

— Qui c'est ? On dirait Gennaro... Gennaro, dis bonjour à Dolores.

Le téléphone changea de main et une voix rauque de femme articula :

— Salut.

— Repassez-moi Lenny, réclama Richie, ni impressionné, ni amusé, pour une fois.

— Gennaro, qu'est-ce qui se passe ?

— C'est plutôt ce qui passe pas : mon dîner !

— De quoi tu parles ?

— J'ai bouffé des carottes à la vaseline.

— Faut pas les manger, taré. Fais un saut à la boutique lundi, je t'expliquerai.

Et Lenny raccrocha avant que Richie ait eu le temps de répondre quoi que ce soit.

— Gennaro, combien de fois il faudra que je te le répète ? Je suis dans ton camp, assura Lenny en entourant de son bras les épaules de Richie.

— T'es vraiment un loup-garou !

— O.K., fini de s'emmerder avec des amateurs, on passe chez les pros.

— Qu'est-ce que tu veux dire ? demanda Richie, qui sentit son estomac se serrer.

— Je reviens tout de suite.

Lenny quitta la boutique, Richie s'assit sur l'établi comme un patient sur la table d'examen d'un médecin. Cinq minutes plus tard, Lenny revint en annonçant :

— C'est le moment de cueillir les cerises [1].

— Qu'est-ce que tu veux dire ? répéta Richie, dont le déjeuner dansait le mambo dans sa gorge.

— Qu'est-ce que je veux dire, qu'est-ce que je veux dire... A ton avis ?

Lenny accrocha à la porte la pancarte ad hoc, plaça les aiguilles de l'horloge en carton sur quatre heures et demie.

---

1. Le mot anglais *cherry* signifie « cerise », mais aussi « pucelage ». *(N.d.T.)*

— Tu fermes ? Arrête, te mets pas dans les frais, protesta Richie.

Lenny enfila son blouson par-dessus son tee-shirt et grogna :

— Bon, tu viens ?

Richie haussa les épaules, prit une profonde inspiration qui se termina en frisson nerveux et suivit. Il marchait derrière Lenny, fixait le fond de son pantalon gris, le gros cul, les larges épaules, la tignasse blonde emmêlée. Sentant son regard, Lenny tourna la tête et sourit, lui fit signe de se porter à sa hauteur et lui passa un bras autour des épaules.

— Lenny, j'ai pas besoin d'une capote ou quelque chose comme ça ?

— Nan, détends-toi, c'est tout. Ça se passera bien.

Ils s'arrêtèrent devant un magasin et Lenny entra.

— Merde, une épicerie, marmonna Richie pour lui-même.

Toutes les femmes qui en sortaient avaient l'air de putes ; tous les garçons livreurs étaient des macs. Une voiture de police se gara le long du trottoir, un flic pénétra dans le magasin. Richie traversa la rue en courant pour se réfugier dans une pizzeria et attendit le panier à salade. Le flic ressortit en mâchant une banane. Pot-de-vin, pensa Richie, qui retraversa la chaussée. Lenny réapparut avec un petit sac vert.

— Allons-y, dit-il en offrant à Richie une mandarine que celui-ci refusa.

Ils descendirent la rue sur cinq ou six cents mètres pour parvenir à un quartier tranquille de vieilles bicoques en bois à un étage. Lenny dirigea son compagnon vers la véranda d'une maison jaune et marron, poussa la porte. Ils gravirent un escalier étroit. Richie, étourdi comme s'il venait de sniffer de la colle, se tenait à la rampe pour garder l'équilibre. Parvenus au palier, ils se retrouvèrent devant six portes.

— Rhonda ? appela Lenny.

— Par ici ! fit une voix dans la pièce la plus éloignée.

Il posa la main sur l'épaule de Richie.

— O.K., je trace. Le môme est là ! cria-t-il.

— Envoie-le-moi !

— A tout à l'heure, champion, dit Lenny en adressant un clin d'œil à Richie.

— Hé, tu peux prendre mes bouquins ? fit le chef des Vagabonds avec un regard implorant.

Lenny le déchargea des manuels, cligna de nouveau de l'œil et s'éclipsa. Richie frappa à la porte.

— Entre.

Etendue sur un lit défait, une femme en dessous lisait un exemplaire de *Cosmopolitan*. Elle leva les yeux.

— Salut, dit-elle en souriant. Je suis Rhonda.

Richie avait envie de s'excuser.

Elle bascula les jambes hors du lit et s'assit, tapota le drap à côté d'elle.

— Viens t'asseoir.

Il s'assit.

Elle ouvrit la fermeture Eclair de son anorak et entreprit de le déshabiller tout en parlant d'une voix douce et calme :

— Comment tu t'appelles ?

— Gregory.

— T'as une petite amie ?

— Oui.

— Comment elle s'appelle ?

— Mary.

— Elle est jolie ?

— Non.

— Ça te plaît, l'école ?

— Oui.
— Qu'est-ce que tu veux faire plus tard ?
— Homme-grenouille.
Elle glissa une main dans le slip de Richie et joua avec son bazar. Il leva les yeux vers elle pour la première fois. Elle avait une trentaine d'années, des cheveux blonds, de beaux nichons.
Elle lui faisait penser à une infirmière.
— Tu m'aides à enlever mon soutien-gorge ?
Elle lui tourna le dos, le regarda par-dessus son épaule. Il défit l'agrafe et sentit la chaleur du dos de la fille sous ses doigts. Il espérait qu'elle ne lui demanderait pas aussi de lui retirer sa culotte. Non, elle se leva et le fit elle-même, se tint devant lui. Il se mit debout à son tour, elle lui enleva son slip.
— Tu veux que je me mette sur toi ? fit-elle. Ou tu préfères être dessus ?
— Hein ? Quoi ? Je sais pas. Comme vous préférez.
— On va faire ça avec toi dessus.
Elle se laissa tomber sur le lit, écarta les jambes, ramena les genoux sur sa poitrine et s'exclama :
— Tout le monde à bord !

Lenny rentra en se demandant s'il avait bien fait.
Merde, il a l'âge, ce môme. Moi, je l'ai perdu à douze ans, ça m'a pas fait mal. Rhonda est une brave fille, elle s'occupera bien de lui.
Il arriva à sa boutique à quatre heures et comme la pancarte indiquait « De retour à quatre heures et demie », il haussa les épaules et alla au Manny's, deux rues plus bas. Le bar était désert.
— Comment ça va, Lenny ?
— Ça va. Donne-moi un Jack Daniels, John.

Le barman servit une mesure d'alcool sur des glaçons.

— John, t'avais quel âge quand t'a baisé pour la première fois ?

— Trente-six ans.

— Déconne pas, je suis sérieux.

— Tu cherches du cul ? fit le barman, dont la voix avait descendu de quelques octaves.

— Non, non. Tu vois les jeunes qui traînent tout le temps dans ma boutique ? Je viens d'en conduire un à une gagneuse que je connais, dans Colden Avenue.

— Première fois ?

— Ouais. Il a seize ans. C'est l'âge, non ? Moi j'en avais douze quand j'ai tiré mon premier coup.

— Moi vingt et un ans, dit John. Au Japon. J'étais dans les troupes d'occupation, je m'en souviendrai toujours. Les cigarettes coûtaient six dollars cinquante le paquet à Tokyo. Nous, on les avait pour dix cents au PX. On allait chez Madame Sou ou au Blue Moon, et on avait une fille pour cinq dollars. On donnait un paquet de sèches à la maquerelle, on avait une fille et un dollar cinquante de monnaie.

— T'avais vingt et un balais ?

— Ouais.

— Moi, à vingt et un ans, j'avais déjà eu la chtouille deux fois, dit Lenny.

Il vida son verre, fit signe à John de lui remettre ça.

— Tu crois que seize ans c'est trop jeune ?

— C'est qui, le môme ?

— Richie Gennaro.

— Je connais son vieux. Il vient ici de temps en temps.

— Il est comment ?

Le barman haussa les épaules.

— Sympa. Il boit son verre tranquille, il regarde les matches de boxe.

— Hé, lui dis pas, surtout.

— J'ai une tête à lui dire ?

Lenny jeta un dollar cinquante sur le comptoir.

— A la prochaine.

John agita la main tandis que la caisse enregistreuse tintait.

Lenny retourna à sa boutique, expédia deux panneaux *A vendre* et commença à fermer. Au moment où il éteignait les lumières, les grelots de la porte sonnèrent. Richie se tenait sur le seuil.

— Comment ça s'est passé ? lui demanda le peintre avec douceur.

— Bien... bien.

Dans la semi-obscurité, Richie alla à l'établi.

— Dis...

— Ouais ? fit Lenny, le cœur battant dans les oreilles.

— Je peux récupérer mes bouquins ?

— Bien sûr.

Le Vagabond prit les livres et se dirigea vers la porte.

— Hé, Richie ?

L'adolescent ne se retourna pas mais s'arrêta, la main sur la poignée.

— Ça t'a plu ?

— C'était très bien.

— T'es plus puceau, maintenant. Tu viendras plus me casser les couilles avec tes conneries, fit Lenny avec un rire sans conviction.

— Non, dit Richie en franchissant la porte.

3

Le match

Joey Capra était une flèche.

Petit, sec, musclé, toujours en mouvement, à cligner des yeux, à fumer, à mastiquer. Un nez crochu et une mauvaise posture le faisaient ressembler à une virgule. Il ne flemmardait jamais, il était toujours en action, sautillant sur place même quand il restait au même endroit. D'un seul coup, il démarrait comme le Bip-Bip des dessins animés, c'était un besoin chez lui. De l'énergie brute, à l'état pur. Grâce à un affûtage de précision effectué par son père, Emilio Capra, Monsieur New York 1940, qui depuis des années lui envoyait tout à trac coups de poing, coups de pied ou baffes, sans raison ni sommation.

Joey avait ainsi appris à se baisser, à esquiver, à se faufiler pour éviter la douleur. Il était devenu un daim, réflexes aiguisés, réagissant au moindre bruit, au plus petit changement d'atmosphère, toujours prêt à détaler ou à bondir. Bref, une loque sur le plan émotionnel, et un sprinteur hors pair sur le terrain. Le meilleur feinteur de la ligue, la ligue opposant six équipes du North Bronx, les Guêpes, les Parangons, les Requins de Velours, les Impériaux, les Diables Rouges et les Bombardiers, ni sponsors, ni dirigeants. Les équipes se composaient des diverses bandes auxquelles s'ajoutaient des non-membres. Ainsi, les Vagabonds constituaient le gros des Guêpes avec Buddy, Eugene, Richie, Perry, Joey, augmentés de quelques coéquipiers à temps partiel, George et Vincent Tasso, Lenny Mitchell, Jo-Jo Kelsey, Ralph Arkadian, le petit frère de Lenny, Ed Weiss, Ray Rodriguez, Peter Rabbit et d'autres. Tous les samedis, trois matches avaient lieu dans les divers parcs du Bronx – Bronx Park, Van Cortland, Macoombs –, chaque équipe amenant en soutien une caravane de copains, de pères, de petites amies et de voisins.

De l'avis unanime, Joey Capra était le meilleur coureur de la ligue, une flèche qui se glissait dans les défenses adverses comme de la gelée entre des mains jointes.

Mis à part sa moustache en brosse, Emilio Capra était le portrait craché de Kirk Douglas. Traits effilés, boules d'obsidienne pour les yeux, ligne blanche pour la bouche. Epaisse chevelure partant du front en ondulations noires. Cou, bras, jambes et torse gonflés d'haltérophile devenu dingue. Joey, lui, était maigre, avec des muscles qu'on aurait crus coincés entre la peau et l'os. Le même visage de rapace, mais sans l'impression de puissance derrière les coins de la bouche et les yeux. Le père et le fils jouaient perpétuellement à chat. Quand Emilio était à la maison, Joey ne s'asseyait jamais, il s'accroupissait ; il ne marchait jamais, il trottait. Il fermait à clef la porte de sa chambre, ne dormait que d'un œil, les deux fenêtres ouvertes. Emilio était le crapaud, Joey la mouche. Parfaitement immobile, le premier suivait le second des yeux puis décochait soudain une droite, une gauche. Emilio feignait de lire le journal et quand Joey tentait de passer, il lui faisait un croche-pied. Joey trébuchait mais recouvrait l'équilibre et entrait triomphalement dans sa chambre. Emilio attendait la prochaine occasion.

Perry était arrière, plutôt lent mais inarrêtable. Un camion Mack dévalant une colline. Il était le meilleur ami de Joey, comme Petit-Jean pour Robin des Bois. Le vrai coup de foudre : Perry aurait voulu l'agilité et la vitesse de Joey, Joey aurait voulu la masse et la puissance de Perry.

— On se fait une séance de passes ?

Ils rentraient chez eux de la station du métro aérien, un vendredi après-midi de novembre plutôt agréable.

— Ouais, d'accord.

Ils déposèrent leurs livres chez Perry et se firent des sandwiches.

— Ça m'emballe pas de jouer les Bombardiers demain, dit Perry, mastiquant la moitié d'un jambon-ketchup.

— Peut-être que ça les emballe pas non plus, fit valoir Joey.

Les Bombardiers étaient une équipe exclusivement noire du North Bronx, près de Mount Vernon.

— Ça te plairait d'avoir Terry Pitt sur le dos dans une mêlée ? demanda Perry.

— Pitt, c'est un tas de merde. Il arriverait pas à m'attraper avec une drège.

— Sois pas trop sûr de toi.

— Hé, qu'est-ce que tu racontes ? On va les écrabouiller, déclara Joey en donnant au genou de Perry une tape rassurante. Joue pas au pédé.

— Rêve pas.

— Tu parles.

— Tu suces.

— Rêve pas.

Ils prirent le ballon dans la chambre de Perry et se

dirigèrent vers l'ascenseur. Perry avait aux pieds des boots pointues, avec des talons mexicains et des fers qui claquaient dans le couloir comme des sabots de cheval de trait.

— Pourquoi t'as pas mis des tennis ?

Perry amorça un demi-tour pour aller se changer, mais l'ascenseur arriva.

— Merde, tant pis.

Ils se firent des passes en se rendant au terrain de jeu, Perry courant devant Joey, Joey courant devant Perry. Ils jouèrent sur les terrains de basket, qui étaient déserts.

— Une longue bombe ! annonça Perry, agitant les jambes comme un quarterback.

Joey fila sur le béton, attrapa la passe de son copain à la manière de Willie Mays.

— Tittle passe à Shofner ! beugla Perry en saisissant le ballon que lui renvoyait Joey. Essai !

Pendant une demi-heure, ils coururent en échangeant des passes obliques, bonnes ou mauvaises, clamèrent les noms de grands et de presque grands quarterbacks, coureurs et secondeurs.

— Attends ! cria Joey qui trottina vers le banc. Repos. Faut pas s'épuiser.

— Une dernière bombe, sollicita Perry.

— Laisse tomber.

— Allez, quoi, insista-t-il en tendant le ballon à Joey. Fais-moi plaisir. Une bombe.

Perry courait aussi vite qu'il pouvait en guettant par-dessus son épaule la passe de son coéquipier. Joey lança un ballon en cloche, Perry tendit les bras, la bouche et les yeux grands ouverts pour une prise royale, Bart Starr à Marv Flemming, Unitas à Berry. Ses semelles lisses glissèrent sur le sol froid, les fers faisant un bruit de patins à roulettes, ses jambes se dérobèrent sous lui. Dérapant, il heurta lourdement la clôture grillagée du terrain de jeu et le ballon toucha cette même clôture une seconde plus tard. Perry roula par terre en vagissant, Joey se rua vers lui.

— Mon Dieu, il est cassé, oh, mon Dieu ! gémit Perry.

Des larmes inondaient son visage, coulaient dans ses oreilles. Ses dents claquaient tandis qu'il tenait en l'air son bras droit, dont la main pendait trop mollement.

— Oh, Seigneur, oooooh...

Joey fixait avec consternation le poignet brisé de son ami.

— Chh, fit-il. Faut que tu te relèves.

— Ça fait mal, Joey, ça fait mal, ça fait mal...

— Chh.

Joey aida Perry à se mettre debout. Ils sortirent par une brèche triangulaire haute d'un mètre quatre-vingts que quelqu'un avait découpée dans le grillage et prirent un taxi pour l'hôpital Jacobi.

— Hiiiiiii !

La mère de Perry s'arracha une bonne poignée de cheveux quand son fils et Joey pénétrèrent dans la cuisine, deux heures plus tard. Perry avait la main enchâssée dans du plâtre de Paris du coude à l'extrémité des doigts. Après deux Nembutal, il était cependant serein et entendait à peine les cris aigus de sa mère. Joey ne sentait aucune douleur non plus parce qu'il avait pris lui aussi du Nembutal dans le paquet que le docteur avait donné au blessé. La mère de Perry avait commencé à s'affoler une heure plus tôt quand son fils n'était pas rentré dîner. Elle avait téléphoné chez ses copains puis à la police et elle était sur le point d'appeler la morgue quand les deux garçons étaient arrivés, sur leur nuage de tranquillisants. Ils la regardèrent tourner autour de son fils, poser sur le plâtre des yeux horrifiés.

— Relax, m'man, c'est qu'un poignet cassé, j'ai pas le cancer.

Elle continua à tourner, les yeux maintenant au plafond, frappant lentement dans ses mains, invoquant l'aide divine :

— Saint Antoine, venez à mon secours, saint Antoine, JE VAIS MOURIIIIR !

Joey gloussa.

— C'est seulement un poignet cassé, dit la mère, informant le réfrigérateur.

— M'man...

Elle rassura aussi les hamburgers froids et graisseux, le dîner de son fils :

— Vous faites pas de bile, c'est seulement un poignet cassé...

— M'man.

— C'est seulement...

— M'MAN ! explosa Perry.

Elle se redressa comme si on l'avait giflée.

— M'man, c'est juste un poignet cassé. Je suis allé à Jacobi avec Joey, et le docteur a dit que ce serait O.K. dans deux semaines.

Il plongea sa main valide dans une poche de son pantalon noir collant et en tira un autre Nembutal.

— Tiens. Le docteur a dit aussi que tu devais prendre ça, sinon mon poignet guérirait pas.

Joey s'assit à la table du dîner. Sa mère apporta le vin pour Emilio et s'assit à son tour, attendit que son mari commence son repas. Il était d'humeur à peu près bonne ce soir-là parce qu'il venait d'être payé et que ses deux semaines de vacances commençaient le lundi suivant. Joey et sa mère attendirent qu'Emilio ait coupé un morceau de steak, qu'il l'ait mâché, avalé, et qu'il se soit attaqué à un second morceau avant de se mettre à manger à leur tour. Il but la moitié d'un verre de vin et annonça :

— Y a eu le feu dans Bathgate, aujourd'hui. J'ai sorti deux gosses des flammes. Ils étaient plus cuits que ça, dit-il en tapotant la viande de sa fourchette. Carrément à point.

Il finit son verre de vin. Joey et sa mère gardaient le silence. Emilio était pompier et leur infligeait souvent ses histoires horribles au dîner.

— Tu joues, demain ? demanda le père.

— Ouais, répondit Joey sans relever la tête.

Emilio posa ses couverts et fixa son fils.

— Quoi ?

— Oui, fit Joey d'une voix sifflante.

Emilio saisit le menton de son fils, enfonça les doigts dans la chair des mâchoires.

— Oui. Je joue au football demain.

Joey avait peur parce qu'il ne savait pas ce que voulait son père. Emilio serra le menton plus fort.

— Tu me regardes quand tu me parles.

L'adolescent essaya de soutenir le regard de son père, mais la douleur le déconcentrait. Emilio reporta son attention sur son dîner. La mère de Joey avait appris à ne pas intervenir.

— Tu joues quoi ? Soigneur ? fit le père, riant de sa propre plaisanterie.

Cette fois, Joey n'eut aucune peine à le regarder dans les yeux.

— Je joue coureur.

— Vous jouez contre qui ? Des infirmes ?

Il éclata de rire, frappa la table du plat de la main.

— Des infirmes ! répéta-t-il.

Joey parvint à se dominer mais il avait perdu tout appétit.

— Mange ton dîner, lui dit sa mère, murmurant presque.

— Ouais, mange, pour devenir grand et fort et battre les infirmes.

— Pourquoi tu viendrais pas me voir jouer demain ? dit Joey dans un mélange de colère et d'orgueil. Midi et demi, au terrain French Charlie.

Faute de repartie cinglante, Emilio ricana, marmonna une troisième fois le mot « infirmes » et finit son dîner en silence.

Les vendredis soir précédant le match du samedi étaient les meilleurs moments de la saison de football. Chaque équipe organisait dans son quartier un défilé aux flambeaux avec banderoles, chorales de supporters. Là où les quartiers se chevauchaient, les cortèges entraient parfois en collision et la guerre nucléaire éclatait. C'était arrivé la saison précédente, entre les Requins de Velours d'Olinville Avenue et les Diables Rouges de Gun Hill Road. Le lendemain, le match avait été annulé parce que tous les arrières des Diables et la moitié de la défense des Requins étaient à l'hôpital.

A dix heures, les Guêpes se rassemblèrent au terrain de jeu. Joey et Eugene portaient la banderole enroulée, une bande de tissu de six mètres de long et soixante centimètres de haut, cousue à chaque extrémité autour d'un manche à balai. Il y avait vingt joueurs, cinquante ou soixante gosses plus jeunes, des vieux de la cité, quelques adultes curieux, des petites amies et une poignée de mecs provenant de bandes sans équipe de foot. Toutes les Guêpes étaient là, excepté Perry, abruti de Nembutal, qui ne jouerait de toute façon pas le lendemain. On distribua des manches à balai et de vieilles battes de base-ball, Joey répandit dessus de l'essence à briquet et chacun alluma son « flambeau ». Un rugissement monta de la foule quand on déroula la banderole. Une splendeur. Réalisée par Lenny Arkadian. De chaque côté du nom de l'équipe, en lettres rouges bavantes, Lenny avait peint des guêpes géantes, noir et jaune, poings serrés dans des gants blancs, visages menaçants hérissés d'une semaine de barbe. Elles mordillaient de gros cigares de leurs dents acérées, et leurs dards sortaient de leurs culs comme des cimeterres dorés. Pour leur faire ces têtes, Lenny s'était inspiré de décalcomanies de Woody Woodpecker.

Normalement, Joey et Perry auraient dû se charger de la bannière, mais comme Joey refusait de la porter sans son copain, on avait fait appel aux frères Tasso. Jumeaux, George et Vincent Tasso n'appartenaient pas aux Vagabonds et, de l'avis unanime, étaient de bons gars. Joey se tenait devant la banderole déployée, les torches qui ronflaient, la foule qui braillait. Il leva les mains, obtint le silence.

— DONNEZ-MOI UN G !

— G !

— DONNEZ-MOI UN U !

— U !

Les supporters épelèrent le nom de l'équipe en rugissements féroces.

— QU'EST-CE QUE ÇA DONNE ?

— LES GUÊPES !

— QU'EST-CE QUE ÇA DONNE ?

— LES GUÊPES !

— PLUS FORT, BANDE D'ENFOIRÉS !

— LES GUÊPES !

— PLUS FORT, BANDE DE MAUVIETTES !

— LES GUÊPES !

— PLUS FORT !

— LES GUÊPES ! LES GUÊPES ! LES GUÊPES !

Joey criait et pleurait, la foule marchait en scandant le nom de l'équipe, flambeaux flamboyants, banderole brandie haut. Joey beuglait et braillait, les veines du cou gonflées de sang et de haine, et les supporters, gagnés par sa passion, lui rendaient hurlement pour hurlement.

— LES GUÊPES ! LES GUÊPES ! LES GUÊPES !

Tous les cinq ou six mètres, ils étaient rejoints par des gens qui ne savaient même pas qui étaient les Guêpes mais qui se retrouvaient pris dans la vague radioactive d'émotion. Ils descendirent Burke Avenue, traversèrent White Plains Road. Joey s'arrêta devant son immeuble.

— LES GUÊPES ! LES GUÊPES !

Il leva des yeux rougis vers les fenêtres de son bâtiment.

— PLUS FORT !

Il vociféra jusqu'à ne plus pouvoir s'entendre, mais personne n'apparut aux fenêtres du deuxième, alors que presque toutes celles des autres étages encadraient un visage. Ils firent deux fois le tour de la cité, et les supporters commencèrent à se fatiguer. Joey continuait à crier mais n'obtenait plus de réponses aussi fortes et les gens quittaient le cortège à chaque carrefour. Finalement, les Tasso enroulèrent la banderole et on éteignit les flambeaux.

— LES GUÊPES ! LES GUÊPES !

Joey était maintenant le seul à scander le nom de l'équipe.

— Joey, c'est l'heure d'aller se pieuter.

— ALLEZ, LES GARS !

— JOEY ! lui gueula Eugene dans l'oreille. Arrête, il est onze heures et demie.

Tout le monde rentra. Joey, l'air ivre, inspecta la rue. Il tenta de crier une dernière fois mais il avait la gorge comme un cuir à repasser. Il prit en titubant le chemin de l'appartement. Qu'il dise un seul mot, tiens, l'abruti. Il devait être en train de chier dans son froc. Il n'était pas venu à la fenêtre parce qu'il avait les chocottes. Des infirmes, ouais. Ça allait changer, à la baraque. Il trouva le mot de sa mère sur la table de la cuisine.

Joey,

On est au cinéma, on rentrera tard.

Baisers,

Maman

— Ecœurant, ce film, déclara Emilio.

Assis dans le coin-repas, il alluma une cigarette et regarda le cul de sa femme qui faisait du café dans la cuisine. Minuit et demi.

— Des saletés.

Elle ne répondit pas. Elle ne savait jamais comment répondre à son mari. Dix-huit ans à marcher sur des œufs.

— De la pornographie.

Il délogea une miette de sa moustache, elle apporta le café et une boîte de gâteaux.

— Lait, réclama-t-il.

Elle apporta le lait et s'assit, prit une cigarette dans le paquet d'Emilio. Il lui saisit le poignet.

— Et les tiennes ?

— J'ai oublié d'en acheter.

— T'as oublié d'en acheter ? T'en avais encore un demi-paquet ce matin.

— Y en a plus.

— Comment ça, « y en a plus » ? Elles ont disparu ? Elles sont sorties du paquet, elles ont pris l'ascenseur ?

Un mal de tête de la taille d'une pièce de dix cents s'installa derrière les yeux de la mère de Joey.

— Je les ai fumées.

— Ah. Ah. Tu les as fumées, dit-il, comme si la réponse l'éclairait.

— Je peux avoir une cigarette, s'il te plaît ? quémanda-t-elle, la main toujours prisonnière de celle d'Emilio, par-dessus le paquet.

— Tu fumes comme un sapeur.

Elle ne dit rien. Dans sa tête, la douleur se ramifiait.

— T'es comme une droguée, tu le sais, ça ? T'as une... une addition, une addition au tabac.

Elle porta la main à son front.

— Tu vois ? T'as besoin de ton fix !

Il libéra sa main.

— Allez, toxico, prends ta dose.

Il versa le café dans les tasses pendant qu'elle allumait une cigarette, et elle fut étonnée qu'il l'ait servie aussi.

La mère de Joey était une belle femme, avec la peau lisse et tendue d'une fille de vingt ans et de grands yeux marron clair. La peur et la tension constante de sa vie conjugale la gardaient mince. Elle avait des manières gracieuses et aimables, n'élevait jamais la voix. La seule fois où elle avait défié son mari, la seule fois où elle lui avait tenu tête, il l'avait battue si férocement qu'elle n'avait pas pu se lever du lit pendant une semaine. Elle savait qu'il n'était pas un lâche qui battait les femmes. Il affrontait n'importe qui – homme, femme, enfant – avec la même fureur, la même violence. Elle avait oublié ce qui avait conduit aux coups, mais Emilio aimait lui rappeler « ce qui est arrivé quand t'as franchi les bornes, l'autre fois ».

S'apercevant qu'elle avait une de ces migraines qui lui faisaient si mal qu'elle en pleurait parfois, il eut mauvaise conscience et décida d'être un peu plus gentil.

— Hé, droguée, tu veux une autre dose ? proposa-t-il en lui tendant le paquet.

Elle sourit, non, merci, elle n'avait pas fini la première. Il laissa le paquet sur la table et alla à la salle de bains.

Emilio se déshabilla et se mit sous la douche. Il aimait sentir l'eau sur son corps. Il aimait son corps. Il soulevait encore de la fonte un jour sur deux à la caserne. Il sortit de la baignoire, s'admira dans le miroir en pied vissé au dos de la porte de la salle de bains. Ses muscles et sa bite étaient toujours plus impressionnants dans la glace, même si, Dieu sait, il n'avait pas besoin de ça pour être impressionnant. Il avait gardé le physique qui lui avait valu le titre de Monsieur New York, vingt-deux ans plus tôt, aussi bien que pouvait le faire un homme de quarante-huit ans. Quatre-vingts de tour de taille, cent dix-neuf de tour de poitrine, le biceps à quarante-cinq en contraction et la queue à vingt-deux cinq, fluctuant entre vingt et vingt-cinq. Il connaissait des gars tout en muscles qui avaient des zobs comme son petit orteil. Ça manquait pas. Lui, non. Il était monté comme un âne. Il se massa le sexe pour le faire durcir, raidit ses muscles, fit jouer ses biceps, regarda ses cuisses onduler sur l'ordre de son cerveau. Il fit rouler ses pectoraux sous la peau et son érection s'intensifia : au moins vingt-cinq centimètres.

Sa femme attendait patiemment qu'il sorte de la salle de bains en espérant qu'il ne s'était pas lancé dans une de ses exhibitions de gonflette. Elles duraient parfois une demi-heure. Elle avait la vessie faible et le café lui donnait envie de pisser. Un jour, Emilio était resté si longtemps dans la salle de bains qu'elle avait baissé sa culotte et qu'elle s'était assise dans l'évier de la cuisine. Il était sorti à ce moment précis, comme s'il avait attendu pour la surprendre. Pendant deux ans, il l'avait harcelée avec ça. Un soir, il l'avait raconté à tous leurs amis. Elle avait eu tellement honte que, durant une semaine, elle n'était pas descendue au sous-sol faire la lessive et n'était pas sortie faire les courses. Elle avait renoncé définitivement aux parties de mah-jong du mercredi. Dix ans plus tard, elle tressaillait encore en y repensant. Elle tendit l'oreille, guettant les bruits annonçant qu'Emilio avait fini.

Il se tamponna doucement le corps avec une serviette, passa une main sous ses couilles et les soupesa. Des boules de billard. Elles étaient grosses comme des boules de billard. Une livre chacune, sûrement. Une livre et quart, peut-être même. Il gifla ses fesses, qui ne tremblotèrent pas. Elles étaient fermes. Et menues. Quand il était dans la marine, un des gars du bateau lui avait dit qu'il avait un cul d'athlète. Et Emilio avait fait ce qu'il fallait pour garder un cul d'athlète. Il pensa à Joey, dut reconnaître qu'il avait un cul d'athlète lui aussi, mais ça ne comptait pas parce que tout le reste était si maigrichon. La seule fois qu'il avait vu son fils bander, il avait presque vomi. Elle ne pouvait pas faire plus de douze centimètres de long, treize, peut-être.

Joey se réveilla le lendemain matin avec la certitude d'avoir un cancer de la gorge. Il s'assit dans le lit, les mains autour du cou comme un type qui vient de s'enfiler une rasade de gnôle maison. Il se traîna dans la salle de bains, leva le couvercle des toilettes mais pas la lunette et pissa. Avaler lui faisait un mal atroce. Il prit le pot de vaseline dans l'armoire à pharmacie, en préleva une noisette avec le doigt et la fourra dans sa bouche. Il se prépara, les mains de chaque côté du lavabo, hoqueta et avala en même temps. Il ne parvenait pas à se rappeler si sa grand-mère soignait les maux de gorge avec de la vaseline, du Vicks VapoRub ou du Ben-Gay, mais il imaginait qu'ils devaient tous avoir le même goût.

Assis en peignoir de bain dans le coin-repas, Emilio fumait une cigarette en regardant par la fenêtre. Neuf heures et demie. Le soleil du samedi matin éclaboussait la toile cirée à carreaux rouges et blancs et traçait un andain brillant en travers de son menton, de son cou et de sa poitrine à demi nue. Joey apporta une tasse de café pour lui et s'assit tout au bout de la table. Emilio jeta un coup d'œil à son fils et revint à sa contemplation de la rue et de la voie aérienne du métro qui passait juste au niveau de la fenêtre. Joey but une gorgée de café et regarda son père. Il mourait d'envie de fumer mais n'osait pas lui demander une cigarette.

— Jo-wii ! Jo-wii !

— Cinq minutes !

Il fonça à sa chambre, entassa son équipement dans un sac en toile, enfila un pull sans manches et un pantalon noir. Le sac à l'épaule, il revint au coin-repas, avala debout le reste de son café.

— Midi et demi à French Charlie, rappela-t-il à son père.

Emilio ne se retourna pas. Joey fixa le dos de son père pendant quelques secondes puis quitta l'appartement.

Emilio vit son fils sortir du bâtiment. Buddy, Eugene, les Tasso et Richie l'attendaient sur le banc, des sacs en toile avachis à leurs pieds. Eugene lança le ballon à Joey qui l'attrapa d'une seule main et le lança derrière son dos. Une spirale parfaite. Emilio sentit croître en lui une rage étrange, une obscurité agitée en regardant les six adolescents. Il alluma une autre cigarette et éteignit la radio, se sentit un peu mieux quand ils se mirent en route d'un pas lourd vers le Bronx Park. Sa colère se mua en un ennui labyrinthique. Entendant sa femme dans la salle de bains, il alla s'habiller dans la chambre et sortit.

Comme il faisait beau, il décida de marcher en direction d'Allerton Avenue. Le métro aérien passa en grondant au-dessus de sa tête, mais il avait cessé de l'entendre depuis des années, depuis qu'il était venu vivre dans la cité. Parfois, sa vie entière lui semblait faite de bruits forts – rames de métro, sirènes, cris poussés de fenêtres en flammes –, mais le bruit ne le dérangeait pas tant que ça, du moins il le préférait aux silences de sa vie. Il acheta le *Daily Express* au coin de White Plains Road et d'Allerton Avenue, sous l'escalier de la station de métro, descendit Allerton en direction du parc. A une rue de l'entrée, il s'arrêta : il n'avait pas l'intention d'aller au parc voir le match, il lirait simplement le journal en fumant une cigarette. Emilio avait l'impression d'essayer d'en convaincre un auditoire invisible dans sa tête. Le match était sorti de son esprit et il faisait simplement une promenade. Sa colère revint et il fulmina contre Joey, ce petit con. Peux même pas aller me détendre un peu au parc un samedi matin. Il replia le journal, le fourra sous son bras et repartit vers White Plains Road. Il entra dans son bâtiment, alla jusqu'à l'ascenseur, fit demi-tour et ressortit en trombe, le visage écarlate, reprit le chemin du parc. Il resta assis dix minutes sur le banc à fixer la page des sports sans que son esprit furibard enregistre le moindre score, la plus petite photo. Il finit par jeter le journal sur l'étroite piste cyclable goudronnée et l'éparpilla comme une amarante sèche. D'une ruade furieuse, il se débarrassa d'une page pirouettante que le vent avait projetée contre ses jambes et retourna au kiosque à journaux. Il n'avait nulle part où aller. La colère fit de nouveau place à l'ennui. Emilio n'avait pas envie de rentrer, mais il n'avait rien à faire. Il songea à descendre jusqu'à la caserne, à s'offrir une promenade à travers Westchester. A aller à Brooklyn, rendre visite à ses parents. Tout lui semblait incroyablement ennuyeux et dépourvu de sens, absurde, et merde pour ce sale petit con de Joey, de toute façon.

Dix heures et demie. Emilio se tenait au comptoir du Manny's près de Lenny Arkadian. Lenny et John, le barman, n'aimaient pas trop Emilio. Il les rendait nerveux, comme la plupart des brutes rendent les gens nerveux. Ils ne l'aimaient pas, mais ils ne manquaient pas de se montrer aimables avec lui.

Lenny fit tourner les glaçons de son verre et s'enquit :

— Ça va, ton gosse ?

Emilio, se détourna, agacé. Lenny haussa les épaules, John essuya le comptoir dans la lumière douce, presque marron, de son bar.

— C'est à quelle heure, le match, Lenny ?

— Une heure, John.

— Midi et demi, rectifia Emilio sans les regarder.

— T'y vas ?

— Non.

Un ton tranchant mettant fin à toute discussion. Lenny se sentit soulagé, il n'avait pas envie d'assister au match en compagnie d'Ivan le Terrible.

— Vous savez pourquoi j'y vais pas ? lança Emilio aux deux hommes. Je vais vous dire pourquoi... Je vais vous dire pourquoi...

Lenny suivit d'un doigt une balafre sur le dessus du bar. Il aurait voulu qu'Emilio s'en aille ou qu'il tombe raide mort.

— Parce que... commença Emilio en braquant un doigt sur eux comme une arme. Parce que ce petit salaud...

Le doigt s'abaissa, se replia dans le poing et le père de Joey revint à sa bière. Lenny et John se regardèrent, haussèrent les épaules.

— Il joue, Ralphie ? demanda John.

— Ouais. Il cavale comme un étalon, ce môme. Ils l'ont mis coureur, déclara Lenny avec fierté.

— Sans déconner ?

— Sans déconner. Ça fait longtemps que tu l'as pas vu, c'est pour ça.

— Attends, la dernière fois... la dernière fois, il devait avoir dans les... treize, peut-être quatorze ans.

— Ben, tu vas être sur le cul.

— Il est devenu costaud ?

— Costaud et rapide. Je te dis, ils l'ont pris comme coureur.

— Rapide aussi ?

— Il court le cent mètres en dix deux.

— Putain, c'est rapide.

— Ouais.

— Dix deux... waouh.

— Un étalon.

— Non, sûrement pas, dit Emilio, toujours sans les regarder.

— Non quoi ? demanda Lenny.

— C'est Joey, le coureur, assena Emilio d'une voix forte et catégorique.

Lenny fut sur le point de répondre qu'il y avait deux coureurs – son frère et le fils d'Emilio – mais décida que ça n'en valait pas la peine. Rien à branler. Rien à branler d'Emilio, ce trouduc. Il jeta un dollar sur le comptoir et salua John de la main. En passant devant Emilio, il tressaillit comme s'il s'attendait à moitié à recevoir un coup de poing dans la nuque.

Bronx Park était une plaine d'herbes hautes, de saules pleureurs et de marais sporadiques s'étirant sur des kilomètres dans toutes les directions. Le seul secteur suffisamment découvert pour qu'on puisse y jouer au ballon, c'était French Charlie, un terrain rectangulaire dont des générations de crampons avaient quasiment bousillé l'herbe. Il ressemblait à un vieux tapis d'Orient. Personne ne savait qui était French Charlie. Un fermier du coin avant que ça ne devienne Bronx Park, disaient certains, mais à moins qu'il n'ait élevé des moustiques et des rats, cela semblait peu probable. D'autres assuraient que c'était un assassin qui avait vécu dans les bois autour des années 1890 et qui tuait les gens traversant le parc. Les flics l'avaient coincé un soir, et comme ils n'arrivaient pas à le faire sortir des fourrés, ils y avaient mis le feu. On l'avait présumé mort, mais on n'avait jamais retrouvé son cadavre. Avec les années, on avait pris l'habitude d'appeler la zone défrichée par les flammes le terrain de French Charlie. Si on l'appelait Charlie le Français et non Charlie tout court, c'était parce que toutes ses victimes étaient des femmes, mais ça aussi c'était probablement une légende.

French Charlie était entouré d'un bois de saules et d'autres arbres aux formes moins nettes. Lorsque des équipes venaient disputer un match, elles déposaient leur équipement à la lisière du bois et se changeaient derrière les arbres.

Quand les Guêpes arrivèrent, les Bombardiers, déjà en tenue, faisaient des pompes et des sprints de l'autre côté du terrain. Les Guêpes observèrent l'ennemi dans un silence angoissé : ce qu'il y avait de plus impressionnant chez les Bombardiers, c'était leur tenue complète. Celle des Guêpes se composait d'un maillot vert soyeux, de protège-épaules, d'une coquille protectrice, d'un casque et d'un pantalon noir serré. La moitié de l'équipe avait des chaussures à crampons, l'autre des baskets. Les Bombardiers n'étaient pourtant pas plus riches que les Guêpes. Ils avaient des tenues complètes parce que Winston Knight et Raymond Firestone avaient pillé un magasin de sports l'année précédente et raflé tout l'équipement pour vingt-cinq bonshommes, des bandes Velpeau aux protège-dents. En fait, les Bombardiers étaient en moyenne plus pauvres, ne serait-ce que parce que c'étaient des négros.

Joey laissa tomber son sac près d'un arbre et bâilla. Les Bombardiers paraissaient costauds. Si seulement Perry avait pu jouer. Mais Perry avait un plâtre du bout des doigts jusqu'au coude. Richie et les Tasso entamèrent une séance de passes. Au loin, Joey vit Jo-Jo et Ralph approcher avec leurs sacs. Dix minutes plus tard, ce fut le tour de Peter Rabbit, Ed Weiss et Lenny Mitchell. Il leur restait une heure avant le match. Tout le monde était silencieux. Les Bombardiers finirent leur échauffement et quittèrent le terrain.

— On court un peu ? proposa Joey.

Buddy, Ralph et lui commencèrent à faire le tour du terrain à petites foulées. Il se sentait affûté. Il se sentait rapide. Au troisième tour, il se mit à zigzaguer. Ralphie l'imita, Buddy retourna auprès des autres.

— Comment tu te sens, Joey ?

— Bien. On va les torcher.

Ils couvrirent deux tours de plus et Joey, repérant Perry avec le reste de l'équipe, poussa des cris de joie. Perry portait son maillot des Guêpes.

— Hé, mec, tu joues, finalement ?

— Nan, je suis juste venu au cas où y aurait de la bagarre.

— Et ton bras ?

Perry haussa les épaules.

— Pété.

Quatre autres joueurs se pointèrent. A chaque nouvelle arrivée, les Guêpes se sentaient un peu plus détendus. Bientôt des supporters débarquèrent de la cité et quand les filles – P, Margo, Laine, Anne et quelques autres – s'y ajoutèrent, le moment fut venu pour les Guêpes de lancer le spectacle.

Première chose à faire, se mettre en tenue. C'était un rituel important, surtout parce qu'ils n'avaient rien d'autre à offrir en guise de lever de rideau. Chaque joueur avait sa spécialité. Richie allait et venait torse nu par des températures glaciales en cherchant ses protège-épaules. Il contractait ses abdos, gonflait la poitrine et paradait devant les filles avec une mine préoccupée, s'assurait que le vent agitait ses cheveux juste assez pour lui donner l'air d'un Viking aux muscles bruts scrutant la mer du Nord à la proue de son drakkar. Son numéro était efficace : voir un gars à demi nu en hiver équivalait à voir une fille en bikini en plein Manhattan. Le truc de Joey, c'était l'insertion de la coquille protectrice et l'ajustement des roubignolles. Il ouvrait sa braguette, descendait son slip jusqu'au bord frisottant de sa toison pubienne et mettait en place la large coquille blanche en forme de losange. Le bras enfoncé jusqu'au coude dans le pantalon, il remuait ses joyeuses, alignait son nœud et faisait une petite danse d'ajustement pour mettre sa boutique à l'abri des violences imminentes de l'après-midi. Si Richie scrutait l'horizon, Joey arborait une expression d'effort herculéen comme s'il déplaçait deux boulets de canon dans son slip. D'autres joueurs se livraient à des duels au protège-épaules. Comme des chamois s'affrontant à coups de tête, ils se mettaient en garde et se heurtaient, épaule contre épaule, pour que les protections soient bien en place. Puis ils faisaient quelques pas en jouant des épaules pour signifier qu'ils étaient prêts. Le numéro de Perry était le plus impressionnant. Il n'était jamais vraiment content d'être grand et costaud, sauf au foot, et avant un match il aimait paraître deux fois plus balaise et mauvais qu'il ne l'était. Après avoir mis ses protège-épaules, il entourait un arbre de ses bras et cognait ses épaules contre le tronc pour mettre le rembourrage en place. Noisettes, écureuils, feuilles, nids d'oiseaux et tout ce qu'il y avait d'autre dans les branches dégringolaient de l'arbre secoué sur les supporters. L'année d'avant, Perry, se laissant emporter, s'était disloqué une épaule et avait manqué quatre matches.

Au milieu du terrain, Richie et Ray Rodriguez, co-capitaines des Guêpes, rencontrèrent Leslie Frances et Toby Barrett, co-capitaines des Bombardiers pour la traditionnelle poignée de main.

— Bonne chance, mec.

— Bonne chance.

En retournant sur la touche, Richie glissa un commentaire à Ray sur les bronzés. Ray, seul Portoricain dans ce match, ne savait pas s'il devait être en rogne ou approuver.

Emilio Capra se tenait seul à une cinquantaine de mètres des supporters. Il constata que Joey occupait le poste de coureur et que Ralphie Arkadian ne jouait même pas en attaque. Il repéra Lenny Arkadian avec le reste des connards braillant comme des malades et résista à l'envie de lui demander comment son demeuré de petit frère s'en tirait.

C'était le jour de Joey. Il perçait chaque fois qu'il avait le ballon et vers la fin de la première mi-temps il avait accumulé plus de cent vingt mètres de courses. Ed Weiss, le quarterback, lançait comme Y.A. Tittle et les Tasso avaient une main d'or. La défense tenait bon et, jusque-là, personne n'avait été blessé. Les Guêpes menaient 14 à 6. Tenue complète ou pas, les Bombardiers devraient braquer quelques magasins de sport de plus pour faire bonne figure ce jour-là.

Lenny Arkadian remarqua Emilio à vingt-cinq mètres de la ligne d'arbres qui servait de limite et donna un coup de coude à Perry.

— Tu le connais, ce mec ?

— Emilio ?

— Un vrai salaud.

Perry haussa les épaules, il n'avait pas pour habitude de débiner les parents des copains.

En quittant le terrain à la mi-temps, Joey avisa son père à une dizaine de mètres des autres. Malgré lui, il se sentit tout excité et refoula une envie de courir lui demander comment il avait été. Et merde. Il le savait, comment il avait été. Comme toujours. Le meilleur. Joey rejoignit le reste de l'équipe, jeta son casque près des sacs, tapa P d'une cigarette et, du coin de l'œil, regarda son père le regarder du coin de l'œil.

La bouteille de Tango de Perry fit le tour des joueurs. Joey en but une gorgée et passa devant Emilio pour rejoindre le camp des Bombardiers, tendit la bouteille à un gars, échangea quelques vannes avec des élèves de Tully. Observant son père de l'autre côté du terrain, il se prit soudain à souhaiter qu'il parle aux autres. Pendant un moment étrange, il se sentit déprimé et désolé pour lui. Il récupéra le Tango et se dirigea vers son père.

Ray Rodriguez sirotait un soda à l'écart en se demandant encore s'il devait être en rogne contre Richie quand il vit un nain surgir du bois et s'emparer du ballon. Il s'élança à sa poursuite, le tacla. Le ballon fusa en l'air, le nain prit un gadin. Ray se releva, saisit le voleur par le col de son blouson.

— Qu'est-ce t'as fait, là, hein ? (baffe). Hein ? (baffe). Hein ?

Encore une baffe.

Le nain tenta d'esquiver les gifles, tira de sa poche un rasoir à l'ancienne et menaça le visage de Ray. Surpris, Ray tomba sur les fesses. Le nabot lui bondit sur la poitrine et s'apprêtait à lui arranger les yeux quand un ballon lui fit sauter le rasoir de la main. Il se releva d'un bond, écrasa du talon l'entrejambe de Ray et disparut dans le bois. Joey et Ed Weiss coururent aider Ray à se remettre debout.

Joey s'approchait d'Emilio quand il vit Ray s'empoigner avec un nain. Une lame étincela, Ray s'effondra et Joey crut que le nain l'avait planté. Pris de panique, il laissa tomber la bouteille de Tango et se précipita vers la scène étrange. Ed Weiss lançait des ballons contre un tronc d'arbre. Il avait aligné trois matches sans marquer avec les Tigres d'Evander et balançait la boule de cuir avec la vitesse d'une balle de base-ball. Il se penchait vers le sac de ballons posé à ses pieds pour mitrailler de nouveau l'arbre lorsqu'il vit Ray Rodriguez allongé sur le terrain, à une vingtaine de mètres, un gamin sur la poitrine. D'abord, il crut que Ray déconnait avec un des gosses assistant au match puis il vit le rasoir. Il saisit un ballon et le projeta sur le reflet d'acier.

Ray tremblait tandis qu'Ed et Joey l'aidaient à se relever. Des Guêpes et des Bombardiers s'approchèrent.

— Qu'est-ce qui se passe ? demanda Perry.

— Je sais pas. J'ai vu ce... je l'ai pris pour un nain... Il a piqué le ballon et...

— Un nain mon cul, lâcha Toby Barrett en rejoignant le petit groupe, le rasoir dans sa main tendue.

— Oh ! merde, fit Joey, l'estomac serré. Les Ducky Boys.

Les Ducky Boys étaient de vrais tueurs qui attaquaient toujours en masse pour compenser le fait qu'ils mesuraient presque tous moins d'un mètre cinquante.

— T'es sûr ?

— Ouais. Regarde cette putain de lame.

Ray ferma les yeux et se tint le front.

— Tu crois qu'ils vont rappliquer ?

— Ouais.

— Peut-être pas.

— En tout cas, je reste pas pour le savoir.

P glissa la tête dans le groupe.

— Qu'est-ce qu'il y a ?

— Rien.

— Dégage.

— On fait quoi ?

Richie et Jo-Jo vinrent aux nouvelles.

— Qu'est-ce qui se passe ?

— Les Ducky Boys.

— Quoi ?

— Ray vient de talocher un Ducky Boy.

— Je rentre, annonça P à Richie, qui l'ignora.

— Il est parti où ?

— Dans le bois.

— Tu crois qu'ils vont revenir ?

— Ils reviennent toujours.

— Et alors ? rétorqua Perry. On est cinquante.

Ils le regardèrent comme s'il s'était fêlé le crâne et non le poignet.

— Je suis prêt, s'esclaffa-t-il en agitant son plâtre.

— Faudrait le ramener chez lui avant qu'il se fasse blesser, suggéra Jo-Jo.

— On finit le match ou pas ?

— Je prends pas le risque, déclara Ray Firestone.

— Vous aimez pas perdre, c'est tout, repartit Perry.

— On va tellement vous en mettre dans le cul que vous serez obligés de chier par la pine.

— Je croyais que tu rentrais, rappela Perry.

Raymond haussa les épaules.

— Qu’est-ce que vous avez, bande de pédés ? poursuivit Perry.

Personne ne répondit. D’autres gars approchèrent pour savoir ce qui arrivait et quand presque toute l’équipe fut au centre du terrain, Perry s’écria :

— O.K., fin de la mi-temps, on s’y recolle !

Les autres se regardèrent, haussèrent les épaules et allèrent remettre leurs casques.

Joey vit son père avec les autres spectateurs et se sentit mieux. Il se demanda ce qu’était devenue la bouteille de Tango ; il se demanda ce que ferait son père si les Ducky Boys déboulaient. Quand il ramassa son casque, son regard croisa celui de son père et il lui adressa un petit signe de la main, mais Emilio détourna aussitôt les yeux. Tendu, gonflé à bloc, Joey coiffa son casque et retourna sur le terrain.

Emilio avait vu un groupe se former au milieu du terrain et s’était approché. Quand les gars avaient commencé à se disperser, il avait entendu parler de baston. Bon Dieu, si les négros cherchaient la bagarre, il leur tannerait le cul.

Ray Rodriguez était grand et rapide. Il jouait assez bien pour être accepté dans n’importe quelle équipe de lycée de la ville mais, comme Ed Weiss, il avait atterri dans un bahut sans équipe de foot et il jouait avec les Guêpes. L’avoir échappé belle à la pause lui donna un surcroît de vitesse pendant la deuxième mi-temps et il joua comme un pro. Il ne cessait de voir ce rasoir devant son visage et ce Ducky Boy assis sur sa poitrine avec ce regard trouble indiquant une conscience et une intelligence limitées. Les Bombardiers firent une longue passe en cloche et Ray, devançant Leslie Frances, l’intercepta dans l'en-but pour marquer un essai. Au moment où il saisissait le ballon, il glissa sur un genou sur une plaque d'herbe mouillée et, relevant la tête, découvrit le Ducky Boy qui avait essayé de le saigner. Adossé à un arbre, il fixait Ray d'un regard sans expression. Le joueur se figea. Le Ducky Boy lui fit signe d'avancer. Ray se remit debout, recula, heurta un des poteaux de l'en-but. Le Ducky Boy se passa le pouce en travers du cou, serra les dents. Ray fit volte-face et se mit à courir.

— Qu'est-ce que t'as ?

— Ils sont là !

— Où ? fit Richie, écarquillant les yeux.

Ray tendit le bras vers l'en-but. Personne.

— Mais où ?

— Je te jure, Gennaro, il était là.

— Qu'est-ce qui se passe encore ?

— Y a quoi, maintenant ?

— Ray a vu le type.

— Je déconne pas, je rentre chez moi.

— Allez, le match est presque fini.

— Je m'en branle... Hé, il est là !

Non seulement le Ducky Boy était revenu, mais six ou sept de ses amis se tenaient près des poteaux.

— Salut. Moi, je traîne pas dans le coin.

— Ils sont que six. On peut les prendre.

Les spectateurs commencèrent à partir tandis que les joueurs se regroupaient au centre du terrain autour de Perry.

— Je me débine pas devant des nains, déclara-t-il.

— C'est pas des nains. Pourquoi tu vas pas plutôt cogner sur un arbre ?

— C'est sur ta tête que je vais cogner. Je me débine pas.

Perry était surpris de son propre panache. Il ne savait pas pourquoi il se montrait aussi coriace.

— Seigneur, regardez, fit Eugene.

Les six Ducky Boys s'étaient multipliés et entouraient le terrain. Les derniers supporters levèrent le camp et filèrent vers l'entrée du parc, à l'exception de Lenny Arkadian et d'Emilio Capra.

— Putain de Dieu ! lâcha Richie en attachant son casque.

— Je crois que ma mère m'appelle, dit un des Bombardiers.

— J'ai soif, quelqu'un veut un Coca ? demanda Ed Weiss.

Abandonnant leurs vêtements de ville, une vingtaine de joueurs prirent le sillage des supporters.

— Merde, on se tire, dit Eugene.

Il crevait d'envie de s'enfuir mais avait moins peur de la violence que de perdre la face.

Joey vit son père et Lenny marcher vers lui.

— On reste, décida-t-il, envahi d'un terrible sentiment d'excitation.

Perry passa son plâtre autour des épaules de son ami et renchérit :

— Les tarlouzes peuvent rentrer, nous, on reste.

Chaque fois qu'il commençait à avoir peur, il se montrait plus braillard et plus courageux.

— Qu'est-ce qui se passe ? demanda Lenny, parcourant du regard les lignes de la nation Ducky. Des copains à vous ?

Il était à la fois déçu et soulagé que son petit frère ait disparu.

Il restait trente gars environ, y compris Perry, Joey, Richie, Raymond Firestone, Eugene, Buddy, à peu près la moitié des Bombardiers et la moitié des Guêpes.

— Où est mon frère ? demanda Vincent Tasso.

— Il s'est barré.

— Merde, fit-il, l'air blessé.

Emilio s'approcha lentement et ôta sa veste, révélant un physique qui fit taire tout le monde. Joey avait envie de pleurer.

— C'est qui, ces types ? s'enquit Emilio avec détachement.

Personne ne répondit.

Il haussa les épaules, s'approcha d'un arbre, arracha une grosse branche et la balança nonchalamment, puis retourna près du groupe, sa massue sur l'épaule. Impressionné, Perry adressa un clin d'œil à Joey qui boucla la lanière de son casque et ajusta ses protège-épaules. D'autres joueurs, imitant Emilio, arrachèrent des branches. Les Ducky Boys, immobiles, attendirent de voir qui restait et qui s'enfuyait puis se mirent en mouvement, marchant presque en formation comme une fanfare dans un défilé. Ils portaient des battes de base-ball, des antennes de voiture, des chaînes de vélo. Joey se rapprocha de son père, qui expira bruyamment par le nez et resserra sa prise sur son gourdin. Ne sachant s'ils devaient se déployer ou faire masse, les joueurs se télescopaient en échangeant des mots d'ordre stratégiques. Perry moulinait l'air de son plâtre. Joey courut vers les arbres, tenta de casser une branche, n'y parvint pas, revint les mains vides se placer entre Perry et son père. Ray Rodriguez resta parce que Richie avait traité les nègres de sales dégonflés quand la moitié des Bombardiers avaient détalé. Il n'avait apparemment pas tenu compte du fait que près de la moitié des Guêpes avaient été soudain pris presque simultanément d'une forte soif.

— Qu'est-ce que je fous ici ? se demanda Lenny tout haut.

— Tu vas te les faire, Loup-Garou ! dit Perry en riant.

Parvenus au milieu du terrain, les Ducky Boys rompirent les rangs et chargèrent en brandissant leur arsenal. Les joueurs de foot étaient à un contre cinq mais les Ducky ne se faisaient qu'en petite taille. Emilio courut à leur rencontre et balança sa branche dans le visage du premier. Un geyser de sang jaillit des narines du jeune garçon, éclaboussa les bras du père de Joey. Il dégomma cinq ou six autres Ducky Boys avant de recevoir un coup de batte par-derrière et de s'effondrer sous une mer d'assaillants.

Une douzaine de Ducky s'attaquèrent à Perry et à Lenny parce qu'ils étaient les plus baraqués. Perry abattait son plâtre comme une mâchoire d'âne et les corps s'entassaient à ses pieds. Lenny saisit un Ducky Boy par les jambes et s'en servit comme d'une massue, l'expédiant la tête la première contre les attaquants.

Inspiré par la peur et par l'exemple d'Emilio, Joey se débrouilla à peu près bien compte tenu de son petit gabarit, jusqu'au moment où il fut frappé au visage par une antenne. Un rideau de sang l'aveugla. Voyant son copain tomber, Perry mugit de colère, se fraya un chemin entre les Ducky Boys, fracassant membres et crânes de son plâtre rougi. Il dégagea les couches de Ducky recouvrant Joey, le mit debout et le poussa vers la sécurité du bois. Mais Joey, aveuglé, se heurta à un Ducky Boy qui l'attendait et s'effondra de nouveau sous une volée de coups. Perry saisit le Ducky, lui cogna la tête contre un arbre. Son plâtre éclata et la douleur de son poignet lui arracha un cri.

Raymond Firestone, boxeur amateur, décocha des punchs avec aisance jusqu'à ce qu'une chaîne de vélo lui écrase les doigts, alors il tomba à genoux, fixant d'un regard incrédule les restes ensanglantés du rêve de sa vie.

Richie, Eugene et Buddy se tenaient dos à dos en un triangle défensif mais, pour une raison ou une autre, ils n'intéressaient personne, à leur grand soulagement.

Sous sa montagne de Ducky Boys, Emilio jouait des poings et réussit finalement à ménager une brèche qui lui permit de se redresser. Il empoigna un Ducky et s'en servit de point d'appui pour se relever. Il avait perdu sa massue mais n'était pas blessé si l'on faisait exception de la bosse palpitant à la base de son crâne. Il agrippa un autre Ducky armé d'une chaîne de vélo et lui cassa le bras d'un coup sec puis, enroulant la chaîne autour de sa main, il se remit à frapper, brisant côtes et jambes. Au bout d'un moment, il se retrouva seul, indemne et sans adversaires.

Ray Rodriguez colla un bourre-pif à Richie.

Quand Lenny en eut assez du Ducky qui lui servait de matraque, il le jeta sur le côté et voulut ramasser la branche laissée par Emilio, mais il perdit l'équilibre, fut submergé par une vague d'assaillants et les choses devinrent tout à coup moins drôles.

Etendu sur le ventre, Joey gémissait. Il croyait qu'il était devenu aveugle et que son père était mort. Pourtant Emilio se battait encore, et Joey n'avait qu'une entaille en travers du front. Pour la première fois de l'après-midi, il se sentit en proie à une terreur sans espoir. Trop effrayé pour lever la tête, il essaya de ramper, traîna lentement son corps sur l'herbe fraîche. Il se cogna dans les racines d'un arbre et s'agrippa à la base du tronc de toutes ses forces.

Du sang coulait de l'intérieur du plâtre fendu de Perry, des lambeaux de gaze pendaient en festons de son bras. La souffrance vint à bout de sa bravoure et il gagna le bois en vacillant et en hurlant d'angoisse. Caché par les arbres, il s'assit par terre et se balança d'avant en arrière en tenant son bras.

Raymond Firestone, recroquevillé sur le terrain, pleurait doucement, sa main estropiée contre sa poitrine. Il avait perdu une chaussure et son casque était à moitié défait.

Après avoir frappé le nez de Richie, Ray Rodriguez se sentit mieux et rentra chez lui en courant.

Après avoir reçu un coup sur le nez, Richie rentra chez lui en courant.

Quand Buddy et Eugene virent Richie rentrer en courant, ils rentrèrent chez eux en courant.

Lenny, K.O., rêvait qu'il peignait des kilomètres de toile avec un pinceau de la taille d'un cure-dent.

Entre les estourbis et les fuyards, Emilio était le seul qui continuait à se battre. Lorsque les Ducky Boys s'aperçurent que le seul qu'il leur restait à affronter était le dingue au fouet d'acier, ils estimèrent qu'ils avaient fini le boulot et disparurent aussi abruptement qu'ils étaient apparus. Emilio les poursuivit tel un gladiateur dément, la boule brûlante à la base de son crâne le poussant à faucher et à écraser tout ce qui bougeait.

Après le retrait des Ducky Boys, Guêpes et Bombardiers émergèrent timidement du bois. Joey se redressa. Le sang avait séché et, mis à part une barre cuisante au-dessus des yeux et un tremblement causé par la peur, il allait à peu près bien. Il vit son père planté seul au milieu du terrain, tournant le dos à tous. Transporté de joie, Joey se releva et courut vers lui. Une seconde avant qu'il ne le rejoigne, Emilio pivota sur lui-même et le cogna sèchement au ventre. Avec une sorte de grondement, Joey tomba à genoux, fixa Emilio et vomit de minces rubans de bile noire haineuse.

4

Le toit

Les frères Hite étaient des demeurés. Scottie, dix ans, était le meilleur ami de Dougie Rizzo, le frère de P. Frank, dit Bas-de-Plafond, le frère de Scottie, avait l'âge des Vagabonds mais passait pour un cinglé, un débile, une plaie.

Les Hite étaient si blonds qu'ils avaient presque les cheveux blancs. On les voyait marcher en remuant les lèvres sans dire un mot, le front plissé comme s'ils résolvaient un problème d'arithmétique. Seul un garçon aussi dingue mais bien plus mauvais comme Dougie Rizzo pouvait devenir le copain de Scottie, à seule fin de l'entraîner dans ses combines perverses. Quant à Frank, il n'avait aucun ami et une kyrielle d'ennemis. Mr Hite travaillait dans une fabrique de patins à roulettes. Sa tâche consistait à vérifier que chaque patin avait le bon nombre de roulettes. Il était en liberté conditionnelle parce qu'il avait un jour laissé passer un patin à trois roues et une vieille dame de cinquante ans qui entamait une seconde enfance s'était cassé la jambe en dévalant une colline. La dame avait porté plainte, la compagnie était remontée jusqu'à Hite : s'il laissait de nouveau passer un patin défectueux, il irait au trou. On glissait délibérément des patins à trois roues sur la chaîne de montage, mais il les repérait tous. C'était maintenant un travailleur consciencieux.

Mrs Hite était responsable de la buanderie de la cité située au sous-sol de son bâtiment. Elle vivait aux Etats-Unis depuis vingt ans et parlait encore un anglais quasi incompréhensible. Elle était originaire d'Irlande.

Le jour où Dougie et Scottie avaient été abandonnés nus dans le parc, le premier avait persuadé le second d'aller jusqu'à la route et d'essayer d'arrêter une voiture, et tandis que Scottie attendait le cul nu sur le bas-côté, manquant de se faire renverser par des automobilistes choqués, Dougie trouva un gamin plus petit, le dérouilla, lui prit ses vêtements et rentra.

— Hé, Hite !

Dougie s'approcha de Scottie par-derrière sur le terrain de jeu et lui flanqua une tape sur l'épaule.

— Salut, Dougie.

— Tu veux faire un concours ?

— C'est quoi ?

— Un chouette concours. C'est à celui qui frappe l'autre le plus doucement.

— Ah ?

Dougie entraîna Scottie derrière le bâtiment des Services des parcs, une petite construction en briques située au milieu du terrain de jeu.

— On va voir qui tape l'autre le plus doucement, tu piges ?

— Nan, fit Scottie, visiblement en train de calculer pi jusqu'à la dixième décimale, les sourcils froncés.

— Regarde, tête de nœud… comme ça.

Dougie saisit le bras de Scottie, qui eut un mouvement de recul, puis il ramena son poing en arrière, feignit de lui assener un coup furieux pour finalement lui effleurer le biceps.

— Vu ?

Scottie acquiesça de la tête.

— Bon, tu commences, dit Dougie, tendant le bras.

Scottie prit une expression rageuse, brandit le poing – une seconde, Dougie craignit qu'il n'ait pas compris –, frappa son ami doucement sur le bras.

— A mon tour, maintenant.

Dougie empoigna de nouveau le bras de Scottie... et cogna de toutes ses forces.

— T'as gagné.

Il éclata de rire tandis que Scottie tenait son bras en hurlant de douleur, la tête renversée en arrière, les yeux fermés.

— Hé, j'en connais un autre.

— Non ! s'écria Scottie.

— Allez, quoi, fit Dougie, frottant le bras de son ami.

Scottie le regarda.

— Euuurk ! T'as une crotte de nez sur ta chemise !

Dougie tendit l'index vers la poitrine de Scottie, et quand celui-ci baissa la tête il releva brusquement le doigt pour lui raboter le nez.

— Pourriture !

Scottie pourchassa Dougie à travers le terrain de jeu mais Dougie, plus rapide, échappa à son souffre-douleur avec une facilité risible. Finalement, Scottie se fatigua et renonça.

C'était un de ces dimanches après-midi gris et froids où les gosses qui s'ennuient sont le plus dangereux, Scottie et Dougie ne faisant pas exception. Déambulant au hasard dans la cité, ils cassèrent un carreau, mirent le feu à trois poubelles et bloquèrent l'ascenseur dans le bâtiment de Scottie.

— Je voudrais être un marine, dit Dougie.

Scottie plissa le front comme s'il redistribuait les effectifs des marines dans tout le Pacifique.

— Je voudrais être un marine pour pouvoir torturer des nazis... T'aimes ça, la torture ?

— Je sais pas, qu'est-ce que c'est ?

— Viens, je vais te montrer.

Dougie poussa Scottie dans l'entrée d'un bâtiment.

— O.K., je suis le marine et t'es le nazi... Ils sont où, tes tanks ? aboya le frère de P.

L'air perdu, Scottie haussa les épaules.

— Tu mens ! hurla Dougie, qui gifla durement son copain.

— Hééé, t'es con !

Scottie le saisit par les oreilles, lui cogna la tête contre un mur de parpaings. Un *bonk* satisfaisant dissipa la colère de Scottie, qui baissa les yeux vers Dougie, assis sur le sol de béton, sonné.

— T'aurais pas dû faire ça, bredouilla Scottie, s'efforçant de prendre un ton d'excuse.

Dougie leva les yeux vers Scottie qui se curait le nez en respirant bruyamment. Il fut envahi d'une rage froide qui calma son envie d'étrangler et la remplaça par un doux sentiment d'attente et de vengeance. Scottie ne l'avait jamais frappé, alors qu'il lui servait de punching-ball. Il s'agissait clairement d'un cas de mutinerie.

— Aide-moi à me lever, Hite.

Dougie tendit une main, Scottie recula.

— Tu vas me taper ?

— Non.

— Juré ?

— Juré.

— Jure sur ta mère.

— Je le jure, dit Dougie avec un sourire aimable.

— Jure-le sur frère Timothy et sœur Theresa, de Saint-Rosaire.

— Je le jure, fit Dougie.

Scottie tendit nerveusement le bras. Dougie résista à l'envie de l'expédier la tête la première dans le mur et se releva.

— Comme ça, t'aimes pas la torture ?

— Hein ?

— Viens, je te paie un Coca.

Dougie lui fit traverser la cité, ils entrèrent au Pioneer's Candy Store.

Pendant que Scottie sirotait son soda, Dougie le fit tourner sur un des tabourets du bar jusqu'à ce qu'il soit étourdi.

— Hite, je suis pas le meilleur copain que t'aies au monde ?

— Quoi ?

— Je suis pas ton grand pote ? fit Dougie, un bras autour des épaules de Scottie.

Maxie, le serveur immigré chauve dont les lunettes reflétaient toute la lumière qu'elles captaient, s'approcha d'eux.

— Vingt cents, réclama-t-il.

— C'est ma tournée, dit Dougie.

D'un geste théâtral, il tira un *quarter* de sa poche et déclara :

— C'est mon meilleur ami, je lui paie à boire quand il veut.

Pas du tout ému, Maxie rendit un nickel à Dougie.

Dehors, alors qu'ils traversaient la rue en direction du terrain de jeu, Dougie donna un coup de coude à Scottie.

— Quoi ?

Dougie tira de son pantalon un magazine de cul et le donna à Scottie.

— Je l'ai piqué quand il regardait pas.

— Waouh !

— Toi non plus tu m'as pas vu le prendre, hein, espèce de...

Dougie s'interrompit avant de traiter Scottie de taré.

— Tiens, c'est pour toi.

— Waouh.

— T'aimes ça, hein ? Celle aux gros nibards, là...

Scottie gloussait comme un idiot en détaillant la fille à demi nue aux gros seins.

— Tu veux qu'on monte sur un toit mater les photos ? suggéra Dougie dans un murmure obscène.

— Ouais, d'accord.

Ils traversèrent la cité au petit trot jusqu'à un bâtiment proche du parc dans lequel ils n'étaient jamais entrés, Scottie gloussant et pouffant, Dougie gardant le silence. Ils prirent l'ascenseur jusqu'au dernier étage, montèrent l'escalier conduisant au toit. Dougie poussa de l'épaule la grosse porte en fer.

Le toit était carré, entouré comme une prison d'une grille d'un mètre vingt de haut. Le gravier qui recouvrait le sol disparaissait sous une mince couche de cendres noires provenant de la cheminée d'un incinérateur. Les seuls éléments verticaux sur cette surface plane étaient la cheminée et la lourde porte métallique de l'escalier.

Les deux garçons éprouvaient un délicieux sentiment de terreur parce que monter furtivement sur un toit était l'interdit le plus strict de la cité. A tout moment, un énorme gardien noir pouvait ouvrir la porte d'un coup de pied ou surgir de derrière la cheminée dans son uniforme bleu foncé et leur faire descendre les sept étages pour les conduire au poste de police de la cité. Scottie poussa un cri en courant à la grille, baissa les yeux vers la rue incroyablement petite.

— On est tout en haut du monde ! s'exclama-t-il d'une voix aiguë.

— Qu'est-ce que t'en dis ?

Dougie contemplait sereinement la mer de bâtiments crasseux tandis que Scottie faisait le tour du toit en émettant des petits cris ravis.

— Hite, amène le magazine !

Dougie s'accroupit, Scottie s'assit à côté de lui sur le gravier et ils feuilletèrent les pages, Dougie faisant des plaisanteries, Scottie bavant et riant.

— Hite, vise ce cul !

— Ouais !

— Hé, regarde.

Dougie porta la photo à ses lèvres et embrassa le derrière aguicheur de la fille.

— Ooooh ! fit Scottie qui agita la main dans un geste signifiant. Quelle honte, quelle honte !

— A toi, maintenant, dit Dougie.

— Naan, fit Scottie avec un petit rire gêné.

— Allez, vas-y.

Dougie approcha la photo du visage de Scottie qui tenta de se détourner puis donna à la feuille un rapide bécot et, proche de l'hystérie, renouvela ses petits bruits. Dougie eut un sourire méprisant, tint le magazine devant son propre visage, la photo tournée vers son copain et minauda d'une voix haut perchée :

— Scottie Hite, vilain garçon ! T'as embrassé mon popotin !

Scottie agitait mollement la main avec un rire embarrassé. Dougie se leva et se mit à le poursuivre autour du toit en brandissant la photo et en s'égosillant :

— Scottie, embrasse mon popotin !

Le frère de Bas-de-Plafond se dégageait en criant,

essuyait son menton couvert de salive. Tout à coup, Dougie s'arrêta et jeta le magazine par-dessus la grille.

— Ah, c'est chiant... On redescend.

Tandis que Scottie demeurait plié de rire, Dougie s'approcha de la porte en fer, tourna la poignée. Rien. Il tourna de nouveau, tira mais la porte refusait de s'ouvrir. Livide, il courut vers Scottie.

— C'est fermé à clef ! Qu'est-ce qu'on va faire ? gémit-il.

Scottie gémit lui aussi, les yeux écarquillés et larmoyants.

— Qu'est-ce qu'on va faire ? répéta Dougie, qui prit Scottie par les bras et le secoua.

— Qu'est-ce qu'on va faire ? fit Scottie en écho.

Dougie renifla, se mit à pleurer.

— HIIIIIN-NNNH.

— M'MAM ! M'MAN !

Scottie se rua sur la grille en bêlant, terrorisé, les yeux fixés sur la rue déserte, en bas. Dougie le rejoignit, les yeux brillants.

— J'ai trouvé ! J'ai trouvé.

Scottie avait le visage ruisselant de larmes, les lèvres tremblantes.

— Scottie, écoute-moi ! On... peut... sauter ! fit Dougie, dont les lèvres tremblaient aussi.

— Quoi ? s'écria Scottie, horrifié.

— On peut sauter ! Regarde, on a des P.F. Flyers, argua Dougie en montrant les baskets de Hite. On rebondira comme des kangourous ! Comme à la télé, dans « Terrytoon Circus » !

Sentant le salut, Scottie hocha la tête avec enthousiasme.

— Ouais !

— On risquera rien ! cria Dougie.

— Rien ! cria Scottie.

Dougie escalada la grille en fer et se jucha sur la balustrade, Scottie le rejoignit. Les deux garçons accroupis faisaient penser à des nageurs attendant au bord de la piscine le coup de pistolet du starter. Dougie se tourna vers Scottie, qui avait les yeux fermés.

— A trois, on saute, d'accord ?

Scottie se remit à renifler mais n'ouvrit pas les yeux.

— Prêt ? fit Dougie. Un... deux... trois !

Dougie sauta en arrière sur le gravier, Scottie se lança maladroitement dans le vide, commença à crier au troisième étage. Entendant un bruit de noix de coco qui éclate, Dougie s'approcha de la grille, baissa les yeux, découvrit Scottie gisant sur le trottoir comme un pantin sanglant aux ficelles coupées. Il pressa le visage contre les barreaux froids, regarda le parc. Au bout d'un moment, il retourna à la porte en fer, l'ouvrit et disparut dans l'escalier.

5

La chanson d'amour de Buddy Borsalino

Les gars traînaient autour du terrain de jeu sans rien à glander. C'était Thanksgiving et presque tout le monde était parti dans la famille. Il commençait à faire trop sombre pour jouer au basket, et il faisait trop froid de toute façon. Richie était assis sur le banc à côté de Buddy ; Perry et Joey lançaient paresseusement des cailloux à travers le grillage de la clôture.

— Tu veux aller à White Castle ?

— J'ai pas de fric.

— Je te prêterai un *quarter.*

— Tu me dois un dollar.

— Sûrement pas.

— Qui c'est qui a acheté le Tango, hier soir ?

— O.K., je te prête un *quarter* et je te paie un paquet de clopes.

— Tu parles d'une merde.

— Hé, vous voulez faire du coude-nichon ?

— Trop froid.

— Y a un guinche au Bronx Hall.

— J'ai pas de ronds, je te dis.

— On restera devant la porte.

— A se cailler les meules...

— Tu veux aller chez Eugene ?

— Il est pas chez lui.

— On se fait un coude-nichon, alors.

— Si t'insistes.

Ils se mirent à descendre vers Allerton Avenue en quête de filles, mais la rue était déserte et toutes les boutiques fermées. Au bout d'une centaine de mètres, ils repérèrent deux filles marchant dans leur direction.

— Qui commence ?

— Perry.

— J'ai déjà commencé la dernière fois.

— Joey, alors.

— Non, j'ai pas envie.

— T'as qu'à te dire que c'est ta mère.

— Ma mère au moins, elle en a, des nichons.

— Ouais… trois.

— Ça fait deux de plus que la tienne.

— Et ils sont pas poilus.

Les filles passèrent devant eux pendant qu'ils discutaient.

— Et merde.

— Ah, vous êtes des gonzesses, s'impatienta Buddy. J'y vais.

Richie l'aida à enlever son blouson et Buddy se mit à sautiller sur place pour se réchauffer. Ils allèrent se poster dans l'entrée d'un magasin, hors de vue. Une femme obèse descendait la rue vers eux.

— Vas-y, Buddy, tu te la fais.

Buddy mit les mains dans les poches, les coudes décollés du corps, adressa un clin d'œil aux copains et s'approcha lentement de la grosse dame. Quand il ne fut plus qu'à un mètre cinquante d'elle, il se mit soudain en travers de son chemin et la heurta. L'un en face de l'autre, ils cherchaient tous deux à passer. Buddy s'écarta sur la gauche et frotta son coude droit contre le sein gauche de la femme.

— Pardon, marmonna-t-il en s'écartant sur la gauche, pressant le sein droit de son coude gauche.

Il essayait de marquer un point de plus avec le coude droit quand la femme le frappa de son avant-bras charnu. Il tomba par terre, elle le vitupéra dans une langue étrangère et s'éloigna d'un pas digne. Les Vagabonds étaient écroulés de rire. En passant devant eux, elle leur lança :

— Fous êtes des porks ! De frais porks !

Perry grogna puis ils se mirent tous à quatre pattes et s'approchèrent en grognant de la forme étendue de Buddy, s'accroupirent autour de lui comme des hyènes.

— Hé, che pense que ce pork il s'est fait hassommer.

Ils tournèrent autour de lui en reniflant.

— Hé, pork, che pense que tu defrais te relefer, maintenant.

Buddy leva les mains, les recourba en pattes crochues pour presser une chair invisible.

— Oh, les doudounes... Oh, les jolies doudounes !

— Che pense que ce pork feut du rab.

Ils se relevèrent et aidèrent Buddy à se remettre debout.

— T'y retournes ?

— Un peu, que j'y retourne. Sauf que cette fois, je prends la taille en dessous.

Buddy remit son blouson, les autres reculèrent dans l'entrée du magasin. Quelques minutes plus tard, une fille approcha et Buddy se remit en mouvement. Plus elle approchait, plus il aimait ce qu'il voyait. Elle avait seize ans environ, une chevelure d'un noir de jais empilée sur le dessus de la tête. Bien foutue, autant qu'il pût en juger, avec un visage façon pouffe italienne : traits sombres, yeux sombres, pommettes hautes et beaucoup de rimmel.

Il était tellement occupé à la détailler qu'il oublia presque de se mettre en travers de son chemin. Quand il le fit, ce fut si abrupt qu'elle se cogna le nez contre sa poitrine. Buddy resta immobile à la contempler, grisé par son haleine Juicy Fruit. Elle leva vers lui un regard interrogateur. Se rappelant tout à coup le jeu, il se mit à agiter vainement les coudes comme les ailettes d'une machine à laver.

— Qu'est-ce que vous avez ?

— Hein ?

Il continuait à twister devant elle, les mains dans les poches.

— Vous avez envie d'aller aux toilettes ? fit-elle en le contournant.

Il la suivit, la rattrapa.

— Ce que j'ai ? Euh...

Elle le regarda.

— Ce que j'ai ? Euh, rien.

— Ça va ?

— Euh... oui, répondit-il, réfléchissant fébrilement. Sauf... que je viens de me faire agresser par deux types.

— Quoi ?

— Ouais. Ils... ils sont sortis d'une Cadillac, là-bas devant le parc, et ils m'ont sauté dessus... Je me suis débattu mais ils m'ont filé un coup de matraque...

Buddy se tint le front, secoua la tête.

— Désolé de t'avoir bousculée, je suis un peu groggy.

Il s'appuya contre une voiture en stationnement et prit une expression douloureuse.

— Si on allait manger une part de pizza ? J'ai besoin de parler à quelqu'un.

— Je crois que tu devrais voir un docteur.

— Nan, ça va aller.

— Tu devrais quand même.

— Non, c'est pas la première fois que ça m'arrive, ça ira. Comment tu t'appelles ?

Elle éclata de rire.

— C'est quoi, ce baratin ?

— C'est pas du baratin ! Je le jure devant Dieu !

Elle lui lança un coup d'œil amusé et repartit dans Allerton. Ils passaient devant un groupe de Vagabonds médusés quand Buddy se souvint tout à coup qu'il n'avait pas d'argent. Il saisit la fille par le bras.

— Attends ici, je reviens tout de suite.

Il courut rejoindre les copains cachés dans l'entrée.

— Richie, file-moi ce dollar maintenant.

Il regarda derrière lui pour voir si la fille l'attendait. Elle n'avait pas bougé.

— Buddy, qu'est-ce qui se passe ? T'as le coude coincé ?

Il empoigna Richie par le devant de son blouson.

— Donne-moi ce dollar ou je t'étripe !

— J'ai que cinquante cents.

— Envoie.

Il se pencha en arrière pour vérifier que la fille était toujours là, tendit en même temps la main et remua impatiemment les doigts. Richie mit l'argent dans sa paume et Buddy repartit comme une flèche.

— Merci d'avoir attendu, dit-il à la fille.

— T'as perdu ton portefeuille ?

— Ouais.

Les Vagabonds les regardèrent descendre la rue, se regardèrent et remontèrent vers White Castle en passant devant des bars et des stations-service.

Buddy et la fille entrèrent dans une pizzeria proche du parc et s'assirent à une table jonchée de restes avec leur quartier de pizza dégoulinant de fromage.

— Comment tu t'appelles ?

— Despie.
— Despie… comme dans Despinoza ?
— Ouais. Et toi ?
— Buddy.
— C'est le diminutif de quoi ?
— Mario… T'habites où ? demanda-t-il en relevant un fil de fromage.
— Là-haut, près de White Castle.
— Hé… tu connais le Gros Sally ?
— Non.
— Eugene Caputo ?
— Non.
— Tu connais… Toby Becker ?
— Je crois.
— C'est mon meilleur ami.
— Ah ouais ?
— Ouais, on était ensemble en troisième.
— A Olinville ?
— Ouais. Je suis au lycée, maintenant.
— Evander ?
— Non, Tully.
— Tu connais Phillip D'Alessio ?
— Il est en quoi ?
— En seconde.
— Je suis en terminale.
— Tu connais… Donna Palombo ?
— Non.
— Tu connais… Marie Gueli ?
— Ouais, elle est dans ma classe d'anglais. Un vrai cageot.
— C'est ma sœur.
— Oh, fit-il, cramoisi.
Elle s'esclaffa.
— Non, je rigole. Et toi, où t'habites ?

— Dans la cité.
— Tu connais Barry Jacobi ?
— Non.
— C'est mon copain.
Buddy sentit son cœur dégringoler dans son ventre.
— Ah ouais ? dit-il d'une voix faible.
— Enfin… on a cassé.
Résurrection.
— Ouais, il sortait en douce avec une autre.
— Je ferais jamais ça, déclara-t-il d'un ton vertueux.
— Il m'a suppliée de retourner avec lui mais j'ai ma fierté, tu vois ?
Il hocha la tête d'un air solennel.
— J'ai eu une copine qui me doublait, je l'ai laissée tomber comme une patate chaude. Moi aussi, j'ai ma fierté.
— La fierté, c'est important.
— Ouais, faut garder la tête haute.
— Ouais.
— J'ai vu un film où un type se faisait torturer par les Japs mais il refusait de parler, dit Buddy. Chaque fois qu'ils le torturaient, il se mettait à chanter « La bannière étoilée ».
— Qu'est-ce qui s'est passé ?
— Ils l'ont tué.
— Ça, c'est de la fierté.
— Moi, je parlerais jamais, même si les cocos me torturaient à mort, assura-t-il.
— Mon père était marine, dit Despie.
— Le mien était dans la marine, dit Buddy.
— T'aimes les Four Seasons ?
— Ouais… Mon frère connaît Frankie Valli.
— Un de mes potes a rencontré Dion.
— J'ai un autographe de Smokey Robinson.

— Un jour, j'ai pris l'ascenseur avec Murry the K.

— Jackie the K est une sacrée plante. Sans vouloir te vexer.

Ils quittèrent la pizzeria et remontèrent Allerton en direction de chez Despie. Buddy la soumit à un test. Comme elle portait son sac à la main gauche, il marcha à sa gauche. Si elle faisait passer son sac dans sa main droite, elle libérerait ainsi la gauche pour qu'il puisse la lui prendre. Au début, elle n'en fit rien et il effleura négligemment de ses jointures le dos de la main de Despie. La troisième fois, elle accrocha la lanière de son sac à son épaule droite. Un pâté de maisons plus loin, ils se tenaient par la main. Quand ils passèrent devant White Castle, ils tombèrent sur les Vagabonds.

— Salut !

— Salut ! fit Buddy comme s'il retrouvait des amis perdus de vue depuis des lustres.

— Ce vieux Buddy !

Ils examinaient Despie sous toutes les coutures, notaient en particulier que Buddy lui tenait la main. Il fit les présentations :

— Despie... les copains.

Elle regarda Richie.

— T'es le petit ami de Denise Rizzo, non ?

— Ouais.

— Je te connais... Moi et Denise, on est dans la même classe, à Evander. Je t'ai vu un jour, après les cours.

— Sans blague ? Hé, on pourrait sortir à quatre, un de ces jours, suggéra Richie.

Buddy se raidit. Il n'avait pas encore fixé de rencard, Richie risquait de tout faire foirer.

— Bien sûr ! répondit-elle.

— Faire un bowling, quelque chose comme ça.

— Euh, les gars, on se retrouve plus tard, d'accord ? intervint Buddy.

— D'accord.

— A plus.

Quand Buddy et Despie se furent éloignés d'une vingtaine de mètres, il se retourna vers les Vagabonds, roula des yeux fous et laissa sa langue pendre. Ils trouvèrent ça cool et se marrèrent.

— J'habite la rue d'après, annonça Despie.

— Chouette rue.

— Pas mal, ouais.

Ils s'arrêtèrent devant sa porte.

— Euh... tu me donnes ton téléphone qu'on puisse sortir avec Richie et P un de ces quatre ? demanda-t-il.

Elle prit dans son sac une feuille de papier tachée et un drôle de stylo démesuré.

— Tiens.

Pour gagner du temps, il fit mine d'étudier le numéro.

— Despie Carabella... TU-six, quarante-deux, trente et un.

— C'est ça.

Il considéra la feuille un moment encore avant de la fourrer dans sa poche.

— Bon, dit-il en remuant les pieds.

— Bonne nuit.

Il passa un bras autour des épaules de Despie et amena sa bouche contre la sienne. Elle résista une seconde puis ferma les yeux et posa une main sur la nuque de Buddy. Elle jouait de la langue comme une pro, se pressait contre lui. Ils se roulèrent des pelles pendant cinq bonnes minutes jusqu'à avoir le menton dégouttant de salive.

— Tu me plais, Despie.

— Tu me plais aussi.

— On pourrait peut-être sortir ensemble samedi.

— D'accord.

Elle se tourna pour rentrer chez elle. Buddy s'éloigna en s'essuyant le menton à la manche de son blouson. Après avoir traversé la rue, il cria à Despie, assez fort pour que plusieurs fenêtres s'éclairent :

— Je t'appelle demain !

Elle lui fit signe de la main et il détala comme un lapin en direction de White Castle.

Le lendemain en classe, Despie fit passer un mot à Denise, assise à trois rangées d'elle.

TU CONNAIS UN AMI DE TON COPAIN DU NOM DE BUDDY ? JE L'AI RENCONTRÉ HIER SOIR ET JE SORS AVEC LUI SAMEDI. ON BOUFFE ENSEMBLE CE MIDI ET ON EN PARLE ?

Denise répondit :

OUI, JE CONNAIS BUDDY. JE L'AIME BIEN ET JE LE TROUVE MIGNON. ON SE RETROUVE AU FOND DU RÉF PRÈS DES FENÊTRES. DENISE

— Alors, comment tu l'as rencontré, Buddy ? demanda P en prenant une bouchée d'un mince sandwich à la bolognaise.

— Hier soir, j'avais rien à faire et je me baladais dans Allerton quand je l'ai repéré de l'autre côté de la rue. Je l'ai trouvé mignon. Lui, il m'avait pas vue ni rien. Bref, il percute une grosse bonne femme et commence à lui faire du coude-nichon. Elle l'envoie bouler par terre et lui gueule dessus, c'était bidonnant. A ce moment-là, je m'aperçois qu'il était avec d'autres gars.

— Richie était là ?

— C'est ton copain ?

— Ouais. Je le tue s'il jouait au coude-nichon.

— Il était là, mais il faisait que regarder. Moi, je décide de jouer le jeu, je fais le tour du pâté de maisons, j'arrive par l'autre côté de la rue et Buddy se dirige vers moi.

— Et alors ?

— Il m'a tamponnée, mais il a rien fait d'autre.

— Qu'est-ce qui s'est passé après ?

— Il m'a demandé si je voulais manger une pizza. Mais d'abord il m'a servi un baratin comme quoi il s'était fait agresser par deux types en Cadillac.

— C'est tout lui, ça.

— Ensuite il m'a raccompagnée et il m'a demandé de sortir avec lui demain soir.

— Extra.

— Ouais. C'est quel genre de mec ? voulut savoir Despie.

— Ben, il est mignon, comme j'ai dit, il fait partie des Vagabonds, il habite la cité.

— Il avait une copine avec qui il a cassé parce qu'elle sortait avec quelqu'un d'autre ?

— Il sortait avec Margo et elle avait quelqu'un d'autre, mais c'est elle qui a cassé, pas lui.

— Il m'a dit que c'était lui.

— Evidemment.

— Il est dans une équipe du lycée ?

— Non, mais il est bon au bowling, répondit P. Comme tous les autres.

— Tu veux qu'on sorte à quatre, demain ?

— Ouais, nous on va au Globe. Vous voulez venir ?

— Ouais. Il doit m'appeler ce soir.

— T'as fait quoi en sciences so ?

— J'ai réussi. J'ai copié sur ce connard de Barry Jacobi.

Buddy arriva en retard au réfectoire, les Vagabonds étaient déjà en train de manger à leur table.

— Hé ! L'homme du jour !

Il s'assit et déballa un sandwich au jambon.

— Tu sors avec Despie, ce soir ? demanda Richie.

— Non, faut que je lui téléphone.

— Je vais au cinoche avec P, demain soir. Vous voulez venir ?

— D'ac. A condition qu'on se sépare plus tard, si tu vois ce que je veux dire.

— Mes parents seront pas à la maison demain soir, ils ont une réunion du Cousins' Club.

— Sensass !

— Tu prendras ma chambre. P et moi, on ira dans celle de mes parents.

— T'as des capotes ?

— Mon vieux en a. Hé, attends, c'est quoi, cette histoire de capotes ? T'en auras pas besoin.

— Tu paries ?

— Cinq dollars.

— Tu les as pas.

— Pas de problème. Tu baiseras pas.

Comme Buddy n'avait pas obtenu la voiture de son père, ils allèrent à pied au Globe d'Allerton pour voir deux bons films d'horreur, ce qui convint parfaitement à Buddy puisque Despie poussait des cris et enfouissait sa tête au creux de son cou. Le bras autour des épaules de la fille, il se renversa sur le dossier de son siège et attira l'attention de Richie, qui répondit en frétillant de la langue de manière obscène. P se leva et emmena Despie aux toilettes. Aussitôt, Buddy se décala de deux places et les deux garçons se claquèrent bruyamment dans la paume.

— Putain, je bande tellement que je vais craquer mon slip, dit Buddy en se massant l'entrejambe avec une feinte grimace de douleur.

Devant eux, deux spectateurs d'âge mûr se retournèrent et leur lancèrent un sale regard.

— Tu lui as peloté les loches ? murmura Richie.

— J'ai pas encore essayé.

— Elle en a une belle paire.

— C'est toujours d'accord pour ta chambre, ce soir ? s'enquit Buddy.

— Si tu mets du foutre sur mon lit, je te le fais bouffer à la petite cuillère.

— On fera ça par terre.

— T'es vraiment classe...

— Ouais, j'ai de la distinction, reconnut Buddy.

Buddy empila plusieurs disques sur l'électrophone de Richie et éteignit la lumière. Despie l'attira quasiment sur elle. Tout excité, il se mit à frotter et elle émit un grognement appréciateur.

— Buddy ? chuchota-t-elle à son oreille d'une voix rauque. Va me chercher un verre d'eau.

— Hein ?

— J'ai soif.

— Ouais... Pourquoi... Ouais.

Il se leva, la chemise à moitié sortie du pantalon, les cheveux emmêlés, alla à la salle de bains, pissa un coup et rapporta un verre d'eau à Despie. Elle le posa par terre.

— Je croyais que t'avais soif.

Elle lui prit la main et la plaça entre ses cuisses.

— Nom de Dieu !

Despie était complètement nue. Buddy n'avait jamais approché une fille nue de sa vie. Elle lui déboutonna sa chemise pendant qu'il demeurait immobile, la main figée là où elle l'avait mise.

— T'es vierge ? demanda-t-il dans un souffle.

Sans répondre, elle s'attaqua au pantalon de Buddy.

— Parce que si t'es vierge, faut pas que t'aies peur.

Elle abaissa le slip et caressa son érection.

— J'ai pas de capotes mais je me retirerai avant de jouir.

Despie lui passa un bras autour du cou, glissa sous lui et, de l'autre main, guida sa queue. A peine à l'intérieur, il déchargea un baquet de sperme.

Tôt le lendemain matin, Buddy, allongé dans son propre lit, pensait à Despie. Il regarda son réveil. Cinq heures et demie. Il se leva, alla à la cuisine, fit le numéro de Despie en priant pour que ce ne soit pas un des parents qui décroche. Le téléphone sonna quatre fois et il allait raccrocher quand elle répondit :

— Allô ?

— Despie ? fit-il à voix basse.

— Qui c'est ?

— Buddy.

— Qu'est-ce qui se passe ? fit-elle d'une voix lourde de sommeil.

— Rien. Je voulais juste parler.

— Il est quelle heure ?

— Je sais pas, dans les cinq heures.

— De quoi tu veux parler ?

— Je sais pas. Tu me manques.

— C'est gentil.

— Et moi, je te manque ?

— ... ouais.

Il y eut un silence d'une bonne minute.

— Despie ?

— Ouais ?

— Je peux venir ?

— Demain ?

— Maintenant.

— Maintenant ? Tout le monde dort...

— Faut que je te parle.

Nouveau silence puis :

— D'accord.

— A tout de suite.

Il s'habilla, prit les clefs de la voiture de son père et fonça chez Despie. Elle l'attendait sur la véranda en peignoir écossais, un foulard sur ses rouleaux.

— Parle doucement, faut pas réveiller mes vieux.

Elle le fit entrer dans la maison, le guida jusqu'à sa chambre et ferma la porte derrière eux. Ils s'allongèrent sur le lit.

— Tu m'as manqué, Despie.

— Toi aussi.

— C'était une belle soirée.

— Je me suis bien amusée.

Il se redressa, défit son manteau et ses chaussures. Elle souleva la couverture et il se glissa dessous, tout contre elle.

— Despie ?

— Ouais ?

— C'était la première fois, pour moi.

Nouveau silence. Puis :

— Pour moi aussi.

— Ça t'a fait mal ?

— Un peu.

— J'ai essayé de pas te faire mal... T'as joui ?

— Je sais pas.
— Qu'est-ce que tu veux dire ?
— Je sais pas. Je suis pas sûre.
— C'était bon ?
— Ouais.
— J'ai joui trop vite.
— Ça ne fait rien.
— Je jouirai pas si vite la prochaine fois.
— C'est pas un problème.
— C'était la première fois pour toi ?
— Je t'ai répondu oui.
— T'as saigné ?
— J'ai pas regardé.

Une lumière s'alluma dans le couloir. Des pantoufles s'approchèrent en traînant de la porte de la chambre. Buddy sauta du lit et se cacha dans le placard. Des coups légers à la porte. Despie feignit de dormir. Sa mère ouvrit, passa la tête dans la pièce.

— Despie ?

Elle scruta un moment l'obscurité puis referma doucement la porte. Vingt minutes plus tard, quand Buddy ressortit du placard, Despie dormait profondément.

Le lendemain sur le terrain de jeu, Buddy se montra morose et silencieux. Il n'arrivait pas à jouer au basket ni à participer au lancer de vannes ininterrompu. Penser à Despie le rendait malheureux. Il la désirait avec passion et il y avait cependant quelque chose en elle qui lui faisait regretter de l'avoir rencontrée.

— Pourquoi tu joues pas ? lui demanda Richie, assis sur le banc à côté de lui.

— Je sais pas, répondit-il avec un haussement d'épaules. Pas envie.

— Despie a fait son étroite, hier soir ?

Buddy sourit en pensant que Richie serait scié s'il savait qu'il avait perdu son pucelage. Lui-même était d'ailleurs étonné de ne pas être en train de le crier sur les toits. Le sexe n'était pas du tout ce à quoi il s'attendait. C'était vachement dur.

— Sans déconner, elle t'a fait chier ?

— Non.

— T'es allé jusqu'où ?

— Assez loin.

— Tu veux pas en parler ?

— Pas vraiment, non.

Richie haussa les épaules et se leva.

— O.K., ça te regarde.

Le dimanche était toujours mortellement rasoir. Il faisait froid, le vent soufflait. Les quelques arbres du terrain de jeu avaient perdu leurs feuilles. Buddy n'avait toujours pas terminé son devoir de sciences sociales à rendre le lendemain. Il n'arrivait pas à se concentrer sur autre chose que Despie. Il traversa les terrains de basket, passa par le trou de la clôture pour rejoindre la rue. Cherchant une pièce dans ses poches, il entra au Pioneer Candy Store et s'assit dans une cabine téléphonique. Il ne supportait pas le sentiment de panique qui lui rongeait le ventre. Il n'avait rien à dire à Despie et pourtant il fallait qu'il lui parle.

La ligne était occupée.

Personne ne répondit.

Faux numéro.

Pas de réponse.

Pas de réponse.

Buddy ressortit de la boutique, les vêtements

imprégnés de transpiration nerveuse. Tout le monde avait quitté le terrain de jeu. Il monta chez lui et appela de nouveau Despie. Toujours pas de réponse. Il ouvrit son classeur à une feuille vierge, écrivit :

Mario Borsalino *Sciences sociales 402*
Le 27/11/62 *Mr Finnerty*

L'Affaire XYZ

Il prit sur l'étagère le volume Wy-Xa de *L'Encyclopédie de la maison et du foyer*, chercha la page de l'Affaire XYZ et entreprit de copier l'article mot pour mot. Au bout d'une dizaine de lignes, il se leva et composa le numéro de Despie. Elle le détestait. Elle le trouvait emmerdant. Elle n'était pas vierge. Elle se tapait des nazis et des négros avant le petit déjeuner. Il avait une bite trop petite. Il l'aimait. Elle suçait tous les mecs de Lester Avenue. Terreur lui chiait dans la bouche. Pendant qu'il était dans le placard, elle s'était endormie en rigolant. Elle avait tout raconté à ses parents et ils s'étaient bien marrés. Lenny Arkadian connaissait le fond de sa chatte comme le dos de sa main. Elle était en train de baiser en ce moment même. Il l'aimait. Il l'aimait vraiment.

— Allô ?

— Ah, t'es rentrée.

— Qui c'est ?

— Buddy.

— Salut.

— Où t'étais ?

— Chez mon oncle.

— Qu'est-ce que tu faisais là-bas ?

— Comment ça, qu'est-ce que je faisais là-bas ? C'est mon oncle, on est allés le voir.

— Pardon.

— Buddy, y a quelque chose qui ne va pas ?

— Non.

— Bon, faut que j'y aille, mes amis m'attendent. Salut.

Avant qu'il puisse répondre, le téléphone cliqueta. Le ventre de Buddy se glaça. Des amis. Quels amis ? Des petits amis ? Sûrement. Mais il resterait relax. La meilleure façon de perdre une fille, c'est d'être possessif. Quel oncle ? Elle ne lui avait jamais parlé d'un oncle. Oncle mon cul. Oncle Sam, peut-être. Elle baisait avec toute la troupe. L'Oncle Sam a besoin de toi.

Ce soir-là, Despie faisait ses devoirs assise à son bureau en écoutant l'émission de Scott Muni à la radio. Elle n'arrivait pas à comprendre Buddy. Elle l'aimait bien et elle avait peut-être envie que ça devienne sérieux entre eux, mais il avait vraiment un comportement bizarre. Ils n'auraient peut-être pas dû faire l'amour si vite, il ne le supportait peut-être pas. Peut-être qu'une fois qu'il se serait calmé ils pourraient en parler. A la radio, une lente introduction au piano déboucha sur une chanson.

« Et celle-là, les copains, c'est pour Despie, de la part de Buddy. Ecoutez bien les paroles. Smokey Robinson et les Miracles chantent pour vous. »

Je ne t'aime pas beaucoup, je t'aime tout court,
Je pense à toi toujours, toujours.
Même si tu es cruelle avec moi
Je n'aime que toi, que toi.

Despie demeurait immobile, abasourdie. Les mots de la chanson entraient par une oreille, sortaient par l'autre. Le téléphone se mit à sonner et en deux heures six de ses amies l'appelèrent. Elle ne pensait pas aux paroles de la chanson, ç'aurait aussi bien pu être « Duke of Earl » ou du Beethoven. L'important, c'était que Scott Muni avait prononcé son nom à la radio et que Buddy lui avait dédié une chanson.

Buddy était assis à son bureau, dans une mare de sueur. Il espérait que Despie avait entendu la chanson mais avait peur qu'elle ne soit fâchée contre lui parce qu'il étalait en public ses souffrances amoureuses. Il espérait que le « je ne t'aime pas beaucoup » ne la vexerait pas et que le « je t'aime tout court » ne l'effraierait pas. Le téléphone sonna et il s'arracha presque un morceau de cuisse en se précipitant pour décrocher.

— Allô ?

— Dis, tu cherches à finir chez les dingues ?

— Salut, Eugene, t'as entendu la chanson ?

— « Même si tu es cruelle avec moi, je n'aime que touah », fit Eugene, imitant Smokey Robinson avec une méchanceté nasillarde.

— La chanson te plaît pas ?

— Oh, elle est très jolie, ravissante, vraiment. Ecoute, andouille, si j'étais une nana et si j'écoutais cette chanson, je me dirais... Ce type est une lopette. Je connais pas cette Despie, tout ce que j'ai entendu dire, c'est qu'elle est mignonne, mais crois-moi, mec, les filles, elles aiment qu'on les bouscule, elles aiment les types qui ont des couilles et pas...

Il chanta d'une voix pleurnicharde un autre vers de la chanson.

— Tu comprends ?

— Je sais pas, marmonna Buddy, soudain déprimé.

— Buddy, tu veux rester puceau toute ta vie ?

— Allô ?

— Buddy ?

— Despie !

— J'ai entendu la dédicace. C'était vraiment gentil.

— Ça t'a plu ?

— Ouais, c'était vraiment gentil de ta part.

Il poussa un soupir venu du plus profond de son âme.

— Alors, ça t'a plu, hein ?

— Ouais. Tu as eu Scott Muni au téléphone ?

— Ouais.

— Oooh ! Il est comment ?

— Sympa. Tu veux qu'on se voie demain après les cours ?

— Il a pas trouvé que Despie était un nom bizarre ?

— Euh... non. Tu veux qu'on se retrouve demain après le bahut ?

— A quelle heure ?

— Quatre heures. Je passerai chez toi.

— D'accord. Il t'a rien dit d'autre ?

— Non. Despie ?

— Ouais.

— Je t'aime beaucoup, tu sais.

— Moi aussi.

— A demain.

— A demain.

Buddy s'allongea sur son lit, sourit au plafond. Qu'est-ce qu'il y connaissait, Eugene ?

6

L'étalon

Eugene Caputo fit courir ses lèvres sèches sur les nichons pas terribles de Barbara Berkowitz, fit glisser sa bouche jusqu'aux côtes, jusqu'au nombril, hésita avant de passer sur la piste d'échauffement. Il s'attendait à ce que la main de Barbara lui relève la tête, mais la fille resta sans bouger, paralysée d'attente, et il continua à descendre jusqu'à avoir les narines pleines de poils pubiens, plus bas encore, jusqu'à ce que sa langue et son nez sentent une âcreté puissante.

— Oh, Euuu-gene ! Euuu-gene !

L'odeur et les braillements d'extase le firent hoqueter. Il se redressa, décolla quelques poils de la pointe de sa langue comme des brins de tabac.

— Bon Dieu, Barbara, tu devrais te mettre du déodorant !

Elle s'assit sur le siège de la voiture, inclina légèrement la tête de côté avec une expression hébétée, comme s'il venait de lui annoncer « Tes parents sont morts ». Les yeux brillants de mortification, elle parvint à faire jaillir de sa gorge serrée un « Quoi ? » suraigu.

— Merde, chiale pas, soupira-t-il.

Comme pour le contrarier, elle se mit à pleurer si fort que ça ressemblait vraiment à « Ouiiin ».

Il balançait entre la consoler en lui tapotant le dos ou allumer simplement une cigarette.

— Barbara, c'est parfaitement normal qu'une fille sente fort à cet endroit, dit-il, aspirant une longue bouffée et rejetant un rond de fumée.

Elle se pencha et remonta sa jupe.

— D'ailleurs, tu schlingues pas tant que ça. Une fois, j'ai bouffé la chatte d'une fille qui sentait comme ces petites bêtes empaillées, là.

Le souvenir le fit rire.

— Eugene, dit-elle d'un ton froid, les traits crispés en quatre lignes parfaitement droites, ferme ton sale clapet et ramène-moi.

Il haussa les épaules, démarra, engagea la voiture dans la rue déserte. Ils roulèrent en silence. Quand ils furent devant chez Barbara, elle descendit et claqua la portière comme pour faire s'écrouler la voiture dans l'onde de choc. Eugene eut une grimace, se pencha au-dessus du siège avant droit et cria par la fenêtre au dos de la fille :

— Content de t'avoir rencontrée, Barbara ! Bonne nuit !

En rentrant, il trouva son père encore debout en train de regarder la télé. Eugene se laissa tomber sur le canapé et desserra sa cravate.

— Ça a marché, champion ?

— Ça fait trente-quatre, répondit Eugene sans quitter le poste des yeux.

Son père sourit et alluma une Marlboro, en offrit une à son fils dans un étui plat gravé aux initiales *A.C.* en boucles et fioritures comme de l'argenterie Louis XIV. Eugene déclina, ficha une de ses Kool entre ses lèvres.

— Trente-quatre, hé ? A ton âge, j'en étais à quarante-six. Tu me rattrapes.

Eugene haussa les épaules, mit inutilement les mains en coupe autour du briquet de son père.

— Tu veux du café ?

— Non, je vais me pieuter. Y a école, demain.

— A plus tard, champion.

Le père souleva en direction du fils une casquette invisible et changea de chaîne.

Eugene examinait son visage dans le miroir de la salle de bains. Il avait la peau olivâtre, mélange du teint basané ibérique de son père et de la matité libanaise de sa mère. Ses cheveux étaient d'un noir d'encre, avec un reflet bleu. Leur implantation descendait bas sur le front en une ligne régulière et ils semblaient plus manucurés que coupés. Il promena l'extrémité de ses doigts sur ses pores. Pas un bouton, pas même un point noir. Il avait des yeux aux paupières tombantes, mais pas globuleux comme ceux de Gennaro. Des yeux ensommeillés à la Robert Mitchum, d'une couleur ambrée comme un bon rhum. Un nez étroit et droit, des lèvres minces nettement dessinées par une ligne presque invisible un peu moins olivâtre. Il recula d'un pas pour voir le visage dans son entier : un vrai portrait de Michel-Ange, à en croire sa grand-mère. Il se frotta la figure et le cou avec le savon bleu que ses grands-parents lui avaient envoyé d'Espagne pour son anniversaire. Avant de se coucher, il s'assit à son bureau et ouvrit son petit carnet noir à la page *TSB*, pour « tout sauf la baise ». Une longue liste de noms de filles était suivie de lettres capitales, de *FJJV* (frotti-frotta jusqu'à ce que je vienne) à *B* (branlette) en passant par *BC* (bouffé le cul) et *P* (pipe). Il écrivit le nom de

Barbara Berkowitz, ajouta *BC* en commentaire et passa à la page suivante, intitulée *BALAISE* et qu'il fallait lire *LABAISE*. Elle était complètement blanche, aussi vierge d'encre que sa peau l'était de points noirs.

Les Vagabonds se retrouvèrent le lendemain matin sur le quai du métro aérien, chacun portant une veste noire à passepoil jaune avec le nom *Tully* en lettres jaunes dans le dos.

— Qu'est-ce qu'il fout, Caputo ? demanda Buddy.

— Il dort encore, sûrement, répondit Richie.

— Ouais, il récupère, commenta Perry avec une pointe d'envie.

— Il va crever, à force de baiser.

— Il s'est tapé plus de filles qu'Elvis Presley.

— Plus qu'Al Capone.

— Pas une raison pour sécher si souvent, estima Perry.

— Ah, qu'est-ce que tu veux ! T'aimerais mieux quoi, toi ? Poser ton cul sur ta chaise en salle de classe ou sur la bouche de Barbara Berkowitz ? demanda Buddy.

— Sur la tienne, pauvre con.

Buddy fit des bruits de succion en direction de Perry, qui le poursuivit sur le quai jusqu'à ce que la rame arrive.

— Eugene, Eugene...

Sa petite sœur lui secouait l'épaule. Il se retourna dans son lit et la regarda par-dessous des paupières mi-closes.

— Al a encore oublié de nous réveiller. Il est dix heures, le pressa-t-elle.

Il se mit en position assise et se frotta le visage, tendit le bras pour prendre une cigarette sur son bureau.

— Ah ! Et merde.

Sa sœur, déjà habillée, sortit de la pièce et alla à la cuisine se préparer un petit déjeuner.

— Dinky ? appela-t-il. Il a laissé les clefs de la voiture ?

— Je sais pas.

— Ben, regarde. Je te conduirai à l'école.

Il s'allongea de nouveau, se gratta les couilles.

— Oui, elles sont sur la table.

Eugene se leva. Comme tous les matins, il avait une érection, et comme tous les matins elle pointait vers le bas. Il la considéra non pas avec stupeur et désarroi mais avec résignation, fatalisme. D'un pas chancelant, il gagna la salle de bains où, par habitude, il tenta de redonner à son sexe durci une position plus naturelle. A peine l'eut-il lâché que l'engin se rabattit, braqué vers le sol comme une baguette de sourcier qui vient de localiser un océan souterrain. Il pissa, se lava, se brossa les dents et s'habilla : chemise jaune à boutons de manchette en or, pantalon moulant couleur cacao, socquettes dorées et boots en suède marron.

Assise dans la salle à manger, Dinky croquait des céréales au chocolat. Eugene la rejoignit avec deux tasses de café, une cigarette pendante au coin de la bouche. Il posa l'une des tasses devant sa sœur et s'assit.

— Al t'a laissé de l'argent ce matin ? demanda-t-il, tirant de son portefeuille un billet de cinq.

En buvant une gorgée de café, elle agita une petite main pour signifier qu'elle avait ce qu'il fallait.

— Al m'a donné cinq dollars hier. Je peux avoir encore un peu de sucre ?

— Non, tes dents vont carier. T'as fait tes devoirs ?

— Ouais.

— Fais-moi voir.

Elle écarta sa chaise de la table et, l'air guindée, alla à

la table basse où elle avait posé ses affaires de classe. Il adorait sa petite sœur : elle essayait tellement de jouer à la jeune fille. Quand elle se pencha, il aperçut un éclair de blanc.

— Dinky, on voit ta culotte. Rabats ta jupe.

Les mains sur les hanches, elle tapa du pied d'un air irrité en lui lançant un regard courroucé.

— Eu-gene, fit-elle d'un ton sévère.

Il éclata de rire. Elle revint à la table avec un cahier noir et blanc, l'ouvrit pour lui. Pendant qu'il vérifiait son arithmétique, elle lui passa un bras autour du cou et, une main sur la hanche, scruta le visage de son frère pour y déceler le signe qu'elle s'était trompée dans ses devoirs.

— C'est bien ? s'enquit-elle.

— Bon... bon... Ah-ah, combien ça fait, six plus huit ?

Elle fixa le plafond en plissant les yeux, remua les lèvres.

— Quatorze.

— Et qu'est-ce que t'as écrit, là ? dit-il, montrant une ligne.

Elle se pencha, le bras toujours autour du cou d'Eugene.

— Ah ! merde.

Il se redressa sur sa chaise, lui lança un regard accusateur.

— Quoi ? fit-elle.

— Tu le sais bien, répondit-il, menaçant.

Elle haussa les épaules, baissa les yeux vers ses chaussures.

— Tu le dis, et Al le dit tout le temps... Hier soir, il a dit merde à maman et il a dit merde deux fois au téléphone, et ce matin en te réveillant, t'as dit ah ! merde.

Elle l'imita se frottant le visage et il retint un rire.

— Je suis plus vieux que toi, je peux dire ce que je veux.

Elle parut impressionnée.

— Tu peux dire putain ?

Il la saisit rudement par les coudes.

— Dinky, si je t'entends encore dire un gros mot, je te colle une fessée et je te lave la bouche au savon noir.

Sourcils froncés, elle regarda la table. Eugene, craignant qu'elle ne se mette à pleurer, lui lâcha les bras.

— Quand est-ce que je serai assez grande ? demanda-t-elle.

— Pour faire quoi ? dit-il, avec une vague peur.

— Dire tout ce que je veux.

— Jamais, répondit-il, la peur innommée se tapissant quelque part en lui.

Il la conduisit à l'école en voiture bien que ce ne fût qu'à quatre cents mètres au bout de la rue.

— Bisou, réclama-t-il.

Elle lui planta un baiser mouillé sur la joue.

— A plus tard.

— A plus tard.

Garé le long du trottoir, il la regarda monter les marches vers l'entrée principale.

Eugene traversa le parc par la voie rapide et s'arrêta devant Tully. La gigantesque fabrique grise longue d'un pâté de maisons qui passait pour un lycée le terrifiait. Onze heures. S'il entrait maintenant, il devrait passer par le bureau de Mulligan. Eugene avait déjà eu quatre retards, Mulligan allait lui prendre la tête. Le bahut faisait vraiment chier, ces temps-ci. Eugene promena les doigts sur le volant, alluma une autre cigarette. Et puis merde. Il monta jusqu'à Jerome Avenue, s'offrit un sandwich dans un deli. Au point où il en était, il valait mieux sécher toute la journée qu'entrer à midi. Il persuaderait Al de lui faire un mot disant qu'il était malade. Il ne se sentait pas très bien, d'ailleurs. Assis à la table du fond, il observait trois mouches qui se régalaient avec un pot de moutarde séchée. Il ferma les yeux, grimaça. Au bout de quelques secondes, il eut mal à la tête et composa mentalement un mot à faire signer par son père.

Cher Mister Mulligan,

Veuillez excuser mon fils Champion qui a manqué les cours hier. Il avait un putain de mal au crâne.

Al Caputo, le Mec

Eugene tira son portefeuille de sa poche et farfouilla dans ses papiers et ses photos. Il faisait toujours ça quand il était paumé, rien que pour être sûr de savoir qui il était. Il tomba sur le numéro de Barbara Berkowitz, qui avait ses cours le matin à Evander et devait être rentrée chez elle. Une bonne petite pipe, ce serait pas de refus. S'il lui téléphonait maintenant, elle se récurerait tellement bien la moule qu'elle décrocherait la médaille de la bonne ménagère et il lui boufferait peut-être la chatte dans les règles. Mais si elle voulait baiser ? Le vieux démon familier s'assit à cheval sur son cœur et serra les jambes. Eugene n'arrivait pas à finir son sandwich. Il avait vraiment mal à la tête, maintenant. Depuis que les copains s'étaient branlés en chœur chez Gennaro, trois ans plus tôt, et qu'il avait constaté que la bite de tout le monde pointait vers le haut alors que la sienne bandait vers le bas, il était convaincu qu'il ne réussirait jamais à baiser. Il était mal foutu. Il aurait fallu que la fille fasse le poirier et qu'il descende vers elle pour s'introduire dans sa fente. Il avait eu plein d'occasions de tirer son coup ces deux dernières années, mais il avait toujours eu peur de ne pas pouvoir loger sa queue à l'intérieur comme un mec normal. Quand le moment était venu, pisser ou lever son cul du pot, il insultait la fille, elle se vexait et se tirait. Ça sauvait sa réputation d'étalon, mais ça lui esquintait salement les nerfs.

— Euh... Barbara ?

— Ouais ?

— C'est Eugene.

Un silence. C'était bon signe : si elle n'avait pas eu envie de le revoir, elle aurait raccroché.

— Ecoute, euh... je m'excuse pour hier soir. J'ai déconné.

Une inspiration rageuse, plutôt un sifflement qu'un soupir.

— Euh, mon grand-père était sur le point de mourir, hier. J'étais salement secoué.

— Ah ?

Sur un ton froid.

— Et comment il va, aujourd'hui ?

— Il est mort.

Un hoquet. Elle avait avalé l'hameçon et la ligne.

Tandis que Barbara lui pompait bruyamment le dard, Eugene, étendu sur le dos, étudiait les photos punaisées au mur, toutes découpées dans le magazine *16*. Fabian, Frankie Avalon, Neil Sedaka, Bobby Rydell et Johnny Tillotson. Putain, pensa-t-il en retenant un rot. Lui, il aimait Dion, les Four Seasons, les Dowells et quelques-unes des vedettes de Motown comme Smokey Robinson et les Miracles, Marvin Gaye et Mary Wells. Le petit nouveau, l'aveugle, Stevie Wonder, n'était pas mal non plus. Eugene se demanda si allumer une cigarette serait diplomatique.

La mère d'Eugene, joli brin de femme, était loin cependant d'éprouver les sentiments de confiance et de sécurité de certaines beautés. Elle soupçonnait toujours son mari de la tromper. Ce qui était souvent le cas. Ils avaient sans arrêt des scènes de ménage épiques, se disputaient dans la chambre, à table, dans la rue, dans la voiture, devant les voisins, devant des inconnus et devant leurs enfants.

Eugene se souvenait qu'un jour il avait dix ans à cette époque, il était descendu à la cave pour ne plus entendre la bagarre à laquelle ses parents se livraient en haut. Assis comme un vieux dans l'énorme fauteuil à bascule, il se balançait d'avant en arrière sur un rythme furieux. Son père était apparu dans l'escalier en bois, avait tendu le doigt vers son fils et lâché : « Un conseil que je te donne, Eugene. Te marie jamais pour la touffe. » Deux ans plus tard, Eugene avait découvert ce que la touffe voulait dire, mais il commençait seulement maintenant à comprendre la phrase dans son entier.

Ce soir-là après le dîner, toute la famille Caputo, excepté Dinky, sortit ses cigarettes. Le rituel était immuable : Al offrait à Eugene une Marlboro de son étui chic en argent, Eugene déclinait et allumait une Kool, sa mère Eleanore tirait sur une Parliament fichée dans un fume-cigarette d'ivoire. Abstraction faite des assiettes sales, l'atmosphère était plus celle d'une partie de poker à gros enjeu que d'un repas de famille.

— Comment ça s'est passé à l'école, aujourd'hui ? demanda Al.

— Bien, répondit Dinky.

— Champion ? fit Al avec un mouvement de tête vers son fils.

— J'y suis pas allé, répondit Eugene.

Il fourra ses doigts dans sa bouche, extirpa un filament de steak d'une molaire du fond.

— Eugene, c'est dégoûtant, dit sa mère sans hausser le ton.

— Pourquoi tu y es pas allé ?

— Mal au crâne, répondit-il en examinant la viande au bout de son index.

— Pour l'amour du ciel, sers-toi d'un cure-dent, au moins !

— Mal au crâne, hé ? Comment elle s'appelle ?

Eugene avala le morceau de steak.

— Nan, un vrai mal de tête, dit-il comme s'il se foutait complètement qu'Al le croie ou non.

— Trente-cinq ? fit Al avec un clin d'œil.

Eugene haussa les épaules. Eleanore regarda Al et lui lança :

— Trente-cinq ? Trente-cinq quoi ?

Il écrasa sa cigarette.

— Laisse tomber.

— Non, non, je veux savoir. Je suis sa mère. Trente-cinq salopes, peut-être ?

Al lui lança un regard qui aurait arrêté un camion, mais elle n'en était qu'à l'échauffement. Elle sourit, glissa une autre Parliament dans son fume-cigarette.

— Il fallait s'y attendre, je suppose. Tel père, tel fils...

Elle souffla un entonnoir de fumée à la figure de son mari, dont les yeux fulminèrent dans le brouillard qui enveloppait sa tête.

— Tu te prends pour qui ? Bette Davis ?

— Tu te prends pour qui ? Humphrey Bogart ?

— Garce !

— Coureur de pouffes !

— Emmerdeuse !

Elle se leva légèrement de sa chaise et assena à son mari, la voix vibrante de passion :

— Baiseur de putes !

— Ha ! J'ai jamais dû payer pour ça de ma vie ! clama-t-il avant d'allumer une autre cigarette d'un geste théâtral.

— Ah ! Ah ! Ah ! fit Eleanore, riant en direction d'un tiers invisible assis sur la chaise que Dinky avait libérée quelque part entre « Garce » et « Baiseur de putes ». Il n'a jamais dû payer pour ça !

Eugene prit une autre Kool dans son paquet. C'était encore mieux que la dernière fois.

Tes seins sont des collines dorées de margarine,
Tes tétons sont comme des cerises.
Si la bombe A nous tombait dessus par surprise,
C'est là que j'enfouirais ma trombine.

Buddy relut son poème en plissant le front, remplaça « tétons » par « mamelons », « collines » par « monts ». Raya « bombe A » et écrivit « bombe H ».

On sonna à la porte.

— M'man ! vagit-il. M'ma-a-an, va ouvrir ! Merde !

Il se leva de son bureau et traversa l'étroit vestibule au sol couvert de linoléum, regarda par l'œilleton, ne vit personne.

— Ouais ? cria-t-il sans ouvrir la porte.

— Vous croyez en Dieu ? demanda une voix aiguë et nasillarde.

— Putain, les Témoins de Jéhovah, marmonna-t-il. Foutez le camp, je suis juif !

Il retournait à sa chambre quand la personne qui se trouvait sur le palier martela la porte avec force.

— Bon Dieu, soupira Buddy.

Il saisit un parapluie et ouvrit brusquement, l'objet brandi au-dessus de la tête comme une lance, fit un pas hésitant dans le couloir.

— Hou ! beugla Eugene à son oreille en surgissant de sa cachette.

Buddy fit un bond en arrière et faillit s'enfoncer la pointe du parapluie dans la tête.

— Bordel de nom de Dieu, Eugene !

— Comment ça va, mec ? T'as un plafond qui fuit ?

Eugene entra dans l'appartement, Buddy le suivit.

— T'es un malade, tu le sais, ça ?

— Dis pas de conneries, répliqua Eugene, qui pénétra dans la chambre. Qu'est-ce que tu foutais ?

Buddy se rua vers son bureau, chiffonna le poème.

— Hé, c'est quoi ?

— Euh, rien.

— Borsalino, tu racontes tellement de salades que t'as les dents du fond toutes vertes.

— En attendant, tu m'as presque fait crever de trouille, connard.

Buddy essayait de changer de sujet tout en glissant le poème dans sa poche revolver.

— Essaie pas de changer de sujet. C'est quoi, une lettre d'amour ? Un poème ?

— T'es vraiment chiant. Tu te pointes chez moi, tu fais tout pour m'envoyer à l'hosto avec une crise cardiaque…

Eugene s'installa confortablement derrière le bureau.

— Tu me lis ton truc ? Allez, je m'y connais aussi en poésie, je pourrai t'aider.

Buddy considéra Eugene pendant une longue minute, haussa les épaules et s'assit en tailleur sur le lit.

— Bon, tu fais comme si t'étais Despie, d'accord ?

— Vas-y, lis-le, ton poème à la con.

Buddy tira de sa poche la feuille froissée, la lissa sur le lit et s'éclaircit la gorge sept fois.

— T'es prêt ?

— Vas-y !

— Ahum... tessinçondémondoréd'margarin'... euh... témamelonsoncomdécerize... euh... non, attends... ouais, silabombache... noutombéd'ssuparsurprise... célakeujcacheré... matrombin'... Hum... Qu'est-ce que t'en penses ?

Eugene ne pouvait pas répondre parce qu'il se tordait sur le lit. Le visage cramoisi, il secouait la tête en silence et se tenait le ventre. Dans une tentative pour reprendre haleine, il prit une inspiration humide par le nez. Au bout de quelques secondes, il expira, logea son front au creux de sa main et explosa d'un rire sonore. Buddy fronça les sourcils, examina sa feuille de papier, la retourna pour voir s'il n'y avait pas une plaisanterie écrite au dos.

— Ça te plaît pas ?

— Ssssi, bégaya Eugene en tâchant de se calmer. C'é... c'était ttttrès émou... émouvant...

Il se remit à rire, se balança dans le fauteuil jusqu'à ce qu'il bascule en arrière et atterrit par terre, les pieds écartés comme en signe de victoire.

— Bien fait pour toi, salopard ! dit Buddy, qui l'aida à se relever.

— Oh nom de Dieu, fit Eugene, respirant profondément pour calmer son hilarité. Il se pose là, ton poème, Buddy. J'en suis tombé sur le cul.

Il se frotta la nuque, essuya une larme et ajouta :

— Bon, assez déconné, on sort.

— Où tu veux aller ?

— A Yonkers. J'ai la bagnole.

— Faire quoi ? On est mardi.

— Je sais pas. Un tour au Papo's ?

— J'ai pas de papiers.

— Tiens, dit Eugene en lui montrant une fausse carte d'identité.

— On est quand même mardi, argua Buddy.

— C'est le meilleur jour. Y a que les plus chaudes, le mardi.

— Je sais pas.

— Allez, t'es pas encore marié. Je le dirai pas à Despie.

— C'est pas ça.

— Si, c'est ça. Je t'attends en bas.

Avant que Buddy ait pu protester, Eugene quitta l'appartement.

— Allô ?

— Salut.

— Salut, chéri, qu'est-ce que tu fais ?

— Euh, rien, dit Buddy, le téléphone coincé entre la tête et l'épaule. Je t'ai écrit un poème.

— C'est vrai ?

— Ouais, tu veux l'écouter ?

— Pourquoi tu ne viendrais pas plutôt me le lire ?

Buddy se sentit terriblement déprimé en pensant à Eugene dans la voiture.

— Euh, je peux pas, je dois bosser, j'ai plein de devoirs.

— Demain, alors.

— O.K. ... Despie ?

— Oui ?
— Je t'aime.
— Moi aussi.
— Salut.
— Salut.
— Oh, Despie ?
— Oui ?
— Euh... le téléphone déconne, pas la peine de m'appeler, la sonnerie marche plus.

Il y eut un long silence. Puis :
— O.K.
— O.K.
— Au revoir.
— Au revoir.

Assis derrière le volant, Eugene vérifiait son haleine en soufflant dans sa main en coupe. Le poème de Buddy ne l'avait pas fait rire, il l'avait rendu jaloux. A sa connaissance, Buddy ne baisait pas Despie mais il l'enviait d'avoir une fille à laquelle il pensait assez pour lui écrire des vers. D'ailleurs, même si Buddy ne baisait pas, Eugene non plus, alors qu'est-ce que ça changeait ?

Eugene sursauta quand Buddy ouvrit la portière et dit :
— On est partis.

Ils prirent White Plains Road et passèrent sous le métro aérien en direction de la voie rapide de Bronx River.
— Tu sais, Buddy, j'ai repensé à ton poème.
— Me charrie pas.
— Non, vraiment.
— Fais pas chier.
— Il m'a plu.
— C'est ça.

— Y a du sentiment, dedans.

— Tu te fous de moi ?

— Pourquoi je me foutrais de toi ? T'es mon connard préféré.

— Va te faire mettre.

— Hé, je voulais pas dire ça, je rigolais. Je l'ai vraiment trouvé chouette.

— Fous-moi la paix.

— Arrête, pauvre débile ! Je te fais un compliment !

Le Papo's était une boîte à chaussures de Central Avenue entourée d'un golf miniature, d'un magasin de fringues Robert Hall, d'un magasin de godasses Knapp, d'une crêperie Aunt Jemima, de onze stations-service et d'un restaurant de clams, Rickey's. Le Papo's était posé au bord d'une grande rue à quatre voies qui ressemblait à un arbre de Noël interminable couché sur le flanc, orné de feux rouges, de réverbères fluorescents et de néons palpitants.

— Viens, on se tire, y a pas un rat, murmura Buddy à Eugene tandis qu'un réfugié du catch professionnel examinait la fausse carte d'identité à l'entrée.

Il remuait silencieusement les lèvres en tâchant de calculer l'âge de Buddy d'après sa date de naissance bidon.

— Merde, t'as dix-huit ans ?

— Bien sûr ! Tu sais pas lire ?

Il rendit la carte à Buddy, adressa un signe de tête à Eugene. Eugene lui rendit son salut et poussa son pote vers le bar.

— Y a personne, répéta Buddy.

— Ferme-la, il est encore tôt. Qu'est-ce que tu bois ?

Avant que Buddy puisse répondre, Eugene commanda deux Seven. Le barman ressemblait à Moose, le personnage de BD.

L'endroit consistait en un long comptoir, six ou sept petites tables couvertes de nappes et une piste de danse de six mètres sur six bordée d'un juke-box d'un côté et d'une petite estrade de l'autre. Des caricatures d'habitués au crayon et au pastel décoraient les murs, gros visages avec des coiffures exagérées et des prénoms comme Tony, Gino, Ralph, Diane, Pat – une douzaine de Pat –, Rosemary, Dominick et Vinny. Dans la partie sombre où étaient installées les tables, des couples récemment formés venaient se peloter les soirs d'affluence.

— Choisis, dit Eugene en lançant une pièce en l'air.

— Pile.

— Sale con !

Eugene fila le *quarter* à Buddy qui alla au juke-box et étudia la sélection. Il mit ses trois disques préférés : « Spanish Harlem » par Ben E. King, « Ya-Ya » par Lee Dorsey, et son préféré de toujours, « Little Diane » par Dion. Il eut un frisson quand les premiers accords de guitare emplirent la salle, s'assit et ferma les yeux. Dion ne chantait pas mais gémissait d'angoisse sur fond de guitare tremblante :

D-I-I-A-N-N-E, AU FOND DE M-O-O-I,
JE PLEU-EU-EU-RE,
D-I-I-A-N-N-E, SAN-AN-ANS T-O-OI,
JE M-EU-EU-EURS...

Buddy avala d'un trait la moitié de son verre, les yeux toujours fermés.

Eugene dut l'agripper par le bras pour l'empêcher de tomber en pâmoison de son tabouret de bar. Quand ils commençaient à sortir ensemble et que Despie le faisait souffrir – pendant ces journées, interminables, de désir douloureux et de doute –, Buddy avait passé « Little Diane » encore et encore sur son électrophone, et les paroles étaient maintenant tellement chargées de sens que la chanson lui devenait quasiment insupportable.

— Allez, on se tire, dit-il en entraînant Eugene vers la sortie.

Il avait envie de se jeter dans les bras de Despie, de l'embrasser, de l'enlacer et de la baiser jusqu'à l'aube.

— Hé ! Où tu cours, comme ça ? protesta Eugene en mettant le frein. Relax, mon gars. Finis au moins ton verre.

— J'ai pas soif.

— D'accord. Tu sais quoi ? On attend... un quart d'heure... et si y a pas de minette qui se pointe, on rentre, O.K. ?

Buddy regarda sa montre.

— Un quart d'heure.

— Merde, t'es pénible, tu sais.

Un quart d'heure s'écoula sans qu'une seule minette se pointe. A la porte, Football Eddie leur tamponna des dindes bleues sur la main pour qu'ils puissent revenir sans payer. Au parking, une VW se gara près de la voiture d'Eugene, deux filles en descendirent.

— Hé, t'as vu ? Hé ! fit Eugene, saisissant le bras de Buddy.

— Je suis pas aveugle. Non, on rentre.

Buddy tendit la main vers la poignée de la portière, mais Eugene lui agrippa l'autre bras.

— On y retourne.

— J'ai des devoirs à faire.

— Sois pas comme ça.

Eugene ramena Buddy à l'entrée du bar en le tirant par les avant-bras. Ils montrèrent leur dinde bleue à Football Eddie et Eugene se dirigea vers la table des filles, Buddy fermant la marche.

— Salut !

Ils s'assirent. Il faisait trop sombre pour bien les reluquer.

— Qu'est-ce que vous buvez ?

— QUOI ?

— Qu'est-ce que vous buvez ?

— QUOI ?

Elles ajustèrent dans leurs cheveux ce qui ressemblait à des écouteurs de transistor. Buddy et Eugene échangèrent un regard.

— Qu'est-ce... que... vous... bu... vez ?

— SCOTCH ! crièrent-elles.

Eugene commanda quatre whiskies à un nouveau barman surnommé Face de Chou, dont la peau avait une teinte gangreneuse.

— Comment vous vous appelez ? demanda Buddy sans conviction.

— QUOI ? firent-elles en chœur.

— On se casse, glissa Buddy à Eugene.

L'une des filles ajusta de nouveau son oreillette.

— PARDON ! brailla-t-elle comme pour se faire entendre dans un ouragan. ON A REÇU DE NOUVELLES PROTHÈSES AUDITIVES AUJOURD'HUI ET ELLES MARCHENT MAL.

— QUOI ? beugla Buddy.

Eugene lui donna un coup de coude. L'autre fille ôta son oreillette et tapa dessus plusieurs fois. Quand elle la remit, l'appareil émit un sifflement aigu qui les fit sursauter tous les quatre.

— Eugene, moi, je bois pas avec des robots, murmura Buddy en se levant.

— C'EST BON, MAINTENANT, annonça la fille.

Eugene tira sur le bras de son copain pour le faire rasseoir. L'une des filles adressa un clin d'œil à Buddy et il crut voir la pointe de sa langue frétiller entre ses lèvres comme celle d'un serpent.

— MOI, C'EST NANCY, dit la fille à l'oreillette sifflante. MA COPINE, C'EST MARIE.

Marie était celle au clin d'œil. Soudain, Buddy devint très intéressé. Face de Chou donna une pièce à manger au juke-box, qui joua « Patches ».

— TU VEUX DANSER ?

Buddy invita Marie. Pris par surprise, Eugene se récupéra avec élégance en prenant la main de Nancy et en indiquant du menton la piste de danse. Ces gonzesses ne tournaient pas autour du pot. Elles frottaient, elles vous mordillaient l'oreille, vous léchaient le cou. Buddy essaya de mordiller l'oreille de Marie mais récolta pour sa peine une bouchée de prothèse en plastique. A la lumière de la piste, les deux filles n'étaient pas terribles. Marie avait une peau de pâte à pizza, Nancy louchait. Cela peinait Buddy de danser avec une fille aussi peu bandante que cette bigleuse, mais s'il se mettait lui-même à loucher, elle paraissait normale. De toute façon, il était trop lancé pour s'arrêter à ça. Il mordillait le Sonotone de Marie, qui sursautait à chaque coup de dent.

Une fois le morceau terminé, Buddy prit Eugene à part et l'entraîna vers les gogues.

— ON REVIENT TOUT DE SUITE, LES FILLES.

— Qu'est-ce qui t'arrive ? dit Eugene.

— On les emmène ! fit Buddy, les lèvres sèches.

Il était tellement excité que lorsqu'il s'appuya au mur il plongea la main dans l'urinoir.

— Non, elles sont trop tartes.

— Eugene, mes parents sont pas à la maison. Je sais qu'on peut se les faire.

Buddy essuyait sa main à une serviette roulante.

— T'as aucune fierté, toi, dit Eugene.

— Ma fierté, elle est là, répartit Buddy en empoignant son entrejambe.

— Je sais pas, fit Eugene en louchant dans le miroir.

— Allez, décide-toi.

Avant qu'Eugene ait répondu, Buddy poussait déjà les filles vers la voiture.

L'une des raisons pour lesquelles Eugene tombait autant de filles, c'était son arrogance. Il ne se laissait jamais aller à éprouver quoi que ce soit pour une nana parce que si ça devenait sérieux il finirait par être forcé de baiser et alors le spectacle serait terminé, rideau. Il avait également peur qu'une fille lui plaise vraiment et qu'il soit obligé de l'insulter pour se tirer d'affaire, et il prenait toujours un air rien-à-branler, il ne bavait jamais sur une bonne femme comme certains mecs morts d'amour qu'il connaissait. Il maîtrisait parfaitement ses pulsions sexuelles : bien obligé ! Du coup, il plaisait aux filles, son attitude dédaigneuse leur lançait un défi. Bien sûr, beaucoup d'entre elles le trouvaient prétentieux, et nombre de ses anciennes « conquêtes » le détestaient, mais la vérité, c'était qu'Eugene crevait tout bonnement de trouille.

Allongé nu sur une fille nue, totalement sourde sans sa prothèse qui pendait de la table de nuit comme une sonde intraveineuse usagée, il ne pouvait pas cette fois s'en sortir en parlant parce qu'elle n'entendrait pas un mot de ce qu'il dirait. Elle le serrait contre elle avec des bras d'acier et sa putain d'érection pointait vers ses pieds, comme d'habitude. Et cette fille n'accepterait pas un refus, il le savait. Tout à coup, elle passa une main entre les jambes d'Eugene, lui saisit la queue et la tira vers sa chatte. Le machin se retrouva à l'intérieur, Eugene n'était plus vierge.

La première chose qui lui vint à l'esprit après le choc, ce fut un souvenir d'un vieil épisode des « Little Rascals » dans lequel Dicky avait un torticolis. Ses parents passaient tout le feuilleton à l'emmener chez des spécialistes et finalement Stymie le guérissait en lui tordant le cou.

Eugene resta cinq minutes sans bouger, savourant simplement l'idée qu'il avait enfin réussi à la mettre dedans. Nancy gigotait sous lui avec impatience.

Buddy avait l'impression de porter des serviettes mouillées en guise de sous-vêtements. Cela faisait une demi-heure que Marie admirait ses coupes de bowling. Elle faisait le tour de la chambre en s'intéressant à tout, de la peinture des murs à la feuille de papier sur le bureau. Il se demanda ce qu'Eugene ferait, lui, dans un cas pareil. Au moment où Buddy arrivait à 20 sur les 28 qu'il s'était fixés avant de sauter sur Marie, Eugene et Nancy entrèrent dans la pièce main dans la main, l'air un peu dans les vapes.

— L'enfoiré, marmonna Buddy, il a encore tiré...

— Alors, Champion, quoi de neuf ?

Al portait une veste d'intérieur de brocart rouge avec des revers de soie noire.

Eugene sauta par-dessus le dossier du canapé, atterrit les fesses en avant sur les coussins.

— J'ai baisé ! s'exclama-t-il, haletant.

— Bravo. Ça fait trente-cinq, hein ?

— Quoi ?

— Trente-cinq, c'est ça ?

Al offrit à son fils une cigarette de son étui.

— Trente-cinq ?

Eugene répétait le nombre comme si c'était un nouveau concept de la vie moderne.

— Trente-cinq ? Cinquante ! Cent ! On s'en fout !

Il enjamba de nouveau le dossier et se rua hors de la salle de séjour.

Le souffle court, il s'assit à son bureau, feuilleta rapidement le carnet noir pour l'ouvrir à la page BALAISE et écrivit en grosses lettres NANCY LA BIGLEUSE. Passant ensuite à la page TSB, il parcourut lentement la liste de noms avec l'expression d'un homme affamé lisant un menu.

7

La mort de Sloopy Tête de Pioche

En décembre, dans un accès alcoolisé de ferveur patriotique, dix des plus coriaces des Boules à Z de Fordham s'engagèrent dans la marine. Cela impliquait de couvrir à pied les six mètres séparant une extrémité de l'îlot directionnel où traînait la bande de l'autre extrémité, où une caravane servait de centre de recrutement. Pendant plus d'un an, un officier recruteur avait observé de la fenêtre de son bureau cette racaille en blouson noir et maudit le jour où il s'était enrôlé dans la flotte. L'idée de sauvegarder la démocratie dans le monde pour que ces petits cons – enfin, pas si petits – puissent passer leurs journées et leurs nuits à glander, à picoler, à lorgner les femmes, à s'en taper une à l'occasion et, d'une manière générale, à terroriser les honnêtes gens, cette idée le rendait littéralement fou de rage.

Le jour où ils étaient entrés dans sa caravane en titubant, sa première réaction avait été de saisir le 45 rangé dans le tiroir de son bureau. Lorsqu'il avait compris qu'ils voulaient juste s'engager, ces dix types vacillant autour de son bureau, les paupières en berne, l'haleine empestant comme un alambic, il s'était empressé de sortir les formulaires, leur avait extorqué leurs signatures et les avait foutus dehors avec ces mots : « Au moins, vous, on n'aura pas à vous faire la coupe militaire, ha, ha, ha. » La marine avait besoin de ces saligauds comme de canots de sauvetage en plomb, mais au moins ils débarrasseraient l'îlot, ils disparaîtraient pour de bon de son horizon.

Plus tard, une fois dessoûlés, ils vinrent expliquer que tout ça, c'était une blague. L'officier avait prié pour qu'ils reviennent.

— Désolé, les gars.

— Comment ça, « désolé, les gars » ? J'ai pas vingt et un ans.

— C'est pas nécessaire. Ha, ha, ha.

— Allez, déconnez pas.

— Non, c'est le règlement.

— Ma mère va mourir, sans moi.

— Fallait y penser avant.

— Qu'est-ce que t'as dit de ma mère ?

Il sortit son 45, ils la bouclèrent.

— Maintenant, dehors. Vous inquiétez pas, la marine fera de vous des hommes, ha, ha, ha.

Ils fixèrent d'un sale œil son visage tanné, son flingue bleu acier, marmonnèrent et partirent.

Terreur fut le seul à être rejeté après les examens. Il essaya de déchiqueter le psychiatre quand celui-ci lui demanda s'il faisait parfois des rêves humides au sujet de sa mère. Après que trois membres de la PM eurent sorti Terreur de son cabinet, le psy nota d'une main tremblante sur sa fiche : *Le seul uniforme qui convient à cet homme est la camisole de force.* Le motif officiel de la réforme de Terreur fut cependant de nature médicale : il avait de l'asthme. C'était assez paradoxal parce qu'il était fort comme deux hommes normaux, avec des mains larges comme des pelles à charbon, une tête de la taille et de la forme d'un casque de scaphandre. C'était un mauvais, et la guerre lui aurait sûrement plu.

Terreur était donc de retour sur l'îlot avec Joey DiMassi, Cookie Scalisi – retenu par des nausées sèches quand ses amis avaient signé – et entre dix et vingt visages qui changeaient tout le temps.

C'était la fin, pour les Boules à Z de Fordham, et Joey DiMassi le savait. Le cœur et les muscles du groupe étaient partis : Jay-Jay, Butler, Peter DiLuca, le Gros Sally, les frères Martin, Grand Chef, Gussie, et même le négro de la bande, Roger, sauf que personne, Terreur excepté, aurait osé le traiter de nègre parce que pour être à la fois noir et Boules à Z, il fallait être deux fois plus dur qu'un Blanc. Tous partis. Au moins, la marine n'avait pas pris Terreur, même s'il se dévaluait lui-même par des accès de fureur imprévisibles. En plus, les nouveaux étaient différents. Les anciens qui ne s'étaient pas engagés commencèrent à cesser de venir parce que beaucoup de leurs copains n'étaient plus là. Joey avait conscience que ses jours de Boule à Z étaient comptés et qu'après son départ ce serait fini. Le cœur et les muscles étaient partis, il était le cerveau. Sans cerveau, pas de bande.

Lorsqu'ils en avaient assez d'être debout, les Boules à Z s'asseyaient par terre, le dos contre le muret de béton entourant l'îlot, et observaient le flot constant de chalands venant d'Alexander's ou d'autres magasins plus petits.

Samedi 14 février, soir de la Saint-Valentin. Terreur, Joey, Sloopy Tête de Pioche et Cookie étaient assis contre le muret, bourrés au Tango, chacun perdu dans sa propre rage. Cookie, qui se curait le nez, roula la morve séchée en une petite boule au bout de ses doigts et la projeta d'une chiquenaude sur la jambe d'un passant. Terreur trouva ça amusant mais ne dit rien. Joey DiMassi, en revanche, assena une taloche sur la nuque de Cookie.

— Ça va pas, non ?

— Hé, Joey, arrête.

— T'as aucune éducation ? Tu veux que je t'en balance, moi, de la morve ?

— D'accord, d'accord.

— Vous êtes vraiment nuls ! s'exclama Joey.

— D'accord, j'ai dit ! Merde, t'es pas... t'es pas...

Cookie ne trouvait pas le mot.

Terreur souleva une fesse et lâcha une caisse sur le trottoir, ce qui fit rire Cookie et Sloopy. Terreur gloussa comme un gosse. Joey se leva, épousseta le fond de son pantalon et s'éloigna.

— Où tu vas ? lui demanda Terreur.

— Je reste pas avec une bande de porcs, répondit Joey.

Le dos tourné à ses copains, il inspectait Fordham Road.

— Tu vas au cinoche ?

— Ouais.

Terreur se leva.

— Je viens avec toi.

— Faut pas te croire obligé, grogna Joey en prenant la direction du Loew's.

Terreur lui emboîta le pas, comme un gorille apprivoisé.

— On joue quoi ?

— *Mondo Cane.*

— C'est italien ?

Joey ne répondit pas.
— Ça parle de quoi ?

Cookie et Sloopy regardèrent Joey et Terreur descendre la colline et disparaître. Il se mit à neiger, le vent se leva.
— Merde. Qu'est-ce que tu veux faire, Sloop ?
Cookie avala une gorgée de Tango, lâcha un rot chargé de bile amère. Sloopy lui prit la bouteille et s'octroya une rasade.
— Il est quelle heure ?
Par-dessus son épaule, Cookie consulta la grosse horloge surmontant la Dollars Saving Bank, trois rues plus bas.
— Neuf heures et demie.
Sloopy s'enfila une autre gorgée avant de rendre la bouteille à Cookie, qui essuya le goulot à sa manche. L'idée de boire après Sloopy lui donnait la nausée. Tête de Pioche avait une bouche qu'on aurait dite percée dans son visage avec un ouvre-boîtes. Un petit trou livide, sans lèvres, avec des dents multicolores partant dans les quatre directions. Cookie n'était pas un tombeur non plus, mais il remerciait Dieu chaque jour de ne pas ressembler à Sloopy, qui avait en guise de tête un crâne étroit recouvert de peau, deux trous évasés en guise de nez et des oreilles minuscules. Il avait des yeux bleu clair, ce qui est plutôt pas mal dans un visage normal, mais dans celui de Sloopy, ça n'arrangeait rien. Tommy Tatti disait que Sloopy donnait l'impression que quelqu'un lui avait passé une gomme géante sur la figure et s'était arrêté à la moitié du boulot. Mais ce que Dieu avait omis en matière de traits, il l'avait compensé par une galaxie de boutons. Pas le genre de truc qui sort en une nuit,

mais le modèle permanent, incrusté depuis des années, capable de résister à un rayon laser. Touche finale, Sloopy, comme tous les Boules à Z, se rasait totalement le crâne.

Le vent poussait la neige de côté. Cookie et Sloopy se mirent debout, relevèrent le col de leurs blousons de Boules à Z de Fordham et sautillèrent sur place pour se réchauffer. Ces blousons convenaient mieux au printemps, mais, neige ou pas, ils étaient classe. Soie noire avec passepoil beurre frais sur les manches. Le dos était une œuvre d'art. Le mot FORDHAM courait en lettres gothiques d'une omoplate à l'autre, au-dessus d'un crâne grimaçant coiffé d'un haut-de-forme. Dessous se croisaient deux cannes en ébène au bout d'argent. Le tout sur fond de flammes orange et rouges, avec en bas BOULES À Z dans la même splendide calligraphie.

— Putain, ça caille ! Allez, on va quelque part.

Ils descendirent Fordham en direction du métro aérien de la Troisième Avenue, et Sloopy entra dans un magasin de gnôle pour acheter une autre bouteille de Tango.

Chaque année le 14 février, le Centre communautaire de la Bronx House organisait un bal de la Saint-Valentin. Le gymnase était décoré de banderoles en papier crépon, et des grands cœurs en carton étaient accrochés aux murs tous les trois mètres. Les filles portant un bracelet à la cheville pouvaient entrer en payant moitié prix à condition d'être accompagnées par un petit ami pouvant prouver que le prénom gravé sur le bracelet était bien le sien, à condition aussi que tout ce joli monde ait la carte de membre de la Bronx House.

Selon les rumeurs, Dion ou Johnny Maestro et les Crests viendraient chanter, et les Vagabonds avaient décidé de se pointer : Richie et Buddy avec leurs copines ; Perry, Joey et Eugene en célibataires. Une fois entrés, ils allèrent droit aux toilettes tous les cinq pour peigner et tapoter leur banane, jouèrent des coudes pour disputer à une vingtaine d'autres types une bonne place devant le miroir. Buddy et Richie se tirèrent dès que l'orchestre commença à s'échauffer, les trois autres restèrent pour pisser. Joey et Eugene finirent les premiers et, après avoir refermé sa braguette, Joey donna une petite poussée dans le dos de Perry, qui arrosa son pantalon peau de requin du genou à la cuisse. Joey et Eugene sortirent en rigolant, laissant Perry tirer du distributeur des serviettes en papier marron rêches comme du papier de verre. Il frotta vigoureusement la tache et, le temps qu'il arrive dans la salle, Joey et Eugene dansaient déjà. Ça le contraria. La fille de Joey était une mocheté absolue, ce n'était pas trop grave, mais Eugene avait dégoté de la fesse premier choix. Quand la musique cessa, Joey se mit à parler à sa cavalière, mais elle s'éloigna. Perry se sentit mieux.

— Putain, le boudin, fit Joey, sur la défensive.

— Je t'ai déjà vu avec pire.

Perry et Joey observèrent nerveusement Eugene et sa fille, qui bavardaient et riaient comme de vieux amis. La musique reprit, ils se remirent à danser.

— Ce fumier d'Eugene.

— Il doit se laver les dents à la cantharide.

L'air suivant était un slow et, dans un mouvement de panique contenue, les mecs seuls se faufilèrent dans la foule, invitant d'abord les jolies filles puis se rabattant sur toutes celles qui n'avaient personne pour danser. Joey se trouva tout de suite une nana. Perry prit une veste au milieu de la piste de danse. Le slow était presque fini, Perry commençait à transpirer. Il jeta un coup d'œil à son copain : Joey dansait de près, mais il ne frottait pas. Quant à Eugene, on avait envie de lui dire de se dépêcher de mettre une capote. Près de Joey, une fille souriait dans le vide, les mains jointes devant elle. Elle avait des cheveux orange et les plus gros nichons que Perry ait jamais vus. Il lui tapota le bras.

— Excuse-moi...

Elle ne le remarqua pas. Il avait l'impression que tout le monde les regardait.

— Excuse-moi, tu veux danser ?

Elle eut un sourire idiot, lui passa les bras autour du cou et se colla contre lui. Oui. Elle frottait. Et ses roberts étaient comme deux boules de feu pressées contre la poitrine de Perry. Il glissa sa jambe entre celles de la fille pendant deux mesures, elle glissa sa jambe entre celles de Perry pendant deux mesures. Joey le vit et Perry grimpa au ciel. La danse finit trop vite, ils s'écartèrent l'un de l'autre.

— Euh, tu vas à Columbus ?

— Ouais, et toi ?

— Non. A Tully.

— Tu connais un nommé Steve ?

Et ainsi de suite. Pendant trois danses. Puis il y eut un autre slow. Ils laissèrent tomber le frotti-frotta pendant deux mesures et, cédant à un délire de passion toute neuve, restèrent plantés au même endroit pelvis contre pelvis. Perry bandait dur. Il avait envie de foncer aux chiottes se faire un cinq contre un mais avait peur que la fille trouve quelqu'un d'autre avant son retour. Il lui sourit tandis qu'ils attendaient, en sueur, la danse suivante. Elle leva les yeux vers lui.

— Tu es juif ?

Débandade.

— Euh... non.

Il remarqua alors l'étoile de David accrochée au cou de la fille, assez lourde pour estourbir quelqu'un.

— Euh, excuse-moi, je vais voir où sont mes copines, dit-elle avec un sourire.

Perry resta à se noyer au milieu de la piste.

— C'était pas ton genre, lui dit Joey. Trop mignonne.

Eugene et sa fille se tripotaient contre le mur. Richie et Buddy ne comptaient pas, ils étaient venus avec leurs nanas.

L'orchestre était merdique. Little Domenick et les Sharktones. Trois ritals et deux nègres, incapables de jouer ensemble. Le batteur ne se servait que d'une baguette parce qu'il avait perdu l'autre. Eugene et la fille qu'il avait draguée remportèrent le concours de twist, Buddy et Despie se classant seconds : un triomphe pour les Vagabonds. Richie et P frottaient dans un coin. Joey et Perry se tenaient au milieu de la piste sans même plus inviter personne. Deux ego fracassés après avoir ramassé vingt-six râteaux. Perry mit sa main en coupe devant son visage pour vérifier son haleine ; Joey feignit d'inspecter ses aisselles et le dos de sa chemise.

Sloopy et Cookie prirent le métro aérien pour Pelham Parkway et finirent le Tango pendant le trajet. Quand ils descendirent, ils étaient complètement bourrés. Ils avisèrent deux gonzesses qui se dirigeaient vers la Bronx House et ils les suivirent en faisant des bruits de succion, en se murmurant des questions sur leur vie sexuelle, leurs origines familiales et leur propreté. Les filles marchaient d'un pas vif sous la neige, les deux Boules à Z titubant à deux mètres derrière elles, tels des démons des neiges arriérés. Dans la dernière ligne droite, elles se mirent à courir au petit trot vers la sécurité des lumières vives et de la foule.

— On entre ? suggéra Sloopy.

— Nan, répondit Cookie, gêné par son crâne chauve. Trop de juifs, là-dedans.

— Déconne pas.

— Nan.

— Allez...

— J'ai pas envie. T'es sourd ?

— Ben, va chier.

Sloopy entra d'un pas résolu, laissant Cookie sous la neige.

Dès qu'il pénétra dans la salle, on s'écarta sur son passage. Il était plus âgé, il était soûl, et son crâne rasé et son blouson de Boules à Z se voyaient plus qu'un drapeau américain. Insensible à tout ce qui l'entourait, il se mit à danser seul comme un singe, les épaules voûtées, les yeux clos, balançant la tête au rythme de la musique.

Joey donna un coup de coude à Perry.

— Hé, t'as vu ?

— Putain, quel trouduc.

Sloopy tomba, réussit à se relever et recommença à danser.

— On l'a laissé entrer ? s'étonna Eugene, un bras autour de sa nouvelle copine.

Joey et Perry regardèrent avec insistance ce nouvel ajout à la longue liste de conquêtes d'Eugene.

— Ah, ouais, fit-il. Fred, je te présente les copains. Les copains, Fred.

— Mon vrai nom c'est Frederika, mais tout le monde m'appelle Fred, gloussa-t-elle.

Joey et Perry hochèrent la tête d'un air empoté. Eugene leva les yeux au plafond : c'était la cinquième fois en deux heures qu'elle disait ça. Perry remarqua qu'elle portait un de ces thermomètres juifs qu'on accroche dans les entrées. Il se demanda si Eugene lui avait raconté qu'il était rabbin. Eugene faisait plus rital que le pape.

— Hé, Eugene, fit Perry, tu vas à la messe, demain ?

— Quoi ?

— Tu vas à la messe ? Tu sais, l'église ?

— De quoi tu parles ? grommela Eugene qui n'était pas allé une seule fois à la messe en quatre ans.

— Tous les bons catholiques...

Perry ne termina pas sa phrase parce qu'une fille se mit à crier derrière lui. Se retournant, il vit Sloopy empoigner la fille aux cheveux orange et essayer de l'embrasser. Elle couinait, tendait le bras pour le repousser comme dans les films. Ils étaient entourés de gars qui avaient peur de Sloopy et qui, au lieu de les séparer, tournaient autour d'eux tels des papillons. Sans peser le pour ni le contre, Perry fonça dans la foule, saisit Sloopy par la taille et le souleva. Le Boule à Z retomba sur ses pieds, fixa le Vagabond avec stupeur. Perry était balaise, Sloopy efflanqué, tout en frime.

Il serra les dents, agita l'index en direction de Perry.

— Je vais te tuer, enculé !

Perry savait qu'il pouvait prendre Sloopy, mais il avait peur des Boules à Z. Quoi qu'il arrive, il ne pourrait plus remettre les pieds dans Fordham Road.

Sloopy sortit à reculons en l'injuriant. Perry était malade de trouille. La fille aux cheveux orange se réfugia dans les toilettes en pleurant avec ses copines. Joey s'approcha pour réconforter Perry.

— T'as gagné, là, dit-il en secouant la tête. T'as *vraiment* gagné.

Sloopy titubait sous la neige, des larmes de rage gelant sur ses joues. Il avait si froid que son dos lui faisait mal. Il heurta du pied la bordure du trottoir, tomba, se fendit la lèvre.

— MEEERDE !

Long cri de douleur se répercutant sur les rangées de bâtiments endormis.

— PUTAIIIIN !

Rugissement en écho à la rame de métro passant au-dessus de sa tête.

— SALOPERIIIE !

Du sang tachait le devant de son blouson. Une fenêtre s'ouvrit quelque part.

— Ferme-la, connard !

Sloopy se redressa sur les genoux.

— Je t'encule, merdeux !

Il se mit à rire comme un demeuré. Une autre fenêtre s'ouvrit et sa lumière jaune fit ressembler l'immeuble de quatre étages à un géant clignant de l'œil.

— Ta gueule, crétin !

— Tiens, fume !

Sloopy s'était relevé, avait sorti sa queue et pissait en l'air. Quand il eut terminé, il écarta les jambes, la secoua comme un cigare en caoutchouc. Une casserole fendit le rideau de neige.

— Qui c'est qui a jeté ça ?

— Fous le camp ou j'appelle les flics.

Sloopy gueula quelque chose en réponse, mais sa voix se perdit dans le vacarme d'une autre rame.

Un œuf se brisa sur sa tête, aspergeant son visage et son blouson. Il brailla en direction des bâtiments et, dans sa fureur, ramassa des cailloux et les jeta dans les carreaux des fenêtres. Il partit en courant, descendit Allerton Avenue en cassant des vitrines ; il zigzagua vers le parc en brisant des vitres de voiture. Hurlant tel un Indien pris de folie, il traversa les congères, sauta par-dessus les bancs, jusqu'à ce qu'il arrive à Webster Avenue. Une fois sorti du parc, il s'assit sur un banc près d'une énorme église. Epuisé, hors d'haleine, il écouta son cœur battre la chamade, comme une voiture ayant besoin d'un réglage. La langue pendante, il entreprit de gratter de ses ongles l'œuf collé sur sa tête. Son blouson était fichu. Complètement fichu.

Bobby Cuddahy était un Ducky Boy. Comme la plupart des Ducky Boys, il mesurait moins d'un mètre cinquante, était d'origine irlandaise et cinglé. Webster Avenue se trouvait en territoire Ducky. Ils y rôdaient tels des dinosaures nains, sans peur et sans cervelle, ne respectant que les religieuses et les prêtres. Ils se battaient contre tout le monde et ne perdaient jamais. Parce qu'ils étaient des centaines. Des centaines de nabots irlandais dingues avec des crucifix tatoués sur les bras et la poitrine, des malades mentaux avec ce regard terrifiant, légèrement louche, du voyou urbain semi-humain unidimensionnel, véritable machine à tuer. Et ils étaient mauvais. Ils se servaient de chaînes de vélo, d'antennes de voiture et de la « canne de Webster Avenue », batte de base-ball hérissée de lames de rasoir.

Leurs auxiliaires féminines étaient plus mauvaises encore. Elles s'attaquaient aux types seuls, parfois même aux groupes. D'un coup d'antenne sifflant, elles vous écorchaient une joue de façon que la peau vous retombe sur le cou.

Périodiquement, toute la nation Ducky faisait une descente pour saccager un quartier. Ni les Ducky Boys ni leurs victimes ne savaient quand cela arriverait ni pourquoi. C'était plus une catastrophe naturelle, une impulsion irréfléchie, une bizarrerie dans les sécrétions glandulaires, que quoi que ce soit de pensé ou même mentionné. Ils buvaient tranquillement une bière assis sur leur tabouret et, une heure plus tard, une cité, un lycée ou un terrain de jeu ressemblait à Londres après le blitz, avec sirènes, blessés gémissants, tout le truc. Puis ils retournaient s'asseoir sur leur tabouret et sirotaient leur pinte comme s'ils n'avaient pas bougé. Chez eux, ni clins d'œil, ni rires, ni vannes. Les blessures, ils les ignoraient et restaient assis à saigner. Ou ils allaient à confesse d'un pas tranquille, couverts de sang. Ils s'accusaient d'avoir prononcé en vain le nom du Seigneur ou d'avoir pété en public. Et le père O'Brian, ignorant lui aussi le sang, écoutait leur ronron et leur donnait quelques Je vous salue Marie en pénitence. S'il était d'humeur particulièrement mauvaise, il conduisait le pécheur dans la petite cour en ciment de derrière et lui administrait dix coups d'antenne. Personne ne se plaignait. Les Ducky Boys communiquaient à peine verbalement, la conversation leur était inconnue. L'unique chose qu'ils faisaient avec le reste du genre humain, c'était aller à la messe. Six, sept, parfois dix fois par semaine. Ils adoraient « Pè' O'Brian », ancienne vedette de l'équipe de football de Fordham University, qui, à la différence de la plupart des prêtres des quartiers pauvres, se foutait pas mal de ce que faisaient les jeunes tant qu'ils venaient à la messe. Il ne croyait ni à la pratique du baseball ni à l'assistance sociale. Il croyait à la confession et au châtiment corporel. Père O'Brian était l'un des rares Ducky Boys originels des années 1950 qui avaient bien tourné.

Juché sur un tabouret dur en contrebas de l'autel, face à huit Ducky Boys assis sur le banc de la première rangée, Père O'Brian vit Bobby Cuddahy se lever et sortir. Comme tous les samedis, seuls les Ducky Boys assistaient à la messe du soir. Le prêtre leur faisait face tel un professeur devant ses élèves et ils le fixaient d'un regard vide. Ils restaient comme ça une heure. O'Brian soupirait, ravalait du phlegme, faisait craquer ses jointures ; les Ducky se curaient le nez, inspectaient leurs ongles et bâillaient. Parfois, ils partaient, parfois c'était lui qui partait. Ce samedi-là, Bobby partit le premier et, un quart d'heure plus tard, le reste suivit. O'Brian les regarda se lever sans un mot, sans un signe, et quitter l'église en file indienne. Il jeta un coup d'œil à sa montre – minuit et demi –, se demanda où ils allaient. Rentraient-ils chez eux ou allaient-ils tuer quelqu'un ? Il aurait voulu être encore un Ducky. Il aurait voulu être encore une vedette du foot. Il aurait voulu être soûl.

Sloopy Tête de Pioche sortit de l'ombre au moment où Bobby Cuddahy tournait le coin de la rue de l'église.

— Hé, toi, viens par ici !

Bobby leva les yeux vers le mélange de sang, d'œuf, de boutons et de dents en Technicolor qui composait la tête dévastée de Sloopy.

— Hé, ramène-toi !

Sloopy mesurait quinze centimètres de plus que Bobby. Il n'avait pas dessoûlé et ne s'était pas rendu compte qu'il se trouvait dans Webster Avenue.

— Viens, je vais pas te faire mal.

Un curieux demi-sourire passa sur les lèvres épaisses de Bobby quand il s'approcha.

— D'où tu viens ? Tu vas au lycée ?

L'haleine de Sloopy sortait de sa bouche en panaches,

ses dents claquaient. Il ne neigeait plus mais il faisait un froid mortel.

— Tu vas au lycée ? répéta Sloopy.

Bobby ne répondit pas, ressortit du cercle de lumière projeté par le vieux réverbère en fer. Sloopy lui agrippa le bras.

— Tu me fais une turlutte ? Je suis pas bourré, je parle sérieusement. Une turlutte ? On pourrait aller dans le parc.

Les narines de Bobby s'évasèrent. Un éclair brilla devant le visage de Sloopy, qui sentit une moustache de sang couler dans sa bouche. Il lâcha le bras de Bobby avec un cri, se rendit soudain compte de l'endroit où il était.

Les yeux étincelants, le Ducky Boy leva son rasoir droit à manche de nacre.

— Turlutte ?

Sloopy s'élança dans Webster Avenue. Derrière lui, six Ducky Boys suivaient en balançant nonchalamment leurs « cannes ». Sloopy accéléra, ils continuèrent à suivre, émettant un son proche du rire et criant : « Turlutte ? Turlutte ? » Sloopy courait sur des jambes en carton. Lorsqu'il regarda de nouveau derrière lui, ils étaient dix. Il en arrivait du parc, des entrées d'immeuble, ils apparaissaient sur la chaussée comme sortis des bouches d'égout. Parvenu devant une haute clôture, Sloopy sauta sur le grillage qui, sous l'impact, oscilla d'avant en arrière. Il grimpa, chaque mouvement de ses jambes accompagné d'un bruit semblable à un cliquetis de cotte de mailles. Lorsqu'il fut au sommet, à cinq mètres de haut, il s'assit à califourchon sur la barre métallique et vit sous lui une vingtaine de Ducky Boys fendant l'air de leurs « cannes », allant et venant en maniant des antennes de voiture sans paraître lui prêter la moindre attention.

De temps à autre, l'un d'eux levait la tête et lançait : « Turlutte ? »

Sloopy était au-delà de la panique. C'était fini. Les fils de fer dépassant de la barre qu'il chevauchait entaillaient son bas-ventre. De l'autre côté du parc, des lumières sporadiques brillaient dans les tours. Il aurait voulu se fondre dans le noir par magie et réapparaître près de l'une de ces lampes, sur un canapé, une chaise, un lit : en sécurité. Il baissa les yeux. A sa gauche, les Ducky Boys continuaient à tourner en rond sans le regarder. A droite, une couche de neige plate disparaissait dans le noir. Il distinguait à peine la silhouette de potence de poteaux de basket surmontés d'un panneau. Un terrain de jeu. Il était juché sur la clôture d'un terrain de jeu. Plus loin, une rumeur et des lumières en mouvement : la voie rapide. Une possibilité de s'enfuir qui ramena la panique. S'il descendait sur le terrain de jeu, traversait l'obscurité, escaladait l'autre clôture, courait jusqu'à la voie rapide... Il baissa de nouveau les yeux vers la gauche. Personne ne le regardait. Vas-y. Il leva une jambe engourdie par sa position et par le froid. Au moment où il commençait à descendre, un Ducky Boy sauta sur la clôture, s'accrocha au grillage et abattit sa canne sur le visage de Sloopy. Terrifié, Sloopy lâcha prise, tomba la tête la première de cinq mètres de haut. Son crâne heurta la glace et le béton ; ses yeux se révulsèrent sous ses paupières.

Les voitures roulaient dans la neige fondue avec un murmure en descendant la colline, et le reflet de leurs phares balayait les murs et le plafond de la chambre de

Perry. Etendu sur son lit, les mains jointes derrière la nuque, il regardait les lumières mouvantes éclairer la porte du placard et son électrophone, monter et disparaître quand les voitures passaient devant son bâtiment. Il n'arrivait pas à dormir, il pensait à Sloopy. Il pensait à Terreur. Il pensait à Debbie, la fille aux cheveux orange dont la chatte osseuse s'était pressée contre sa queue quelques heures plus tôt. Il eut une érection, commença à se palucher mais se déconcentra, songea aux Boules à Z et sa bite retomba sur son poing comme une fleur fanée. Il se mordilla nerveusement les ongles, pensa de nouveau à Terreur. Il pouvait prendre la plupart des Boules à Z mais pas Terreur, et Terreur le chercherait. Si Joey DiMassi était dans le coin, Perry ne risquerait rien. Joey était le seul qui pouvait se faire obéir de Terreur, et Joey était un mec bien : il comprendrait ce qui était arrivé, il calmerait Terreur. Joey déciderait peut-être que Perry devait se battre contre Sloopy, et là, pas de problème. Perry ne l'esquinterait pas trop, il l'aiderait à se relever en lui tendant la main, on efface tout et autres conneries de ce genre. Peut-être même que les Boules à Z apprécieraient son style et lui proposeraient de devenir membre de leur bande. Il refuserait, bien sûr, mais il leur en serait reconnaissant et jurerait à Joey une amitié éternelle. Terreur grommellerait mais il admirerait la classe de Perry. Il lui offrirait peut-être un gorgeon de Tango. Ouais. Il pensa aux nichons de Debbie et recommença à se tirer sur la nouille. Mais si Sloopy allait se plaindre à Terreur sans en parler à Joey ? Sachant que Joey l'empêcherait de réagir, Terreur garderait l'affaire entre Sloopy et lui, il viendrait au terrain de jeu et péterait le crâne de Perry sur un poteau comme sa mère fendait une pêche en deux. Son nœud s'effondra.

Le Ducky Boy qui fit dégringoler Sloopy de son perchoir fut le seul à le voir tomber. Les autres avaient le dos tourné à la clôture. Quand la tête de Sloopy heurta le sol avec un *ploc* écœurant, ils se retournèrent et fixèrent la forme immobile. Tel un peloton de parachutistes, ils escaladèrent lentement le grillage et passèrent de l'autre côté, entourèrent le corps, y enfoncèrent doucement la pointe de leurs « cannes », le firent rouler sur le dos.

Bobby passa sa batte sur la joue de Sloopy, y laissa un mince trait de sang. Les Ducky Boys se regardèrent longuement, puis Bobby se baissa et plaça Sloopy en position assise. Il lui ôta son blouson et son tee-shirt tachés, l'allongea de nouveau sur le sol avec douceur, nu jusqu'à la taille. Puis les Ducky escaladèrent de nouveau la clôture, le blouson de Boule à Z de Sloopy pendant comme un scalp à la ceinture de Bobby Cuddahy.

La nouvelle de la mort de Sloopy envoya des ondes de choc à travers les terrains de jeu et les terrains vagues du North Bronx. Tout le monde se découvrit philosophe. Quelques gars parlèrent à voix basse pour la première fois de leur vie. Le *Daily News* accorda un écho à l'événement :

RETROUVÉ GELÉ DANS LE BRONX

Le corps à demi nu, meurtri et tailladé, d'un jeune homme de 19 ans identifié comme James Sloop, 2 332 Valentine Avenue, a été découvert ce matin sur un terrain de jeu dans le secteur de la 203e Rue et de Webster Avenue. Il serait mort de froid pendant la nuit. La police enquête sur une éventuelle cause criminelle de la mort.

— C'est le destin, dit Eugene.

— On est comme des particules de poussière dans un aspirateur, soupira Richie en secouant la tête. C'est comme si… comme si tout ce qu'on fait, tout ce qu'on ressent, c'est…

— Pour rien. Tu peux partir d'une seconde à l'autre comme ça, fit Joey en claquant des doigts.

— Comme Sloopy, dit Perry d'un ton morose.

— A quoi ça sert d'aller au bahut ? se demanda tout haut Richie. Tu passes huit heures à bosser sur un devoir de maths, tu vas aux cours, un cinglé t'enfonce un couteau dans le cœur et c'est fini.

— Ouais, approuva Buddy, t'as fait tes devoirs pour rien.

— Sloopy était O.K., déclara Eugene.

— Sloopy Tête de Pioche, fit Perry d'une voix machinale.

— Je savais même pas qu'il s'appelait James avant de le lire dans le journal.

— Toi, tu t'appelles Mario, hein, Buddy ?

— C'est quoi, le vrai nom de Dindon ?

— Ira.

— Ira ?

— Ouais.

— Quel trouduc.

— Ah, il est O.K.

Eugene alluma une cigarette.

— Tiens, file-moi du feu, dit Joey en approchant de lui la main d'Eugene.

— A moi aussi, dit Buddy.

— Hé, ça fait trois sur une allumette…

— Et alors ?

— Ça porte la poisse.

— Avec tout ce qui se passe, je dois m'en faire pour des histoires de poisse ? repartit Buddy.

— T'as jamais entendu parler des trois soldats ?

— Tu vas nous raconter une histoire ?

Ignorant le ton sarcastique d'Eugene, Richie reprit :

— C'était la nuit, d'accord ? Et les mecs étaient dans les tranchées, je sais pas où, en Allemagne, je suppose. Le premier allume sa clope et un tireur d'élite ennemi voit la lueur. Le gars donne ensuite du feu à son copain et le tireur a le temps de viser. Puis il donne du feu au troisième et *pshh !* dégagé.

Richie braqua le canon d'un fusil imaginaire sur Eugene et le descendit.

— C'étaient des Américains ou des boches ?

— Qu'est-ce que j'en sais ?

— On pourrait parler d'autre chose ? suggéra Perry.

— On se tape un Coca ? proposa Richie.

— On fait quelque chose, dit Eugene.

Les Vagabonds marchèrent d'un pas traînant dans White Plains Road en cherchant quelque chose à faire. Ils firent escale à la Pizza World Pizzeria et achetèrent des Coca, poussèrent jusqu'au parking désert du Safeway, de l'autre côté de la rue. Les tubes fluorescents étaient allumés et s'il n'y avait pas eu de neige et de glace, ils auraient joué au *touch football*[1]. Aucun Vagabond ne toucha à son Coca : il faisait trop froid.

— Quelqu'un me rachète ma canette ? demanda Richie.

— Combien ?

— Un *quarter*.

— Tu te fous de ma gueule, on les vend quinze cents.

1. Dérivé du football américain, où les placages sont remplacés par une tape sur le porteur du ballon. *(N.d.T.)*

— D'accord. Quinze.

— Nan.

Eugene posa le pouce sur le goulot de sa bouteille, la secoua et aspergea Richie. Ils se mirent à courir, à glisser sur la glace en riant. Furibard, Richie ne prit pas la peine d'agiter sa canette et la lança sur Eugene, le touchant en pleine tête et l'étendant raide. Ils cessèrent de courir. Eugene gisait sur le ventre dans la neige.

— T'es le roi des cons ! cria Perry à Richie.

— J'ai pas fait exprès, je le jure !

Ils s'agenouillèrent autour d'Eugene, qui reprit conscience au bout d'un moment. Avec un gémissement, il roula sur le dos et regarda fixement les visages penchés sur lui, les tubes fluorescents.

— Je m'excuse, Eugene. Ça va, t'as rien ?

Eugene regardait Richie comme s'il ne savait pas trop qui il était.

— Aidez-le à se relever.

Ils le soulevèrent par les aisselles et il se tint debout, vacillant sur ses jambes.

— Ça va ?

Eugene avait l'air perplexe. Richie lui tendit la canette de Coca, qui ne s'était pas brisée quand il l'avait lancée.

— Tiens, tu me laisses cinq secondes pour me débiner et tu peux me la jeter dessus, d'accord ?

Eugene examina la bouteille placée dans sa main, la laissa tomber par terre. Il fit passer son regard d'un visage à l'autre, se massa la nuque.

— Je veux rentrer.

Les Vagabonds échangèrent des coups d'œil inquiets. Eugene se dirigea vers la sortie du parking, les autres firent cercle autour de lui.

— T'as rien ?

— Ça va ?

— Ouais... ouais.

Sa voix, à peine plus qu'un murmure et chargée de sommeil, donnait l'impression qu'il venait de se lever.

— On le raccompagne, décida Richie, qui se sentait coupable et angoissé par l'absence de colère et de désir de revanche d'Eugene.

— Non, non, ça va. Je suis juste... juste...

Eugene agita faiblement la main pour vouer toute l'affaire aux oubliettes et s'éloigna. Ils le regardèrent descendre Burke Avenue. Il ne chancelait plus.

— C'était vraiment idiot, Richie.

— Merde, c'est lui qui a commencé.

— D'accord, mais t'avais pas besoin de lui balancer cette putain de bouteille sur la tronche.

— Je me suis excusé.

— Et s'il a une tumeur au cerveau, maintenant ?

— Quoi ? fit Richie, le ventre transpercé par un éclair froid. Ça s'attrape pas comme ça, une tumeur au cerveau...

— Ah ouais ? poursuivit Perry sur le ton de la colère indignée. S'il a une tumeur au cerveau, qu'est-ce que tu diras à ses parents ? Que c'est lui qui a commencé ?

Richie imagina l'enterrement – le père d'Eugene, fou de chagrin, se ruant sur lui par-dessus la tombe pour le tuer – et se mit à pleurer.

Eugene n'avait rien, il n'était pas resté évanoui plus de quelques secondes. Il savait qu'il n'avait rien. Sur le plan physique. Mais il lui était arrivé quelque chose au moment où il était revenu à lui, où il ne savait pas encore s'il rêvait ou s'il était éveillé, lorsqu'il avait découvert non pas les Vagabonds mais un tableau des Vagabonds. Lorsque, au-dessus de leurs visages irréels, il avait vu les tubes géants du parking, il avait pris conscience qu'un jour, comme Sloopy, lui aussi, Eugene Caputo, il mourrait. Et ça lui avait flanqué la pétoche. Ce n'était pas la douleur qui avait fait flageoler ses jambes, mais la terreur.

Dans un réflexe protecteur, il alluma la télé. Il la regarda pendant des heures, avec une concentration féroce, jusqu'à avoir les muscles du cou comme une pelote d'épingles. Quand il n'y eut plus que la mire à regarder, il éteignit la télé et mit la radio. Quand la station cessa d'émettre, il se rabattit sur son électrophone, enfila ses fringues les plus classe et dansa, comme si tant qu'il pourrait entendre Kookie Byrnes, Cousin Brucie, Mad Daddy, Babalu, Murray the K, Dion ou Frankie Valli, tant qu'il y aurait de la musique dans le vent, des trucs extra, tant qu'il y aurait quelque chose pour lui rappeler que c'était chouette d'avoir dix-sept balais et d'être dans le coup, il ne risquerait rien. A six heures du matin il s'effondra, tremblant d'épuisement. Ça ne servait à rien. Il n'arriverait jamais à l'expulser de lui en dansant. Il ne pouvait pas s'enfoncer deux doigts dans la gorge et la vomir comme un trop-plein de Tango. La mort était en lui pour de bon. Il s'endormit et rêva qu'il était une rock star.

8

Perry : jours de rage

Assis dans la salle de séjour, Joey regardait des dessins animés, ses livres de classe recouvrant la grande table basse en marbre. Il entendit l'ascenseur dans le couloir et son ventre se serra d'instinct. De l'autre côté de la porte, un tintement de clefs et de pièces de monnaie tombant par terre. Un juron étouffé. Joey éteignit le téléviseur. La porte s'ouvrit, renversa le vélo de Joey rangé dans l'entrée. Emilio entra, tomba sur les roues qui tournaient. Il se remit péniblement debout, saisit le vélo et l'expédia à l'autre bout de l'appartement, porta les yeux sur son fils qui se tenait immobile au centre du séjour.

— Je t'ai dit de me débarrasser de ce fichu truc !

Joey fixa son père, l'ancien Monsieur New York, les ancres tatouées, l'épaisse moustache à l'italienne, le nez aquilin, les yeux brûlants allumés par l'alcool et la haine de sa mauviette de fils. Joey prit une profonde inspiration et entama le long trajet vers sa chambre en passant devant Emilio.

— Où tu vas ?

— Je vais récupérer le vélo.

Emilio porta une main à son oreille et plissa les yeux en s'approchant dangereusement de Joey.

— Quoi ? Parle comme un homme.

Joey hésitait entre rester sans protection et couvrir ses lignes avant en prévision d'une attaque. Lever les mains pour se mettre en garde, c'était chercher les ennuis, mais s'il demeurait sans défense, son père l'étendrait en une demi-seconde. Quoi qu'il fasse, il ne pouvait passer devant son père sans répondre : ç'aurait été du suicide.

— Je vais récupérer le vélo.

— Quoi ? J'entends mal les lopettes.

— Je vais récupérer le vélo ! cria Joey.

Il eut une fraction de seconde pour se maudire d'avoir perdu son sang-froid avant qu'une masse floue de chair s'abatte sur le bout de son nez et l'expédie au sol, bras et jambes écartés, une cascade de sang coulant de ses deux narines. C'était le coup préféré d'Emilio : le plat de la main sur le nez.

— Bon Dieu, grogna-t-il en regardant son fils. Tu saignes comme une gonzesse !

Il traversa l'entrée en direction de sa chambre, décocha un coup de pied au vélo de Joey pour faire bonne mesure.

— Si je le revois ici quand je me lève, dit-il en montrant la bicyclette, je te l'enroule autour du cou.

Joey fit à vélo les sept cents mètres qui le séparaient de chez Eugene.

— Salut, mec.

— Salut, Joey. T'as quelque chose sur ta chemise.

— Euh, j'ai laissé tomber de la glace au chocolat.

— Quoi de neuf ?

— Je pourrais mettre mon clou dans ta cave deux ou trois jours ?

— Bien sûr. Hé, tu saignes du nez.

Joey essuya son nez du dos de la main, il n'avait jamais de mouchoir.

Le lendemain, après le lycée, il invita les copains chez lui pour goûter le vin maison de son vieux.

— Il est bon, il le fait avec des abricots, dit-il en tendant un verre à Eugene.

Les autres se servirent.

— Fff ! fit Richie, déglutissant avec difficulté.

Les autres aussi avaient du mal à avaler le breuvage amer.

— Ça devient meilleur plus t'en bois, déclara Joey à son troisième verre.

Au bout d'un moment, tout le monde était bituré.

— Il est où, Monsieur Amérique ? demanda Buddy.

— Il roupille, l'abruti.

— Oh, il est pas si méchant que ça, dit Perry.

— « Oh, il est pas si méchant que ça », répéta Joey, imitant son copain. J'ai envie de lui couper les couilles et de les lui fourrer dans la bouche.

— Dis pas ça, c'est ton vieux.

— Ouais ? Tu dis ça parce que le tien est mort, Perry.

Tout le monde se figea. Personne n'avait jamais rappelé à Perry qu'il n'avait pas de père, mais Joey était salement bourré.

— Je change de place avec toi quand tu veux.

Les veines du cou de Perry se gonflèrent.

— Quand tu veux, répéta Joey.

Richie lui jeta un regard noir.

— Si tu la fermais un peu ?

Suivit un silence tendu de deux minutes et ce qui aurait dû être une partie de rigolade arrosée se transforma en veillée funèbre.

— Mon vieux est pas mieux, finit par dire Eugene. Il se prend pour Marlon Brando. Il passe la journée à se peigner dans la salle de bains. Il a baisé plus de gonzesses que t'en as embrassé.

— Raconte pas de conneries, dit Buddy.

— Ah ouais ? T'aurais dû voir la bagarre, hier soir. Ma vieille a failli le virer de la maison. Dinky avait vachement peur. Des parents devraient pas se battre comme ça devant une gamine de huit ans. Je l'ai emmenée acheter une BD rien que pour la faire sortir. Avec mon fric, en plus. Je veux pas que ma petite sœur attrape un ulcère.

Les Vagabonds observèrent un silence indigné.

— Moi, ma mère, elle est O.K., dit Perry.

Ils se tournèrent tous vers lui, scrutèrent son visage. A cause de la remarque de Joey, ils regardaient maintenant Perry comme s'il était nu. Personne n'avait jamais eu le culot de lui demander de quoi son père était mort. Perry était le plus costaud des Vagabonds, avec son mètre quatre-vingt-trois et ses cent kilos. Il fut dérouté par le silence abrupt et la façon étrange dont ses copains le lorgnaient. Il ne se doutait pas que chacun d'eux attendait qu'il leur parle de la mort de son père. Chacun d'eux imaginait une mort différente : coup de flingue, cancer, explosion, guerre, rien d'aussi commun que la crise cardiaque qui l'avait emporté quand Perry avait douze ans.

— Ma mère, elle est O.K., répéta-t-il. La vraie salope, c'est Raymond.

A leur expression, il comprit qu'ils en voulaient davantage et il poursuivit, d'un ton hésitant :

— Depuis qu'il a épousé cette juive et qu'il s'est installé à Long Island, ma mère a le cœur brisé.

Tout le monde connaissait Raymond Jr, le frère aîné de Perry, célébrité de la cité parce qu'il était presque millionnaire à moins de trente ans.

— Ma mère me traîne là-bas tous les mois pour voir

les gosses de Raymond. Et chaque fois qu'on revient, dans ce foutu métro, elle chiale parce que la blondasse de Raymond s'imagine qu'elle va contaminer ses loupiots.

Il but une autre gorgée de vin avant de conclure :

— Millionnaire ou pas, Raymond est une couille molle.

Un bruit de pantoufles glissant sur le linoléum rompit le charme. En boxer short ample, Emilio se grattait les valseuses dans l'embrasure de la porte, les yeux mi-clos de sommeil. Il fit passer son regard d'un Vagabond à l'autre, s'arrêta finalement sur Perry.

— Hé, t'es chez moi, tu surveilles ton langage, dit-il en agitant un doigt épais. Dieu vit dans cette maison.

Ils contemplaient ces biceps incroyables qui roulaient sans effort à chaque mouvement de ses bras.

— On jure pas, ici.

Emilio se cura le nez distraitement en évaluant Perry, en se demandant s'il pouvait encore botter le cul d'un balaise aussi vite que vingt ans plus tôt.

— Ton père t'a pas appris les bonnes manières ?

Adossé au chambranle, il raidit son corps en une posture quasi séductrice. Son ton était furieux, mais son expression froide et rusée.

— T'as perdu ta langue ? Je t'ai posé une question.

Les yeux de Joey passèrent de son père à Perry, revinrent à son père. Perry agrippa les accoudoirs du fauteuil rembourré. Les autres Vagabonds semblaient cloués sur leurs chaises.

— C'est le problème avec les gosses pourris d'aujourd'hui, continua Emilio.

Il leva un bras au-dessus de la tête dans une débauche de frémissements musculaires, caressa l'arcade de l'encadrement.

— Vos pères osent pas vous mettre un peu de plomb dans le crâne à coups de pied aux fesses.

Perry se leva à demi en serrant toujours les bras couverts de napperons du fauteuil. Emilio sourit en le jaugeant de nouveau : il les aimait baraqués.

— Ton père doit être une mauviette...

Il ne finit pas sa phrase parce que Perry se rua vers lui. Emilio ne bougea pas, savourant à l'avance la sensation de son poing d'acier s'enfonçant dans une chair molle. Mais Perry n'approcha pas assez pour le recevoir car Joey, qui avait payé suffisamment cher pour savoir ce que son père préparait, plaqua son copain au vol. Le poing brandi, Emilio regarda son gringalet de fils tenter de maîtriser le géant enragé. Les autres Vagabonds se jetèrent aussi sur Perry, qui braillait de fureur et de frustration.

— Perry ! criait Joey. Fais pas le con. Il va te tuer ! Il va te tuer !

— Lâchez-moi ! Lâchez-moi !

Perry se débattait, le visage presque violet ; les Vagabonds tenaient bon. Emilio ricana, Joey leva les yeux au moment où son père se retournait pour quitter la pièce. Avec un grondement, il se releva, saisit une bouteille de vin et la brisa sur l'arrière du crâne de son père. Les Vagabonds détalèrent en emmenant Perry. Eugene tira Joey par la main, le décolla presque du sol.

— Amène-toi, mec !

Ils dévalèrent l'escalier, sortirent de l'immeuble et foncèrent vers le parc. Emilio Capra dormait dans une flaque de sang et de vin maison à l'abricot. Ils s'assirent sur le mur de pierre entourant le parc, emplirent leurs poumons brûlants d'air froid.

— J-joey, fit Richie, peinant à reprendre haleine. T-t-t'aurais pas dû faire ça.

Joey fixait le sol d'un air renfrogné.

— J'espère bien que je lui ai écrabouillé la cervelle.

Perry l'empoigna par le devant de son tee-shirt, le fit se lever, le projeta contre le mur.

— Dis pas ça. C'est ton père, tu dois jamais l'oublier.

Perry rentra chez lui avec une sale tête. Furieux, perdu, il aurait voulu dérouiller ce fumier d'Emilio mais, curieusement, ce mec lui plaisait. Il regrettait de s'être foutu en rogne contre Joey, mais il n'avait pas l'intention de s'excuser. Et merde. Il se jeta sur son lit et écouta Babalu à la radio. Une demi-heure plus tard, il entendit sa mère rentrer du travail. Comme il n'avait pas envie de lui parler, il ferma la radio et fit semblant de dormir.

— Perry ! Viens, trésor. Ton dîner est sur la table.

Il roula sur le flanc.

— J'ai pas faim.

— Viens, ça va être froid.

— J'ai pas faim.

— Tu veux que je te l'apporte sur un plateau ?

Il se leva avec un soupir, alla se laver le visage.

— Je vais chez Tillie, annonça-t-elle avant de claquer la porte.

Il s'assit devant une assiette de hamburgers et de purée. Le téléphone sonna.

— M'man ! Téléphone ! cria-t-il, avant de se rappeler qu'elle était chez la voisine. Allô ?

— Perry ?

— Salut, Ray.

— Salut. Maman est là ?

— Elle est chez Tillie.

— Tu pourrais me rendre un service ?

— Quoi ?

— Euh, elle doit venir nous voir, dimanche...

— Et alors ?

— On a des invités et, euh...

— Tu veux pas qu'elle vienne.

— Ouais. De toute façon, elle viendra dans deux semaines, pour Noël.

— Attends, je l'appelle, tu lui diras toi-même.

— Je préférerais que tu le fasses.

— Pourquoi tu veux pas lui parler ?

— Tu sais bien, elle me garde au téléphone pendant des heures.

— D'accord.

— Trouve un bon truc, hein ?

— C'est ça.

— Salut, frérot, dit Ray avant de raccrocher.

— Salopard, marmonna Perry.

— On a téléphoné ? demanda sa mère en entrant.

— Ouais.

— C'était qui ?

— Ray.

Le visage de sa mère s'éclaira.

— Comment il va, mon chéri ?

Perry se raidit de colère.

— Ton chéri va bien. Ton chéri est impatient de te voir dimanche.

Elle s'assit à la table quasiment en transe, les yeux vitreux de bonheur. C'était une petite boulotte au visage si asexué qu'avec des vêtements masculins elle aurait pu se faire passer pour un vieil homme. Perry tenait de son père : grand et costaud, mais avec une figure poupine, ronde, aux joues rebondies et à la bouche légèrement boudeuse. Il avait cependant les yeux de sa mère, d'un bleu profond, aux coins inclinés vers le bas. Ils le faisaient paraître beaucoup plus âgé que ses dix-sept ans. Plus las, aussi.

— Tu sais, j'ai soixante ans, dit-elle en souriant, j'ai plus que quelques années à vivre, mais quand mon chéri appelle d'aussi loin rien que pour me dire qu'il est impatient de me voir, je me fiche de mourir demain. Tant que je vois mon chéri dimanche…

— Il reste de la purée ?

Elle alla à la cuisine, prit sur le comptoir la cuillère à crème glacée, la plongea dans la casserole, fit tomber la boule de purée dans l'assiette de son fils et se rassit.

— Hé, c'est drôle ! s'exclama-t-elle.

— Quoi ?

— Si je meurs demain, comment je pourrai voir Ray dimanche ? Ha ! Ha !

— Tu devrais faire de la télé, m'man.

— Ouais, dans l'émission d'Ed Sullivan.

— Je pensais plutôt à « Reine d'un jour ».

Cette nuit-là, Perry fit un cauchemar. Il était au lit quand il entendit une cloche de vache sonner faiblement dans la chambre de sa mère. Il se leva d'un bond, son pyjama à rayures trempé de sueur.

— Per-ii, Per-ii, Per-ii, appelait-elle de sa voix acerbe.

Il ferma les yeux, tenta de calmer les battements affolés de son cœur.

— J'arrive, m'man.

Il alluma une cigarette, rejeta un long jet de fumée, entra dans la chambre de sa mère. Une odeur de merde lui assaillit les narines. Elle était allongée sur le lit, vague amas de chair et de draps humides.

— Per-ii, Per-ii, l'homme est venu, hein ?

Il souleva la couverture. Sa mère baignait dans une

mare de diarrhée. Il se pinça la peau entre les yeux, serra les dents.

— Bon Dieu... Je reviens, m'man.

Il alla à la salle de bains chercher une serviette et un petit seau de plastique bleu. En revenant, il prit un drap propre dans l'armoire à linge. Il fit rouler sa mère sur le ventre, tira le drap souillé de dessous son corps, en fit une boule, la jeta par la fenêtre. Il retourna à la salle de bains prendre une éponge pour nettoyer l'alèse. Quand il revint, il s'aperçut que sa mère avait mal visé.

— Bon Dieu ! T'en as mis sur le matelas ! T'as gagné ! Tu vas dormir dessus, maintenant !

Il frotta vigoureusement avec l'éponge, mais la tache était profonde. Il jeta l'éponge dans le seau, ouvrit toutes les fenêtres de la pièce : la puanteur lui mettait les larmes aux yeux. Il alla de l'autre côté du lit où sa mère, immobile, était allongée sur le ventre. Il lui ôta sa chemise de nuit, la laissa tomber dans le seau. Un moment, il regarda la forme nue, sans chair ni sang, puis il lui écarta délicatement les jambes et, détournant la tête, lui essuya les fesses avec la serviette.

— Per-ii, l'homme allait me faire du mal, hein ?

Elle se mit à pleurer, Perry aussi. Il alla à sa chambre, prit le 38 dans un tiroir de la commode, le posa sur son bureau et s'assit. Lorsqu'il essuya les larmes coulant sur ses joues, il sentit la merde sur ses mains. Il avait beau faire attention quand il la nettoyait, il avait beau utiliser une grande serviette, ses mains étaient toujours imprégnées de la même odeur lorsqu'il avait fini.

De nouveau, la cloche de vache. Il prit le pistolet. Sa mère était étendue dans la même position.

— Seigneur.

Tenant l'arme à deux mains, il la braqua sur sa tête et

tira. La balle manqua sa cible, troua l'oreiller dans un nuage de plumes.

Elle demeura sans bouger tandis que Perry laissait le pistolet tomber près de ses pieds nus. Puis elle tourna calmement la tête jusqu'à ce qu'elle puisse le voir.

— Où est Raymond ? Je veux Raymond.

— A'nold ! A'nold !

Perry ouvrit grand les yeux.

— Hé, A'nold !

Il se leva et alla à la fenêtre. Deux gosses assis en bas sur le banc de bois vert devant son bâtiment appelaient leur copain. Une petite tête apparut à une fenêtre, deux étages plus bas.

— Grouille, il est midi et demi !

La tête disparut, Perry s'assit sur l'appui de fenêtre. Il faisait un temps froid et ensoleillé. Il cracha, regarda sa salive s'allonger et se tordre avant de toucher le trottoir. Il referma la fenêtre. On sonna à la porte.

— Hé, mec, il est midi et demi.

Perry se gratta le cul à travers son pyjama, posa sur Joey un regard endormi.

— Entre.

— T'as envie de faire quoi, aujourd'hui ?

— Je sais pas. Dis, tu me fais chauffer un jus ? demanda Perry en se dirigeant vers la salle de bains.

Lorsqu'il en ressortit, Joey lui avait servi un café et, assis dans le coin-repas, mangeait un sandwich au salami.

— Fais comme chez toi !

Joey ouvrit une canette de soda.

— Il s'est passé quoi, avec ton vieux ? voulut savoir Perry.

— Rien.

— Quoi ?

— Ouais, rien.

Perry s'assit, but une gorgée de café.

— Comment c'est possible ?

Joey haussa les épaules.

— Autant que je puisse comprendre... C'était la première fois que je me laissais pas faire, tu vois.

— Et alors ?

— Alors... je sais pas, peut-être qu'il me respecte, maintenant, tu vois.

— Je veux quand même me le faire. Sans vouloir te vexer.

— N'y pense même pas.

— Ah, il est pas si terrible.

— Perry, je le connais, cet enfoiré. Il te déchirera en morceaux.

— Ben, dis-lui de pas se mettre dans mes pattes.

Joey secoua la tête d'un air affligé.

— Bon, puisqu'il se passe rien, je vais chez mon cousin. J'ai des trucs à prendre là-bas, dit-il en gagnant le vestibule. A plus tard.

Perry demeura une vingtaine de minutes dans un silence morose sans toucher à son café.

— Perry ?

Sa mère entra, des courses plein les bras. Il fila dans sa chambre, s'habilla en vitesse et sortit avant qu'elle ait enlevé son manteau.

Sur le terrain de jeu, il n'y avait personne à part Dindon, qui lui fit un signe de la main.

— Salut.

— Salut. Quoi de neuf ?

Perry n'aimait pas Dindon et n'avait pas particulièrement envie de se retrouver seul avec lui.

— Rien.

Dindon se sentait mal à l'aise seul avec un Vagabond. Le groupe, oui, mais un mec seul lui donnait envie de se débiner.

— Tu fais quelque chose ? demanda Perry, les mains dans les poches de son manteau, les épaules voûtées pour lutter contre le froid.

— Je vais en ville. Voir la nouvelle librairie.

— T'y vas comment ?

— En métro.

— On y va.

Malgré son antipathie pour Dindon, Perry n'avait pas envie de se retrouver seul à ruminer au sujet d'Emilio. De son côté, Dindon était estomaqué par l'assurance de Perry. Jamais il n'oserait s'approcher d'un type et lui dire « On y va », comme ça.

Sur le chemin de la station, Dindon se crut obligé de faire la conversation mais toutes ses tentatives tombaient à plat. Il parla du crâne qu'il avait vu à vendre dans la 46e, et Perry se contenta de regarder de l'autre côté de la rue en plissant le front. Il mentionna les brassards nazis qu'il venait d'acheter à un mec dans Radcliffe Avenue, et c'était comme si Perry n'était même pas là.

Dans le métro, Perry songea aux possibilités de se battre contre Emilio. Cela le rendit nerveux et il s'efforça de penser à autre chose. Il se rappela Debbie Luloff, la fille aux cheveux orange de l'autre soir à la Bronx House, et se dit qu'il devrait peut-être sortir avec elle. Il s'imagina plongeant entre ses gros seins pour y rester une semaine – il emmènerait peut-être des provisions.

— … aussi la bande-son originale de *La Guerre des mondes*…

— Quoi ?

— Comme j'te le dis !

— Dindon, de quoi tu parles ?

— Lowell Tucker, ce type du Village, il a la...

— Ça m'intéresse pas. Tu m'as coupé dans mes pensées. Ferme-la.

Dindon se demanda pourquoi il s'était cru obligé de faire la conversation. A Times Square, Perry descendit du métro sans même dire au revoir. Dindon se sentit vexé mais soulagé.

Perry passa devant la rangée de cinémas porno installés derrière Broadway. Bien qu'il n'eût que dix-huit ans, il pouvait entrer dans les librairies interdites – « Moins de vingt et un balais, du balai ! » – parce qu'il était balaise. Dans un magasin tout en longueur aux murs couverts de plaques perforées, il examina une revue intitulée *Veuve Poignet*. Une des filles ressemblait à Debbie Luloff. Il sortit et trouva une cabine téléphonique.

— Allô ? fit une voix de femme.

— Euh, Debbie est là ?

— C'est de la part de qui ?

— Un ami du lycée.

— Comment vous vous appelez ?

— Perry.

— Qu'est-ce que vous lui voulez, à Debbie ?

— Les devoirs pour demain.

— Ben, elle ne les a pas. Elle est au lit depuis une semaine.

— Quand est-ce que je pourrai...

La femme raccrocha.

— Sale conne, maugréa-t-il.

Il marcha au hasard, dans un mélange de rage, de gêne et d'excitation. Une devanture attira son attention.

Librairie Tropical Jack's
– FILMS – FILMS – FILMS –
Cabines privées
SONORISÉES ! ! !

Deux filles nues aux gros seins étaient peintes de profil, grandeur nature, sur les vitrines blanches. Perry entra, traversa le rayon porno brillamment éclairé, passa devant la caisse et s'engagea dans un couloir sombre bordé de chaque côté de cabines fermées par un rideau. La lumière provenait uniquement des ampoules rouges suspendues au-dessus des cabines : allumées si c'était occupé, éteintes si c'était libre. Il en choisit une et entra, tira le rideau derrière lui, examina l'endroit : un placard carré avec une boîte en bois sur un mur, une fente pour les pièces de monnaie et deux oculaires. Il mit un *quarter*. L'écran s'éclaira : début du spectacle. Perry pressa les yeux contre les oculaires. Deux jeunes gens baisèrent mécaniquement sous tous les angles pendant trois minutes environ. Quelque part dans la cabine, un minuscule haut-parleur diffusait une voix de femme enregistrée, « Ohhh-oh-oooh », alternant avec une voix d'homme, « Ouais, baby, oh, ouais, baby, oh, baby ».

Perry hésitait à se taper un rassis. Des gars devaient le faire, sinon pourquoi leur donner une cabine privée ? L'écran s'éteignit, il sortit et passa dans la cabine suivante. Mit un *quarter* dans la fente. Eut un hoquet de stupeur : deux gars, ce coup-ci. Il les regarda quand même se caresser mutuellement la poitrine. Ensuite, gros plan sur des langues emmêlées puis des culs légèrement poilus roulant sur le lit. Malgré toutes ses protestations mentales, Perry était excité. On ne voyait pas de bite. Il crut entrevoir un bout de queue mais n'en fut pas sûr.

Il courut à la cabine suivante. Glissa une pièce dans la fente. Deux gouines. C'était mieux. Elles montraient de la touffe. Gros plan de lèvres peintes en rouge sur un nichon. Perry s'astiquait frénétiquement à travers son pantalon.

Cabine suivante. Il n'avait plus de *quarter*. Il mit deux *dimes* et un *nickel*. Rien. Il jura en postillonnant, se précipita au rayon livres afin de récupérer son fric à la caisse, mais dès qu'il eut quitté l'obscurité des cabines pour le devant brillamment éclairé du magasin, il eut honte et débanda aussi sec. Le type assis derrière le comptoir était un beau gosse aux cheveux longs. Perry sortit de Tropical Jack's et rentra chez lui.

— Bonsoir, Perry, tu t'es bien amusé ? On va bientôt dîner.

Il passa devant sa mère sans répondre. La seule idée de manger lui faisait mal à l'estomac. Elle le suivit, l'air agitée, Lou Costello en tablier de ménagère.

— Perry, qu'est-ce qu'il y a ? T'es malade ?

— Laisse-moi tranquille.

— Je parie que t'es malade. Viens ici.

Elle posa sur le front de son fils une main mouillée sentant la viande crue. L'odeur de la nourriture lui leva le cœur.

— Fiche-moi la paix, d'accord ?

Elle se mit à l'accabler de ses jacasseries. Esquivant ses pattes charnues, il s'enferma dans la salle de bains et elle lui cria à travers la porte :

— Per-ry ! Ouvre !

— Va-t'en !

— Perry, sors de là et laisse-moi prendre ta température !

Il arpentait la pièce, imaginait que le type à la caisse chez Tropical Jack's le regardait en rigolant.

— FOUS-MOI LA PAIX !

Il cogna sur la porte à s'en faire rougir les jointures. Entendit un hoquet. Un silence mortel. Un murmure étranglé. Une sirène se déclencha au fond de la gorge de sa mère, son mugissement emplit les oreilles, les yeux et la bouche de Perry. Il ne savait pas ce qu'il devait se couvrir d'abord et plaqua ses mains sur ses oreilles en gueulant lui aussi :

— LA FERME LA FERME LA FERME !

La sirène alla dans la cuisine, fit concurrence aux claquements de casseroles et de poêles.

Couvert de sueur, Perry se laissa tomber sur le siège des toilettes, respira à fond, essuya son visage de sa manche. Puis il se leva et se peigna, alluma une cigarette et se rassit. La fumée emprisonnée dans la petite pièce lui tournait la tête. Il portait encore son manteau. Il se leva, jeta son mégot dans la cuvette.

— PUTAIN DE MERDE !

Il rabattit violemment le couvercle du siège et alla dans sa chambre, ôta son manteau, défit son tee-shirt humide et s'en servit pour s'essuyer les aisselles. Il s'aspergea d'eau de Cologne sous les bras, mit un tee-shirt propre et alla dans la cuisine.

— Désolé, m'man, je me sentais pas bien.

Elle tourna vers lui des yeux patients, rouges comme une plaie ouverte.

— Oh, Perry, Perry…

Elle recommença à pleurer en lui enlaçant le ventre d'une étreinte d'ours. Il lui rendit maladroitement la pression de ses bras, révulsé par la brûlure de ses larmes sur sa poitrine. Il tenta de se dégager.

— C'est bon, m'man, c'est bon, je suis désolé. Hé, je suis désolé, d'accord ?

— J'arrive pas à croire que j'ai vécu pour entendre

mon plus jeune fils, mon *bébé*... mon *bébé* me dire des mots pareils. Perry, je suis une vieille femme, maintenant, bientôt je serai là-haut avec ton père.

Elle le lâcha pour agiter un doigt dans sa direction.

— Il me demandera comment les garçons se sont conduits avec moi ces dernières années...

Sa voix mourut en un murmure étranglé.

— Et il faudra que je lui dise, Perry, reprit-elle en secouant la tête. Il faudra que je lui dise.

Elle le serra de nouveau contre elle, se répandit en vagissements puissants. Il n'arrivait pas à respirer. Soudain, elle cessa, approcha son visage en larmes de celui de son fils, lui toucha doucement la joue.

Perry imagina qu'il plongeait la langue dans cette bouche, qu'il empoignait ces gros seins gras, qu'il les pressait et les tordait, qu'il arrachait le tablier puant et enfonçait sa bite en elle si brutalement qu'il lui pétait les côtes.

— Perry, t'es tout chaud. T'as de la fièvre, mets-toi au lit.

— Mais non, je suis pas malade.

Il se libéra des bras de sa mère et, sentant une plaque humide sur sa poitrine, retourna dans sa chambre changer à nouveau de tee-shirt. Elle lui emboîta le pas.

— Perry, s'il te plaît, laisse-moi prendre ta température.

— Non !

Elle se remit à pleurer.

— O.K., O.K., prends-la.

Elle l'embrassa.

— Couche-toi.

Pendant qu'elle allait à la salle de bains, il baissa son pantalon, s'allongea à plat ventre sur le lit. Elle revint avec un pot de vaseline et un thermomètre. Quand il se couvrit les fesses avec un coin de la courtepointe, elle s'esclaffa, « Le grand monsieur », s'assit près de lui, secoua le thermomètre, enduisit la pointe de vaseline et tenta de rabattre la courtepointe. Il lui prit le thermomètre, resserra la courtepointe sur son derrière.

— Donne-moi ce truc, je vais le mettre moi-même.

Elle se leva en souriant.

— Le grand monsieur. Je t'ai connu quand...

Elle se dirigea vers la porte mais se retourna juste au moment où il ôtait la courtepointe de ses fesses.

— Je t'ai connu quand...

9

L'enterrement

Le lycée Leander Tully accueillait huit mille garçons et pas une seule fille. C'était probablement l'établissement le plus dur de la ville. La Sciences sociales 326 était une classe spéciale pour voyous réunissant des fauteurs de troubles choisis avec soin, et bien que ce fût en principe un cours d'histoire, le professeur était censé leur apprendre la discipline. Ces dernières années, le cours avait été assuré par des conseillers d'orientation, mais après que les élèves en eurent dérouillé un, on l'avait confié aux profs de gym.

Cette année-là, la tâche incombait à Mr Sharp, un type athlétique grand et mince, un visage aquilin et des épaules voûtées. Il était jeune, la trentaine, et cette affectation ne le dérangeait pas. A la fin de son adolescence, il avait été le Seigneur de la Guerre des Ailes Rouges, la bande la plus redoutée du New York de l'après-guerre. Il ne l'aurait jamais avoué à ses élèves, non parce qu'il en avait honte mais parce que les Ailes Rouges étaient de notoires « chasseurs de nègres » et que la moitié de ses élèves étaient noirs. Quelques-uns d'entre eux avaient peut-être des frères aînés qui se souvenaient des Ailes Rouges, et ils n'apprécieraient sûrement pas d'apprendre que leur prof prenait autrefois son pied en cassant du bougnoule. En outre, le passé était le passé et il s'appelait maintenant Mr Sharp.

Pour une obscure raison administrative, les trente-cinq élèves de la 326 étaient noirs ou italiens, à l'exception d'un juif. Une classe similaire, la Sciences sociales 381, était composée d'Irlandais et de Portoricains, avec un saupoudrage de Polonais et d'Allemands. Mr Sharp ne saisissait pas la logique de cette répartition mais cela ne le dérangerait pas. Il n'aimait pas les Portoricains.

Assis à son bureau, il regardait les élèves entrer petit à petit, flanquer leurs livres sur leur table, s'affaler sur leur chaise comme s'ils venaient de se taper dix tours de salle de gym. Les Noirs s'installaient dans la partie gauche de la classe, les Blancs dans la partie droite. Il ne leur assignait pas de places précises, car il savait qu'ils se regrouperaient de toute façon.

La classe se composait de six rangées de bureaux à pupitre vissés au sol, du bureau et du fauteuil du professeur et d'un tableau noir. Les murs étaient nus. Sharp ne croyait pas aux activités artistiques, à l'artisanat ou aux expositions. D'ailleurs, qu'est-ce qu'ils aimeraient voir sur leurs murs, ces types toujours à deux doigts d'envoyer quelqu'un à l'hôpital ? Des portraits de gangsters célèbres, peut-être. Il avait un jour découpé les photos d'une chaise électrique, d'une chambre à gaz, d'un peloton d'exécution et d'une potence. Il avait même trouvé un titre, *Marche à suivre*, mais il avait abandonné l'idée sur une impulsion de dernière minute.

La salle se remplissait. Il ouvrit son cahier d'appel et lut les noms des élèves qu'il ne voyait pas.

— Rocco ?

— Pas là.

— Capra.
— Pas là.
— Jenkins ?
— Pas là.
— White ?
— Pas là.
— La Guardia, enlève tes pieds de ton bureau.

Perry sourit, regarda son public, ôta lentement ses pieds.

— Ça pue déjà assez comme ça, ajouta Sharp.
— Ahhhh-ha-ha.
— Woooooou !

Perry se redressa et fit un doigt d'honneur à Sharp quand il se retourna.

— Oh ! Oh ! Oh ! cabotina Boo-Boo, un membre des Vice-Rois, une bande noire. Mista Sharp, vous auriez dû voir ce qu'il a fait, La Guardia.
— Woooou !

Perry promena sur la classe un regard mauvais.

— La ferme ! Arrêtez !
— Wooou ! Du sang ! Du sang !
— Tu veux te battre ? lui lança Boo-Boo avec un mouvement de menton.
— Bon, ça va comme ça, fermez-la, tous les deux.
— On se retrouvera, fit Perry dans un murmure appuyé.
— Quand tu veux.

Boo-Boo se leva et fit à Perry le signe des avant-bras croisés, « va chier » en bamboula. Tout le monde éclata de rire.

Sharp décida de commencer son cours.

— O.K., quelqu'un sait quelle semaine on est ?

Joey Capra entra dans la salle avec désinvolture, claqua la porte.

— Capra, dit Sharp, prenant note dans le cahier d'appel, tu viens à l'heure ou tu ne viens pas du tout.

Joey haussa les épaules et repartit vers la porte.

— Capra ! Va t'asseoir !

Affectant la peur, Joey fila vers son bureau et s'assit à côté de Perry, sourit des rires qu'il provoquait.

— Mista Sharp, les Blancs, ils deviennent turbulents.

Un enseignant avait un jour qualifié Ray Barrett de « turbulent ». Le mot lui avait plu et il s'en servait au moins deux fois par jour.

Cinq ou six élèves blancs se levèrent et proférèrent des menaces en pointant le doigt vers l'autre moitié de la classe. Les Noirs les regardaient, les yeux écarquillés, les jointures dans la bouche en feignant la tremblote.

La porte claqua de nouveau et Curly White entra. Il marchait comme s'il avait un électrophone dans la tête, abaissant les hanches à gauche puis à droite en un mouvement lent, les yeux mi-clos, claquant des doigts. Les Noirs approuvèrent bruyamment. Les yeux fermés, Joey Capra tortilla du cul et secoua les épaules, descendit l'allée en une grossière imitation de Curly. Les élèves blancs poussèrent des cris joyeux.

— Capra, une heure de colle.

Aux Noirs de crier leur joie.

— Bon, je mets toute la classe en retenue si vous ne la fermez pas, menaça Sharp, en rogne. White, même chose que Capra : tu viens à l'heure ou tu ne viens pas du tout.

Curly s'assit en se couvrant le visage de la main, lorgna le professeur entre ses doigts écartés.

— Chhh, j'ai envie de dormir.

— Bon, tu l'as, ta retenue, White.

— Ah noon. Meeerde.

Il agita la main d'un air dégoûté, conscient cependant qu'il avait fait une grossière erreur.

— Wooooo !

— Carton rose, White.

— Ah nooon. Je plaisantais.

— Moi pas.

Un carton rose entraînait une exclusion. Toute la classe se tut par respect pour la sentence qui venait d'être prononcée.

— Bon, reprit Sharp, parcourant des yeux les visages de son armée d'inadaptés. Qui sait quelle semaine on est ?

— La semaine de la f'ate'nité, marmonna Curly White, boudant derrière sa main.

Sharp fut impressionné.

— Bien, White.

— Vous me donnez quand même un rose, Mista Sharp ?

Ignorant la question, Sharp écrivit au tableau « Semaine de la Fraternité » et « Tous les hommes naissent égaux ».

— Vous savez qui a dit ça ?

— Ta mère, murmura Perry.

Sharp ne l'entendit pas, mais les voisins de Perry étaient écroulés de rire. Il s'affala un peu plus derrière son pupitre en s'efforçant de ne pas sourire de sa propre plaisanterie.

A. Lincoln, écrivit Sharp sous la citation.

Un silence lourd d'ennui s'installa dans la classe et Sharp essaya une approche plus radicale. Il numérota cinq lignes de 1 à 5 sur le tableau et écrivit au-dessus *Race, Religion, Couleur.*

Les visages des élèves exprimèrent un léger intérêt.

— Bon, voyons combien de races, de religions et de couleurs différentes nous avons rien que dans cette classe. Euh, tous les juifs se lèvent.

Gêné, Dushie Melnick, le plus petit de la classe, se leva. Sharp écrivit *Juif* au tableau, traça un bâton à côté du mot.

— O.K., combien d'Italiens ?

La moitié de la classe se mit debout en braillant, en claquant des mains au-dessus de leur tête. Les Noirs crièrent en se bouchant le nez. Ricky Leopoldi entonna un air de bel canto, Joey beuglait comme à un match de foot.

— Asseyez-vous ! cria Sharp.

Lentement, la délégation italienne se rassit, tout en continuant à se congratuler. Sharp avait oublié de compter, mais comme il n'était pas question de recommencer, il écrivit : *Italiens : 18*. Intérieurement, il se traita de tous les noms, il avait vraiment eu une idée à la con.

— Maintenant, combien de...

Il hésita sur le mot à utiliser.

— Combien d'élèves de couleur ?

Les Noirs se levèrent d'un bond et gueulèrent, deux fois plus fort que les Italiens, se trémoussèrent dans l'allée en se serrant la main. Les Italiens se levèrent aussi, les conspuèrent, firent des bruits de pet avec la bouche. Sharp abattit un dictionnaire sur son bureau et le claquement, fort comme une explosion, fit se figer toute la classe. Il remarqua que Curly White n'était pas debout avec le reste de ses copains.

— Assis, tout le monde, ordonna-t-il.

Les élèves s'assirent, rires et manifestations d'amusement murmurés.

— White, on n'a pas trouvé de groupe qui te convienne ?

Le visage toujours dissimulé, les jambes pendantes dans l'allée, Curly répondit :

— J'suis un Eskimo.

— Ah ! Ha-ha.

Rien que pour montrer qu'il savait plaisanter, Sharp écrivit *Elèves de couleur : 15* et, dessous, *Eskimo : 1.* Curly White retint un sourire. Une idée insensée traversa l'esprit du professeur. Quand il faisait partie des Ailes Rouges, Sharp était connu pour se ruer sur les bandes armées adverses avec la témérité d'un kamikaze. Il était souvent submergé par un sentiment de folie, un mépris du danger qui faisait de lui l'un des types les plus effrayants d'un gang déjà très effrayant. Avec le temps, il s'était assagi, mais il lui arrivait de temps à autre d'avoir un accès de l'ancienne démence, de ce goût de la catastrophe qui lui avait valu le surnom de « Jap » dans son adolescence. Et Jap était aux manettes, maintenant. D'un coup d'éponge théâtral, il effaça Dushie Melnick et le peuple juif, laissant l'univers aux Italiens et aux Noirs.

— O.K., Italiens et personnes de couleur. Italiens et personnes de couleur. C'est comme ça que les gens disent ?

Il se tourna vers la partie blanche de la classe.

— C'est ce que disent vos vieux ? Les personnes de *couleur* ?

Intrigués, les élèves ricanèrent en se demandant où il voulait en venir.

— Et vous, les gars ? continua-t-il en s'adressant à la partie gauche de la salle. Qu'est-ce que vous dites, hors de la classe ? Les caracos ?

Rugissements de rire.

— Soyons francs.

Il faillit dire « Appelons un chat un chat, un raton un raton » mais s'abstint, se tourna vers le tableau, en tapota la surface de son morceau de craie.

— Donnez-moi des noms.

Il y eut un silence embarrassé puis Perry lâcha :

— Négro.

Tous retinrent leur souffle et entendirent la craie crisser sur le tableau. Perry baissa les yeux vers son pupitre.

— Rital, osa l'un des Duke.

Regards furax.

— Piroguier, dit Peter Udo.

— Macaroni, riposta Ray Barrett.

— Mamadou, dit Ricky Leopoldi.

— Italboche, répliqua Curly.

Les Noirs claquèrent dans leurs mains.

— Peau de boudin ! cria Perry en se levant de sa chaise.

Chœur de « Ouais ! » chez les Blancs.

— Crapaud !

— Bougnoule.

— Métèque.

— Lanceur de sagaie !

— Enfoiré, je vais t'en lancer une, de sagaie !

Jap notait aussi vite qu'il le pouvait, avec un rire bas et fou que personne n'entendait. Tous hurlaient de nouveau et se faisaient face, comme deux armées ennemies séparées par un ravin.

— Saloperies de nègres !

— Pédés de ritals !

— Radis noirs !

— Putain de ta mère.

— Toi t'en as même pas.

— J'ai baisé la tienne.

— Répète.

— J'ai baisé la tienne.

Bagarre générale, Perry menant la charge. La première victime fut Dushie Melnick, qui reçut un classeur sur la tête. Peter Udo se fit latter les couilles, les livres se mirent à voler. Curly White marcha sur Joey, qui était déjà K.-O. de toute façon. Perry faillit balancer Ray Barrett par la fenêtre. Boo-Boo sauta sur le dos de Perry et lui martela la tête. Sharp observait la bataille en se demandant s'il devait aider les Blancs ou taper sur tout le monde. Il décida de mettre fin aux hostilités. Se jetant dans la mêlée, il estourbit six gars, saisit Perry par la peau du cou et Boo-Boo par le devant de son tee-shirt, les souleva tous les deux du sol, les laissa retomber après avoir rejeté l'idée de cogner leurs têtes l'une contre l'autre. Sa violence soudaine arrêta la guerre et tout le monde retourna s'asseoir, en marchant ou en rampant. Sharp redressa sa cravate, ramena ses cheveux en arrière. Ses élèves le regardèrent avec une admiration craintive.

— Z'êtes que des trouducs, tous, dit-il en remettant sa chemise dans son pantalon. Y en a pas un qui sait se battre.

Ils rirent, embarrassés par ses paroles.

— Ouais, j'ai dit trouducs. Pauvres connards, qu'est-ce que vous croyez ? Que j'suis né dans ce burlingue ? Moi aussi, j'étais dans une bande. On aurait pu prendre tout ce bahut. Des mecs comme vous, j'en bouffais dix au petit déj', merde.

Il inspira bruyamment par le nez, effaça les gribouillis du tableau. Il se sentait bien. Tout le monde était content.

— Mista Sharp, vous allez quand même me filer un rose ? demanda Curly avec une pointe de sarcasme dans la voix.

Sharp s'approcha du bureau du jeune Noir en imitant sa démarche, comme Joey venait de le faire.

— Hé, man, comment que je pourrais donner un carton rose à mon vieux pote ?

Les Blancs rirent si fort que plusieurs eurent les larmes

aux yeux. Les Noirs ne voyaient pas ce que ça avait de si drôle. Sharp se tourna alors vers l'autre côté de la classe, agita devant lui une main dont il avait joint l'extrémité des doigts.

— *Ma* qu'est-ce que tou trouves si drôle, espèce dé macaroni ?

Il fit le tour de la classe en parlant avec les mains et en poussant des grognements. Les élèves envahirent tous les allées, à l'exception de Dushie Melnick qui, terrorisé, attendait son tour assis à son bureau.

Sharp plissa les lèvres, haussa les sourcils, marcha d'un pas traînant vers le jeune juif et s'assit à côté de lui. Passant un bras autour de ses épaules, il approcha son visage à deux centimètres de son nez.

— *Voï, voï,* Dushie, est-ce que tu trouves ça drôle ?

Dushie eut un petit rire nerveux.

A ce moment, on frappa à la porte. Un élève noir entra dans la classe avec une démarche chaloupée qui rappelait plus l'imitation de Curly que Curly.

— Salut, Earl !

Earl fit signe à ses copains en se dirigeant vers le professeur. Sharp alla à sa rencontre en roulant des mécaniques et en traînant les pieds comme lui. L'adolescent ignorait que ce numéro avait rendu Sharp très populaire chez les Ailes Rouges. On appelait ça à l'époque le Pas de l'Enfoiré. Quand Sharp était adolescent, marcher en traînant les pieds était un acte quasi réflexe, comme respirer.

— Yo, tu veux quoi, man ? demanda Sharp.

La classe explosa de rire. Earl, perplexe, lui tendit la feuille qu'il tenait à la main.

— C'est une convocation pour Perry La Guardia, vous avez un Perry La Guardia ?

— Si on a un Perry La Guardia ! s'exclama Sharp. Hé, Carminoutché, qu'est-ce que tou as encore fait ?

Perry quitta la classe avec Earl, qui lui demanda, dans le couloir :

— Qu'est-ce qu'il a, ce mec ?

— Rien, il est O.K. Pourquoi je suis convoqué ?

— J'en sais rien, y a une dame qui veut te voir.

En entrant dans le bureau du proviseur, Perry découvrit sa tante près de la pointeuse. Elle était en manteau, le visage rouge de larmes. Elle le prit dans ses bras en reniflant.

— Qu'est-ce qui se passe, Tante Rosie ?

Elle se moucha et l'entraîna dans le couloir. Comme la mère de Perry, elle était courtaude et grasse, avec le même visage de vieil homme.

— P-Perry, ta maman a eu un accident.

Il fut traversé par un éclair froid et ses jambes se mirent à trembler.

— Qu'est-ce qui s'est passé ? Où elle est ?

Tante Rosie émit un grondement de chagrin. Perry la saisit par les coudes et la secoua avec colère.

— Qu'est-ce qui s'est passé ?

— Elle est morte.

Il vit les murs décoller au bout du couloir et se retrouva assis par terre, les jambes allongées devant lui. Rosie faisait de petits « mmm » dans son mouchoir. Perry leva les yeux vers elle et lui lança :

— Arrête !

Il se sentait calme, raisonnable. Il reprit le chemin de la classe de Mr Sharp pour récupérer son déjeuner, qu'il avait laissé dans son bureau. Après avoir fait quelques pas dans le couloir, il se retourna et cria de nouveau, en direction de sa tante :

— Arrête !

Perry entra dans la classe, alla à son bureau, y prit un sac en papier marron.

— Hé, *paisano*, tou manges dé si bonne heure ?

Les élèves étaient encore hilares. Il se redressa et dit, sans hausser le ton :

— Fermez-la. Ma mère est morte.

Il voulut glisser le sac dans une poche de son pantalon mais n'y parvint pas tout à fait. Un silence gêné se fit dans la salle. Le sac dépassant de sa poche, Perry repartit vers le couloir d'un pas décidé en balançant les bras. Joey sortit derrière lui, le rejoignit. Perry continua à marcher en regardant devant lui.

— Perry, c'était pour rigoler, hein ?

— Salut, Joey.

— Perry !

Joey l'attrapa par le coude, perturbant sa cadence. Le déjeuner tomba par terre. Perry le ramassa, essaya de le fourrer dans la poche de poitrine de sa chemise, la déchira, finit par donner le sac à son copain.

— Tu le bouffes pas, tu me le gardes.

Il entra dans le bureau du proviseur où sa tante, Mr Kaufman, son professeur principal, et l'infirmière du lycée l'attendaient.

— Bonjour, Mr Kaufman, vous êtes au courant de ce qui est arrivé ?

Kaufman avait un visage raviné, des lèvres exsangues et des yeux presque transparents.

— Comment tu te sens, Perry ?

— Bien, merci. Et vous ?

— Tu veux t'allonger un moment ?

— Non merci, mais je veux bien un verre d'eau.

Perry s'approcha du distributeur, but une gorgée, tapota ses lèvres sèches.

— J'ai perdu mon déjeuner. Je peux vous emprunter cinquante cents ? Je vous rembourserai demain.

De sept heures et demie à neuf heures, ce matin-là, il y avait eu une panne d'électricité dans quatre bâtiments de la cité. La mère de Perry s'était retrouvée coincée seule dans un ascenseur entre deux étages. Elle avait appuyé sur la sonnette d'alarme mais personne n'était venu et elle était restée bloquée une heure et demie avec le hululement aigu d'une sirène dans les oreilles. Quand la cabine s'était enfin remise en marche, elle était montée à son appartement et avait eu une crise cardiaque. Elle pesait plus de cent kilos et mesurait à peine un mètre cinquante. Il n'y avait personne dans l'immeuble. A onze heures, une voisine l'avait trouvée gisant dans l'entrée, était retournée chez elle en courant chercher une serviette humide mais la mère de Perry était déjà morte.

Perry alla vivre chez sa tante dans le New Jersey. Comme ce fut elle qui s'occupa de l'enterrement, les Vagabonds ne furent pas invités, mais ils vinrent quand même à Trenton présenter leurs condoléances. Buddy n'obtint pas la voiture de son père et ils durent prendre un bus à Port Authority. Ils s'étaient donné rendez-vous sur le terrain de jeu. Leur humeur était étrange. Il y avait classe ce jour-là et, à l'exception de quelques mères avec leurs bébés, le terrain de jeu était désert. C'était comme un horrible jour férié. Assis sur un banc, Joey, Richie et Buddy attendaient Eugene en resserrant leur cravate et en examinant le pli de leur pantalon.

— Salut.

Eugene parut, vêtu d'un costume vert irisé qui contrastait avec les vêtements noirs des autres.

— Où tu vas ? Au guinche ?

Eugene s'inspecta.

— Ben, quoi ?

— Tu peux pas aller à un enterrement comme ça.

— Hé, je l'ai payé cent sacs, ce costard, répliqua-t-il, furieux.

Eugene était un dandy.

— Super. Tu seras la reine du bal.

Ils montèrent en silence dans le métro et Eugene continua à examiner son costume, à brosser de la main un fil ou un grain de poussière imaginaire. Le trajet en autobus fut long, ennuyeux, tout le monde semblait à cran. Joey avait posé un étroit paquet cadeau sur ses genoux.

— C'est quoi ? demanda Richie.

— Des bonbons.

— Des bonbons ?

— Ouais, des bonbons.

— Bon Dieu, vous faites la paire, Diamond Jim et toi, dit Richie en désignant Eugene du menton. La prochaine fois, mettez carrément un costume de clown !

— Ah, pompe-moi le nœud, riposta Eugene.

Richie le mit au défi :

— Vas-y, sors-le.

Eugene se leva, regarda autour de lui pour voir si personne ne les observait, ouvrit sa braguette et, les yeux fixés sur l'avant du bus, sortit son bazar. Puis il se rassit en vitesse et remit sa queue en place. Les trois autres s'étranglèrent en contenant un rire hystérique.

— Putain, Eugene, un costard à cent dollars. La classe !

L'humeur morose vola en éclats et ils rirent sans retenue.

— N'empêche qu'on amène pas de bonbons à un enterrement, insista Richie.

— T'amènes quoi, toi ? demanda Buddy.

— J'en sais rien, pas des bonbons en tout cas.

Joey considéra la boîte, fronça les sourcils.

— Oh, bon, soupira-t-il en déchirant le papier. Qui c'est qu'en veut ?

C'était une petite boîte et ils la vidèrent en un quart d'heure. Ragaillardis, ils descendirent de l'autobus et prirent un taxi mais lorsque la voiture s'arrêta devant le nouveau domicile de Perry, les estomacs se nouèrent de nouveau. On rajusta les cravates, on brossa de nouveau les poussières invisibles. Après un bref débat sur le montant du pourboire, ils remontèrent une allée de béton séparant deux vastes pelouses et menant à l'immeuble. Perry les rejoignit devant la porte. Il leur tendit la main en silence. C'était la première fois qu'ils se serraient la main et, dans sa nervosité, Joey serra aussi celle d'Eugene. Perry portait une chemise blanche, pas de veste. Il paraissait plus âgé et en colère, le visage fermé comme un poing.

— Ça va, mec ? s'enquit Buddy, murmurant à moitié.

— Au poil, répondit Perry avec un sourire affecté. Vaut mieux qu'on reste dehors.

Il tendit le bras comme pour intercepter quiconque tenterait d'entrer dans l'immeuble.

— D'accord.

— Euh... Merci d'être venus, dit-il en se frottant le front du bord de la paume. Vous avez faim, peut-être ?

Ils se rappelèrent les bonbons avec un sentiment de culpabilité.

— Non, non.

— Non, merci.

— Je peux aller vous faire des sandwiches.

— Non, ça va.

— On se pose ?

Perry s'assit lourdement sur le perron et ils l'imitèrent. Les coudes sur les genoux, le visage entre les mains, il contemplait la rue, perdu dans ses pensées. Il courba le dos, tendit les bras devant lui et bâilla.

— Alors, quoi de neuf dans la cité ?

Ils haussèrent les épaules. Joey fixait les lignes gris-jaune de sueur qui dessinaient des demi-lunes sous les aisselles de Perry.

La porte de l'immeuble s'ouvrit et un grizzli femelle sortit en chialant, suivi de son mâle silencieux. Perry se retourna, soupira et se leva.

— Ça va aller, Tante Mary.

— Oooooh, gémit-elle en prélude à d'autres sanglots tout en enveloppant son neveu de fausse fourrure. T'es un garçon si courageux.

Elle le pressa contre sa poitrine et son Kleenex taché de rouge à lèvres et mouillé de larmes laissa une marque rouge dans le dos de la chemise blanche.

— Ta maman t'aimait tellement.

— Ouais... Toi aussi, Tante Mary.

Le mari détourna les yeux et alluma un cigare gros comme une torpille.

— Lou, tu peux pas attendre ? lui lança-t-elle. Faut que tu fumes tout de suite ?

— Ah, la ferme.

Il cracha proprement sur un buisson.

— Perry, reprit la tante en tenant l'adolescent à bout de bras. Perry... Tu peux venir à la maison quand tu veux, y aura toujours un bon repas et un lit pour toi. Je te ferai des... aaaaah.

Son mari leva les yeux au ciel, eut un sourire narquois. Perry tapota le bras de sa tante avec diplomatie, tendit la main à son oncle.

— Tu viens quand tu veux, petit, dit Lou.

Il fit un clin d'œil et quand Perry retira sa main, il y avait un billet de vingt dollars plié en quatre au creux de sa paume.

Tandis que le couple descendait l'allée vers sa voiture, des bribes de dispute dérivaient vers Perry et ses amis, debout sur les marches.

— Ma famille, fit Perry d'un ton moqueur.

Il déplia le billet et le tint devant lui, se tourna vers les Vagabonds.

— Ça valait presque le coup, qu'est-ce que vous en dites ?

Ils sourirent d'un air embarrassé.

— Tu vas vivre ici, maintenant ? demanda Joey.

— Ouais, répondit Perry, les yeux baissés vers le sol.

— Ça fait une trotte.

— C'est vrai.

— Et l'école ?

— Je sais pas. Y a un bahut dans le coin, répondit-il en froissant distraitement le billet. Hé ! s'écria-t-il soudain. Vous m'oublierez pas, hein ?

— Qu'est-ce que tu racontes ?

— Tu rigoles.

— T'es notre meilleur pote, mec.

— O.K., fit-il.

En silence, chacun se demanda comment venir à Trenton toutes les semaines et Perry projeta des virées à New York. Mais au fond d'eux-mêmes, ils savaient que les Vagabonds, c'était fini pour Perry. Comme pour attester ce fait et quelques autres, il enfouit son visage dans ses mains et se mit à pleurer. Des larmes coulèrent entre les fourches de ses doigts, roulèrent sur ses avant-bras.

La langue lourde dans la bouche, ils le regardaient, impuissants. Joey fit un terrible effort pour se retenir, mais les larmes vinrent. Richie fut le suivant, puis Buddy. Seul Eugene tint le coup, mais il détourna la tête. Au bout d'un moment, Richie dit en reniflant :

— Les mecs, on a l'air d'une bande de pédés.

— Ah, ta gueule, grommela Buddy.

Perry cessa de pleurer et regarda au loin, le menton appuyé sur ses mains.

— J'arrive pas à y croire, dit-il, à personne en particulier.

Joey remarqua que les jointures gauches de son copain étaient rouges et gonflées. Il lui toucha doucement le bras.

— Qu'est-ce que tu t'es fait à la main ?

Perry regarda ses doigts comme s'il n'avait jamais remarqué avant qu'il y avait quelque chose au bout de ce poignet. Il inclina la tête en arrière de quelques centimètres, eut un grognement mais ne répondit pas. Ils restèrent un moment silencieux puis Perry leva soudain la main, l'index et le majeur pressés l'un contre l'autre.

— Comme ça, on était... Comme ça !

Il agita la main pour donner plus de force à ses propos, se mit à aller et venir devant ses copains.

— Perry, on est tristes, mec... Qu'est-ce qu'on peut dire ? fit Eugene d'une voix faible.

— Qu'est-ce que vous pouvez dire ? Que c'était une sainte. Qu'elle aimait tout le monde. Qu'elle pleurait tout le temps pour les gens... Des gens qui avaient des ennuis et qu'elle connaissait même pas. Deux semaines après la mort de mon père, une bonne femme de l'immeuble a perdu son mari, ma mère savait même pas son nom de famille. Elle est descendue la voir tous les soirs pendant un mois et demi. Elle faisait le ménage pour elle... la cuisine... et pourtant, elle souffrait, elle aussi. Vous imaginez surtout pas qu'elle souffrait pas. Pendant deux mois, après la mort de mon père, elle a couché dans la salle de séjour parce qu'elle pouvait même pas s'étendre sur le lit où elle avait dormi avec papa. De temps en temps, je l'entendais lui parler comme s'il était encore là. Elle a eu beaucoup de chagrin ces dernières années, vous gourez pas.

— A cause de Raymond aussi, hein ? hasarda Richie.

— Ah, me parle pas de cet enculé. Ce qu'il a fait à Maman, lui et cette garce... je veux pas en parler.

Perry cracha dans l'herbe à côté du perron, poursuivit :

— C'était une brave femme, Richie. Une brave femme. Tous les mois, elle était impatiente d'aller à Long Island voir les gosses, et à chaque fois, elle sortait en larmes de cette maison, parce que Raymond et sa salope lui faisaient avoir honte d'elle-même. Comme si elle était une raclure d'immigrée. Et moi, je la suppliais, « M'man, n'y va pas ce mois-ci, n'y va pas. Juste ce mois-ci »... Non, elle oubliait ce qui s'était passé la fois d'avant. Elle l'oubliait tous les mois.

Il étira ses bras au-dessus de sa tête, réprima un bâillement.

— Et l'enterrement ! Moi et Tante Rosie on a dû s'occuper de tout... Ce salaud s'est même pas pointé à la veillée funèbre... Il est même arrivé en retard au cimetière. Vous savez ce qu'il a fait, ce pourri ? Il arrive en retard, il débarque avec sa grosse Cadillac en plein service funèbre... Sa femme... elle a même pas la décence de lever son cul de la banquette... il s'approche de moi, il me passe un bras autour des épaules, il me dit : « Perry, je l'aimais tellement, j'en suis malade, malade.

Qu'est-ce que je vais faire, maintenant ? Qu'est-ce que je vais faire ? » J'ai dû me retenir pour pas lui démolir la tronche. Je me tourne pour que sa main tombe de mon épaule et je vais de l'autre côté de la tombe. On se retrouve face à face, voyez ? Bref, les croque-morts amènent le cercueil et je regarde Raymond. Il pleure un peu, lui aussi. La plupart des gens pleuraient, des veuves âgées, surtout. Les amies de Maman. Les types posent le cercueil à côté de la tombe, et avant que quelqu'un puisse l'en empêcher Raymond se jette dessus et se met à gueuler, « Maman, Maman, pardonne-moi, pardonne-moi »... Moi, je bougeais pas, je tremblais, je tremblais.

Perry se mit à trembler de nouveau, regarda ses mains, qui tremblaient aussi. Son visage se tordit en un nœud de rage noire.

— J'allais le crever, ce salaud ! J'avais envie de sauter par-dessus la tombe et de lui casser les deux bras. C'est maintenant qu'il regrette ! C'est maintenant qu'il demande pardon ! Et toutes les vieilles qui gémissent, qui tombent dans les bras l'une de l'autre en pleurant, « *Ma* quel bon fils ! *Ma* qu'il l'aime, sa mama ! »... Je peux vous dire, j'étais si... si tendu que je me suis presque pété une dent. Je pleurais moi aussi mais, Dieu me pardonne, pas pour ma mère. Je sais même pas pourquoi, mais quand on a aidé Raymond à se relever, je me sentais tellement mal. Bref, après qu'on a descendu le cercueil, que les gens ont fini de jeter de la terre dessus et ont commencé à partir, je me suis approché de Raymond, je lui ai passé un bras autour des épaules. « Perry, il m'a dit, je l'adorais, cette femme, je l'adorais... — Bien sûr, Raymond, j'ai répondu, elle t'adorait, elle aussi. » Puis je lui ai demandé de venir marcher un peu avec moi. « Je voudrais bien, Perry, mais il faut que je retourne au bureau », il me dit, et il regarde sa putain de montre. Je me contrôlais, j'étais calme. « Rien qu'une minute, Ray, rien qu'une minute. Pour te confier certaines choses que Maman a dit avant de mourir. » On est allés jusqu'à un bosquet où personne pouvait nous voir, je me suis tourné vers lui et j'ai dit : « Ray, j'ai quelque chose pour toi de la part de Maman. » Et je l'ai cogné si fort que je me suis presque cassé deux jointures.

Il montra sa main épaisse.

— Vous voulez savoir ce qu'il a fait, ce salaud ?

Ils ne voulaient pas savoir, ils étaient anéantis par la fureur soudaine de Perry. Ils fixaient leurs chaussures, ils avaient envie de rentrer. Perry était un étranger.

— Je vais vous le dire ce qu'il a fait... ce pédé. Il est resté assis par terre parce qu'il savait que s'il se relevait, je lui en collais un autre. Il a sorti son carnet de chèques et il a fait un chèque de cinq cents dollars à Rosie pour l'enterrement. Ouais. Le cul dans l'herbe. Un chèque de cinq cents dollars. Et vous savez ce que j'ai fait ?

Personne ne répondit.

— Je vais vous dire ce que j'ai fait. J'ai pris cette saloperie de chèque, je l'ai déchiré en morceaux et je lui ai jeté à la figure.

Il enfonça un gros doigt dans la poitrine de Richie en concluant :

— Pas question qu'il s'en tire avec du fric !

Richie se massa distraitement le torse tandis que Perry allait au bord du trottoir et levait les yeux vers le ciel en train de s'obscurcir.

— Elle est là-haut maintenant et elle me dit : « Perry, pourquoi tu veux te battre ? C'est ton frère. Je pardonne, tu pardonnes. »

Il contempla un moment le ciel en fronçant les sourcils, fit demi-tour et retourna au perron d'un pas rageur. Les Vagabonds sursautèrent, s'écartèrent craintivement devant lui. Il ouvrit la porte et s'écria :

— Je lui pardonnerai jamais ! JAMAIS !

Puis il disparut dans l'immeuble.

10

Les arnaqueurs

Tous les vendredis soir, les Vagabonds jouaient au bowling comme arnaqueurs maison au Galasso's Paradise. Cela signifiait qu'ils affrontaient tous les joueurs venus de la ville, de Long Island ou du New Jersey, et que Chubby et ses six frères, ainsi que d'autres habitués, pariaient avec les commanditaires accompagnant les arnaqueurs visiteurs. Les Vagabonds perdaient rarement. Chubby et consorts se faisaient autour du millier de dollars, voire plus, chaque vendredi soir. En échange, les Vagabonds touchaient dix dollars chacun et pouvaient jouer gratuitement autant de fois qu'ils le voulaient. Il leur suffisait de continuer à gagner.

La semaine d'avant, Buddy et Richie s'étaient fait étriller par deux types de Long Island. Même s'ils avaient disputé une de leurs meilleures parties depuis six mois, ils avaient perdu de près de soixante quilles. Ils avaient peur parce que Chubby Galasso avait misé près de deux mille dollars et que c'était un chieur baraqué qui ne voulait pas entendre parler de trucs comme « leurs meilleures parties depuis six ans ». Les Vagabonds avaient perdu en se ridiculisant, et Chubby crachait des flammes quand ils avaient quitté le bowling.

Ils avaient un système, pour le bowling. Deux d'entre eux jouaient, le vendredi soir. S'ils gagnaient, deux autres les remplaçaient le vendredi suivant, mais s'ils perdaient, ils devaient rejouer. S'ils perdaient à nouveau, ils jouaient encore la semaine suivante, et ainsi de suite jusqu'à ce qu'ils gagnent. Le bowling était une affaire sérieuse, personne ne quittait les pistes sur une défaite, aussi longue à venir que fût la victoire.

Ce vendredi-là, malgré la trouille, Buddy et Richie étaient tenus par l'honneur de représenter de nouveau la bande.

— Richie est là ? demanda Buddy sur le seuil de la porte de l'appartement.

— Ri-chie ! cria Randy dans le vestibule en direction de la chambre. C'est Buddy !

— Fais-le entrer, ducon ! répondit Richie.

— Hé, bouche d'égout, doucement les gros mots ! fit la voix de leur père dans la salle de bains.

Buddy posa son sac de bowling dans la chambre où Richie, assis sur son lit, passait un chiffon sur sa boule, une splendeur d'un vert laiteux piqueté de paillettes dorées.

— J'ai la voiture en bas.

Richie glissa la boule dans le sac, prit ses chaussures de bowling dans le placard et les deux garçons sortirent de l'appartement. Richie appela l'ascenseur, posa une main sur son estomac et grimaça.

— J'ai envie de vomir.

Buddy haussa les épaules.

— Te fais pas de mouron, on gagne, ce soir.

Richie se haussa sur la pointe des pieds, regarda à travers la vitre de la porte les câbles immobiles, abattit la main sur le métal.

— Merde ! Ça bouge pas, nom de Dieu, c'est encore ces foutus nègres du premier. Tu sais ce qu'ils font ? Ils bloquent la cabine pour pisser dedans, et après ils te l'envoient avec une mare par terre et tu ramènes de la pisse chez toi et les bébés qui marchent à quatre pattes ramassent des microbes sur les mains et dans la bouche et ils tombent malades !...

Richie donna un violent coup de pied dans le bas de la porte.

— Allez, bande de salauds !

Le mécanisme gronda dans le fond de la cage et la cabine monta lentement au troisième étage. Buddy avait peur que les bougnoules aient entendu Richie et montent leur casser la gueule. Quand la porte s'ouvrit, ils découvrirent Eugene et Joey à l'intérieur.

— A quoi vous jouez ? grogna Richie en pénétrant dans l'ascenseur avec Buddy.

Eugene et Joey se regardèrent.

— Qu'est-ce que t'as ? demanda Joey.

Richie ne répondit pas, Buddy haussa les épaules.

Lorsque la voiture des Vagabonds s'arrêta devant le bowling, toute conversation cessa. Buddy pensa à la gueule de Chubby la semaine d'avant et fut pris de faiblesse ; Richie n'avait pas prononcé un mot depuis l'ascenseur ; Joey et Eugene étaient tendus et couverts de sueur. Le reflet de l'enseigne au néon éclairait leurs visages une seconde sur deux.

— Z'avez intérêt à gagner ce soir, les mecs, dit Eugene avec un rire sans conviction.

— Fais pas chier, répliqua Richie d'une voix égale.

Il descendit, faillit refermer la portière sur le pied de Joey.

Chubby les attendait, adossé au comptoir des chaussures, ses six frères entourant la caisse enregistreuse. Au fond de la salle, Mary Wells chantait « The One Who Really Loves You » sur le juke-box. Chubby sourit, assena une claque dans le dos de Richie, qui hoqueta. Les six frères s'avancèrent, tous des costauds, quinze cents livres de viande hargneuse en mouvement.

— Vous vous sentez en forme, les gars ? demanda Chubby d'une voix que l'asthme rendait sifflante.

La salle était déserte, ce qui voulait dire que Chubby avait mis les clients dehors, ce qui voulait dire qu'on parierait gros sur la partie. Toujours souriant, Chubby se mit à masser l'épaule de Richie. Une cigarette pendait à sa bouche selon un angle improbable.

— Bien sûr, on est toujours en forme, répondit Buddy, dont la voix se fêla sur le dernier mot.

Chubby sourit de plus belle. La fumée de sa cigarette obscurcissait ses traits, transformait ses yeux en fentes étroites tandis qu'il hochait la tête pour exprimer un accord amusé. Richie fixait le nez posé au milieu du visage du colosse comme une patte d'ours charnue.

— Vous savez contre qui vous jouez, ce soir ?

Les quatre Vagabonds secouèrent la tête à l'unisson.

— Les mêmes gars que la semaine dernière.

Buddy tressaillit. Richie sentit une douleur à l'épaule là où les doigts de Chubby s'enfonçaient.

— Vous savez combien on parie, ce soir ?

Le patron du bowling continuait à sourire, mais sa voix devenait plus sifflante tandis que sa poitrine se soulevait sous sa chemisette ornée d'ananas et de filles dansant le hula-hula.

Joey et Eugene commencèrent à reculer vers la porte mais Albert, l'un des frères, les arrêta d'un coup d'œil.

— Mille tickets ? réussit à articuler Richie.

Albert éclata de rire, Chubby lâcha l'épaule du Vagabond et écarta les doigts devant son nez.

— Cinq mille ? murmura Richie.

Buddy se sentit mal. De sa poche revolver, Chubby tira une liasse de billets de cent dollars entourée d'un élastique.

— Vous savez qui va gagner, ce soir ?

Personne ne répondit.

Chubby replongea la main dans sa poche et en sortit deux billets de vingt. Il en donna un à Buddy, un à Richie, et indiqua de la tête le bar du fond de la salle.

— Allez vous payer un Coca.

Ils posèrent leurs sacs et, accompagnés des deux autres Vagabonds, se rendirent dans la partie bar faiblement éclairée et séparée des pistes par une cloison de verre couleur ambre.

Eugene s'assit sur un tabouret, le fit nerveusement tourner. Joey se pencha au-dessus du comptoir et alluma une cigarette.

— Je crois que Chubby veut que vous fassiez exprès de perdre, dit Eugene.

— Sûrement pas, caqueta Peppy Dio, un vieil oncle des frères Galasso qui tenait le bar. Vous allez gagner un paquet, ce soir, les gars.

Il essuya le comptoir devant les Vagabonds et découvrit en riant des dents qui faisaient penser à un service de table cassé.

— Peppy, qu'est-ce qui se passe ? On peut pas les battre, ces types. Ils sont assez bons pour être des pros...

Le vieux fit un clin d'œil, tapota sa tempe dégarnie.

— Ça y est, tu fais marcher ta tête, maintenant. C'*est* des pros.

En chœur :

— Quoi ?

— Ouais. Ouais. Chubby s'est étonné qu'ils soyent aussi bons, il s'est rencardé et il a découvert que c'est des pros.

Silence. Puis :

— Ouais. Ouais. Ils écument les bowlings et ils arnaquent les joueurs maison comme vous.

— Les enfoirés ! dit Buddy.

— Ouais. Ouais. Bref, Chubby a réussi à les faire revenir pour la revanche.

Eugene se leva, les lèvres serrées.

— On devrait leur faire une tête.

— Vous bilez pas, les gars, fit Peppy en gloussant.

— Pourquoi ils reviennent ? Ils nous ont déjà mis une branlée, la semaine dernière.

Le vieux frotta son pouce contre son index.

— Ils sont gourmands, ils en veulent encore.

— Ils savent que Chubby sait ?

— Ils savent que dalle. Chubby est un malin, dit-il en se tapotant de nouveau la tempe.

— N'empêche qu'on peut pas les battre, dit Richie.

Peppy sourit sans répondre, posa une bouteille de Canadian et quatre verres sur le comptoir.

Une demi-heure plus tard, Buddy et Richie s'entraînaient sur une piste quand les deux arnaqueurs entrèrent avec trois autres types que les Vagabonds supposèrent être les commanditaires. Ils reconnurent l'un d'eux, il était là la semaine d'avant, les deux autres parieurs avaient probablement entendu parler de ce pigeon de

Chubby. Ils avaient cependant l'air mal à l'aise, tous les trois, comme s'ils pensaient que ce n'était pas une bonne idée de ratisser deux fois de suite la même boîte, mais, comme l'avait souligné Peppy, ils étaient gourmands. Buddy et Richie s'arrêtèrent de jouer, allèrent s'asseoir avec Eugene et Joey, regardèrent Chubby passer devant le comptoir, un sourire béat aux lèvres. Ses frangins avaient disparu. Il adressa un signe de la main à Richie et Buddy.

— Vous avez eu du pot, la semaine dernière, dit-il d'un ton jovial aux arnaqueurs. On va donner une deuxième chance à mes gars.

Richie et Buddy échangèrent des regards hostiles avec leurs adversaires. L'un des commanditaires haussa les épaules et dit :

— Pourquoi pas ?

Avant qu'il puisse ajouter quoi que ce soit, l'un de ses joueurs lui pressa l'épaule et entraîna le groupe à l'écart pour discuter à voix basse. Chubby continuait à sourire mais devina qu'un mec au moins flairait une embrouille. Un instant, alors qu'ils avaient l'air sur le point de renoncer à leur arnaque, Chubby cessa de sourire et eut un mouvement de tête en direction du bar. Richie distingua les silhouettes des frères derrière le panneau de verre sombre.

— Alors, quoi ? fit Chubby, la voix sifflante, en se forçant de nouveau à sourire. Vous jouez ou pas ?

— Je sais pas, répondit un des joueurs, un grand maigre avec une tête à se faire taper dessus.

Chubby leva une main comme pour se gratter la nuque, Albert Galasso sortit de la partie bar.

— Bon, d'accord, dit le grand maigre.

Chubby fit signe à son frère de disparaître avant de se faire remarquer et se frotta les mains.

— Bien, bien.

— Euh, comme la semaine dernière ? demanda un des banquiers.

— Ecoutez, j'ai fait une bonne semaine, beaucoup de tournois...

Chubby tira la liasse de sa poche et la posa sur le comptoir. L'un des commanditaires ôta l'élastique et compta les billets, si vite que les Vagabonds voyaient à peine un éclair vert passer d'une main à l'autre.

— Ça fait cinq plaques !

— Une bonne semaine, je vous dis.

— On a pas autant.

Chubby haussa les épaules.

— Combien vous avez ?

Nouvelle discussion à voix basse. Regards durs vers Chubby, Richie et Buddy.

— Vous nous donnez le choix de la piste.

Chubby y consentit de bonne grâce. L'un des joueurs lorgna Eugene et Joey d'un œil méfiant.

— C'est qui, eux ?

— Des jeunes.

— Qu'est-ce qu'ils foutent ici ?

— C'est des amis de mes gars.

— Ils me plaisent pas. Dites-leur d'aller faire un tour.

Chubby haussa les épaules et ouvrit la bouche pour envoyer Eugene et Joey se balader mais se souvint que Peppy avait fermé les portes à clef.

— Ils sont nases, argua-t-il.

Il les empoigna par leur tee-shirt, les souleva, les envoya dinguer. Ils tombèrent sur le cul trois mètres plus loin, se relevèrent, tremblants et paumés. Richie et Buddy retenaient leur respiration.

— Si je préparais un coup tordu, vous croyez que j'aurais besoin d'eux ? reprit Chubby en riant.

Il tira de sa poche un autre billet de vingt.

— Allez boire un Coca.

Joey prit l'argent, se dirigea vers le bar sur des jambes en coton, Eugene dans son sillage.

— Bon, assez de conneries, vous jouez ou non ?

Richie priait pour qu'ils répondent « D'accord ». Il jura en lui-même de faire la plus belle partie de sa vie, le match presque parfait, de serrer la main à tout le monde et de filer à toute blinde. Mais il fallait commencer *maintenant*. Plus vite ils commenceraient, plus vite ce serait fini. Sa vessie, son trou de balle et la terreur qui lui mordillait l'intérieur de la tête de ses petites dents le faisaient tourner en rond en évitant de regarder autre chose que les chaussures de son partenaire.

Gêné, Buddy baissa les yeux lui aussi : pourquoi Richie regardait ses grolles ? Il essaya d'attirer l'attention de Richie, mais pas moyen de lui faire lever la tête. Il jeta un coup d'œil dans le bar, mais ni Eugene ni Joey n'étaient en vue. Soudain, il sentit qu'il ferait mieux de ne pas regarder par là, qu'il se passait quelque chose de dangereux derrière le verre fumé. Il ramena son regard devant lui et sentit sur ses jambes dix pointes de glace à l'endroit où les extrémités de ses doigts le touchaient à travers son pantalon. Il serra les poings et le froid tourbillonna en spirales sans fin dans ses mains fermées.

Contacts oculaires. Mains fouillant les poches.

— Quatre mille huit, c'est tout ce qu'on a, annonça un commanditaire en lançant une liasse de billets sur le comptoir.

Chubby posa son argent dessus.

— Ça ira. Je laisse le fric ici, dit-il, la main sur la pile.

Vous voulez vous échauffer un peu ? proposa-t-il aux joueurs. Richie, emmène Buddy boire un Coca.

— On a pas soif.

Il leur adressa un regard noir et ils prirent la direction du bar. Buddy montra à son copain une main tremblante.

— Regarde ça. Je peux même pas tenir une boule.

Dans le bar, Eugene et Joey étaient assis, impuissants, à une table de coin. Les six frères Galasso se tenaient plaqués contre la cloison de verre. Bientôt les grondements et les claquements creux des boules des faux amateurs résonnèrent dans tout le bâtiment.

— Les mômes, vous restez là jusqu'à ce que ce soit le moment de jouer, ordonna Henry Galasso, vêtu d'une chemisette à ananas comme son frère Chubby.

Ils n'avaient pas l'intention de bouger. C'était comme si quelqu'un avait crié : « Un, deux, trois, soleil ! » Joey regardait sa cigarette se consumer en un fragile et parfait cylindre de cendres qui finirait par s'écrouler sur ses jointures. Le tee-shirt d'Eugene lui collait au dos comme un cataplasme. Il ferma les yeux et sombra dans un sommeil de vingt secondes, se réveilla en sursaut avec un cercle humide autour de la taille.

Cinq minutes plus tard, Albert fit signe à ses frères et ils sortirent du bar tous les six, à la queue leu leu. Immobiles, les Vagabonds les regardaient avec des yeux écarquillés.

Dès que Jerry Rosen, le principal pourvoyeur de fonds, vit apparaître les frères Galasso, il fonça vers l'argent, s'en empara et courut vers la porte. Il poussa, tira, cogna sur le verre. Chubby s'approcha de lui d'un pas tranquille.

— Où tu vas ?

Jerry se retourna, l'air affolé, ouvrit la bouche pour dire quelque chose mais Chubby lui expédia un direct au cœur et il tomba à genoux, les billets voletant comme de la neige verte autour de son dos et de ses épaules.

— On a un match à jouer, t'as pas oublié ?

Il le saisit par le col et le traîna à travers la salle, le déposa aux pieds de ses frères. Les deux autres parieurs se tenaient sans bouger, l'air terrifiés. Chubby leur fit signe de s'asseoir sur les chaises en plastique bleu ciel, devant la piste sur laquelle leurs joueurs s'échauffaient.

— Vous noterez le score. Moi, je suis qu'un pauvre con de rital.

Ils s'effondrèrent sur les sièges, derrière une table en Formica blanc sur laquelle était nettement agrafée une feuille de score.

Les arnaqueurs se mirent à reculer sur la piste en direction des quilles.

— Où vous allez, les gars ? dit Chubby en riant.

Ils regardèrent autour d'eux : il n'y avait aucun moyen de s'échapper.

— Hé, vous pouvez pas lancer la boule de là, c'est de la triche, protesta Albert, ce qui fit s'esclaffer ses frères.

— Amenez-vous, faut commencer, maintenant, dit Chubby.

Les joueurs rejoignirent leurs commanditaires d'un pas chancelant tandis que Jerry se relevait en geignant. Albert et Henry le soulevèrent, l'installèrent sur une chaise en plastique bleu ciel à côté de ses collègues.

— Je veux une partie loyale, ce soir, reprit Chubby. Vous êtes de très, très bons joueurs. Assez bons pour être des pros.

Les arnaqueurs se regardèrent et voulurent se ruer vers

la porte mais Albert, Henry et Chickie – le gros bébé de la famille, cent dix kilos – les alpaguèrent.

— Prenez le fric, dit Jerry en sanglotant. Laissez-nous partir.

— Je peux pas faire ça, répondit Chubby. On a dit qu'on ferait une partie, on fait une partie.

— Sauf que vous êtes si forts, ce serait pas juste de vous laisser jouer sans un petit handicap, suggéra Henry.

— Cinquante quilles, proposa Jerry.

— Je voyais autre chose, fit Chubby.

— Soixante-quinze !

— Non, non, dit Chubby en faisant signe à ses frères.

Henry prit une boule, Albert et Chickie firent tomber l'un des arnaqueurs sur le sol, Louie et Jimmy Galasso le retournèrent et s'assirent sur son dos. Albert lui tira sur le bras et lui écarta les doigts. L'autre arnaqueur s'élança vers la porte, Albert l'expédia au tapis. Henry s'agenouilla près de la main tendue ; le joueur se mit à hurler, à donner des coups de reins pour désarçonner Louis et Jimmy, mais les deux frères restaient bien en selle.

Un sixième Galasso, Ronnie, surveillait les trois commanditaires et lorsque deux d'entre eux se levèrent à demi de leur chaise, il leur intima en grognant de ne pas bouger. Henry s'assura que les doigts étaient bien à plat sur le sol ciré, il souleva la boule au-dessus de sa tête comme un gros rocher et l'abattit, écrasant trois doigts. Le joueur poussa un cri horrible et s'évanouit.

— Chubby, tu veux aussi le pouce ?

Le chef des Galasso s'approcha pour « examiner » de la pointe de sa chaussure les doigts violets, profondément entaillés aux jointures, où l'os était apparent. Il ne répondit pas. Louie et Jimmy se mirent debout, soulevèrent le joueur inconscient par les aisselles et le déposèrent sur les genoux de Jerry. Saisi de nausées, le parieur fit tomber le corps par terre.

— Occupez-vous de l'autre con, ordonna Chubby.

Au cri du premier joueur, les Vagabonds s'étaient levés d'un bond. Richie avait fait choir sa chaise et s'était empressé de la relever : peut-être que si Chubby trouvait le bar bien rangé, il les laisserait rentrer chez eux. Il se cogna la tête au coin de la table et vit des étoiles pendant un moment, mais quand le second cri retentit dans la salle, il se redressa comme si on lui avait fourré un tisonnier brûlant dans le cul. Tous coururent vers l'entrée du bar et se retrouvèrent face à Chubby Galasso.

— Ces mecs sont des arnaqueurs, expliqua-t-il. Ils ont déconné avec moi, ils ont déconné avec mon fric. Ils ont déconné avec vous aussi, les gars.

Il fit signe à Buddy et à Richie de le suivre. Richie lui emboîta le pas en vacillant, faillit lui marcher sur les talons ; Buddy suivit en s'écartant çà et là de la ligne droite.

— Maintenant que vous avez un handicap, on peut jouer, disait Henry d'un ton jovial.

Chickie ranima les deux joueurs en leur donnant de grandes baffes.

— Laissez-nous partir, plaida l'un des commanditaires. Prenez le fric.

— Si je prenais le fric sans jouer le match, ce serait de l'arnaque, fit observer Chubby. Vous vous êtes échauffés, les gars ? demanda-t-il à Richie et Buddy. Bon, allons-y. Jerry, t'inscris les noms sur la feuille de score. Vas-y, Buddy.

Buddy s'approcha de la ligne en chaussures de ville, prit une boule rouge légère et la lança sur la piste à l'aveuglette. Il abattit cinq quilles. Les frères Galasso poussèrent des cris et s'esclaffèrent.

— Hou, Borsalino ! Hou !

Buddy respira profondément, s'efforça de ne pas regarder les deux arnaqueurs qui se tordaient de souffrance sur un long banc en plastique et réussit le spare.

— Ouais ! Bravo ! C'est comme ça qu'il faut jouer ! approuvèrent les Galasso.

Chubby regarda la feuille par-dessus l'épaule de Jerry.

— C'est qui, Larry ? demanda-t-il aux adversaires.

Il en força un à se lever, le poussa vers les boules.

— Allez, Larry, c'est à toi.

Le joueur demeurait immobile, titubant.

— Faut que je te montre ? grogna Chubby.

Il saisit la main estropiée du dénommé Larry, lui enfonça les doigts dans les trous d'une boule. Le joueur hurla, tomba à genoux.

— J'essaie juste d'aider, fit Chubby avec un haussement d'épaules.

Larry se releva péniblement, prit une boule de son autre main.

— Tricheur ! Tricheur ! scandèrent les Galasso en riant.

Oscillant comme un ivrogne, Larry parvint à suspendre la boule à son pouce indemne et, d'un mouvement raide, la lança droit dans la rigole.

Eugene et Joey, assis dans le bar, écoutaient les applaudissements et les huées.

— Je me barre, décida Joey.

— Où tu vas, abruti ?

— On va se faire buter.

— Ta gueule.

— Moi, je te le dis.

Un rugissement monta de la salle.

— Je jouerai plus jamais au bowling, déclara Eugene.

Il se mit à aller et venir dans le bar, mais sans s'approcher de l'entrée de la salle.

— Qu'est-ce que tu fous ? s'écria Joey, les larmes aux yeux.

— C'est ça, chiale, maintenant. Ça va tout arranger.

— Ferme-la.

— Capra, t'es une vraie tante, je te jure.

Joey empoigna Eugene par le devant de son tee-shirt et saisit la bouteille de Canadian.

— Laisse tomber, murmura Eugene, secoué par la rage de son copain.

Joey se rassit.

— Tu parles d'un héros.

— Laisse tomber, répéta Eugene.

— Tu te prends pour quelqu'un parce que tu baises ?

Eugene ne répondit pas.

— Ben, t'es qu'une merde, Caputo, t'es qu'un...

Il voulut s'emparer à nouveau de la bouteille, mais la main d'Eugene se referma sur son poignet. Joey le fit basculer en arrière par-dessus sa jambe tendue et se laissa tomber sur lui, ses genoux s'enfonçant comme des clous dans ses épaules. Il ramena son poing en arrière et s'apprêtait à cogner quand Richie et Buddy entrèrent, livides. Ni l'un ni l'autre ne regardèrent Eugene et Joey.

— On se tire, dit Buddy.

— Comment ça s'est passé ? demanda Joey en se levant.

Ils ne répondirent pas. Eugene se leva à son tour, lissa son tee-shirt, se passa une main dans les cheveux. Joey lui jeta un coup d'œil méprisant. Silencieux, Eugene savait que quoi qu'il pût arriver, dorénavant, Joey pouvait lui mettre une branlée quand il voulait et que Joey le savait.

Lorsqu'ils sortirent du bâtiment, Chubby scotchait la feuille de score sur la porte en verre.

BUDDY	102
LARRY	7
RICHIE	97
TEDDY	10

— A la semaine prochaine, les gars.

Le verre captura leur reflet au moment où ils quittaient le Paradise.

11

Le mariage de Buddy Borsalino

Roulant seul en direction de chez Despie après avoir ramené les copains un soir de bowling, Buddy repéra une blonde qui attendait le bus sous le métro aérien.

— Je te dépose quelque part ?

Ses cheveux d'un jaune presque blanc lui nappaient la tête comme une crème renversée. Jambes épaisses et bouche dédaigneuse.

— Fous le camp.

— Je te baise quelque part ?

Dans un éclat de rire, Buddy démarra en laissant de la gomme sur le bitume, grilla un feu rouge, évita de justesse une camionnette. Il hésita à faire le tour du pâté de maisons, oui, non, oui, non, oui, oui. La deuxième fois, la fille était en compagnie d'un rital énorme et édenté en blouson de cuir. Elle tendit le bras vers Buddy. Le mastard s'approcha de la voiture d'un pas lourd et Buddy repartit à toute blinde, grilla les feux, tourna aux croisements comme un cascadeur bourré.

Assis sur un tabouret tournant au vinyle craquelé dans la lumière sale du Pioneer's, il buvait lentement un gobelet de café trop chaud en regardant Maxie empiler des plats dans un panier en plastique gris, le plafonnier transformant ses lunettes sans monture en réflecteurs aveuglants. Maxie était givré. Buddy venait au Pionnier's au moins quatre fois par semaine depuis qu'il avait l'âge de traverser seul la rue, et pas une fois au cours de toutes ces années Maxie n'avait manifesté qu'il l'avait déjà vu.

Buddy pensa à Despie et éprouva une sensation agréable dans le bas-ventre. Un client sélectionna « Any Day Now » par Chuck Jackson sur le juke-box et Buddy sentit son estomac se serrer, se réduire aux dimensions d'une bille.

Un jour ou l'autre... mon bel oiseau,
Tu t'envoleras

Ça allait mal, il reprenait les vieilles habitudes : il fumait deux paquets de clopes par jour, sans manger, faisait des siestes de huit heures, trouvait des sens secrets à toutes les chansons qu'il entendait. Il leva les yeux vers la pendule Pepsi. Dix heures moins dix. Dans un quart d'heure, il pourrait y aller et arriverait avec cinq minutes de retard comme tous les vendredis soir, rien que pour montrer à Despie à quel point il était relax.

A la porte, il voulut l'embrasser mais elle détourna la tête et ce fut sur son oreille qu'il posa finalement les lèvres. Il fronça les sourcils.

— T'as envie de faire quoi, ce soir ?

Elle haussa les épaules.

— Je m'en fiche.

— Tu veux aller au Duke ?

— Si tu veux.

— Tu veux qu'on reste à la maison ?

— Si tu veux qu'on reste, on reste.

— Tu veux aller au Nathan's ?

— J'ai dit que je m'en fichais, t'es sourd ?

Ils roulèrent en silence jusqu'au Nathan's. Sous les tubes fluorescents d'une blancheur mortelle, Buddy compta les mouches qui décollaient et atterrissaient sur leur petite table en Formica. Despie alla pisser. Ils burent un jus de raisin, firent une fois le tour des flippers et rentrèrent.

En engageant la voiture dans Sprain Parkway, il écrasa l'accélérateur, un œil sur la route, l'autre sur Despie. Elle bâilla, prit une cigarette dans la poche de la chemise de Buddy.

— Tu te prends pour Steve McQueen ?

Gêné, il ralentit.

— Qu'est-ce que t'as ? demanda-t-il.

— Et toi ? rétorqua-t-elle.

— Rien. Qu'est-ce que t'as ?

Sans répondre, elle poussa le volume de la radio et regarda par la vitre en balançant la tête et les jambes au rythme d'un air qu'ils détestaient tous les deux.

— J'ai fait 205 au bowling ce soir.

Pas de réaction.

— Joey a fait 220.

La vitre renvoya vers lui la fumée que Despie rejetait.

— T'as tes ours, ou quoi ?

Elle se tourna brusquement vers lui, le visage rougeoyant de rage.

— Vaudrait mieux !

— Qu'est-ce que ça veut dire, ça ?

Despie mit la radio si fort que Buddy ne reconnut plus les chansons.

A deux heures du matin, il était assis seul dans l'obscurité à la table de la cuisine, soûl, la tête au creux du bras, une cigarette pendant à ses doigts mollement serrés. Il fit un trou dans la toile cirée de sa mère. Le son très bas d'un transistor flottait dans la pièce. Il songea à Humphrey Bogart dans *Casablanca*, assis seul à une table au milieu de la nuit et se poivrant en pensant à Ingrid Bergman. Il n'y avait plus de glaçons. Il se versa un quatrième scotch dans un grand verre, ajouta une même quantité d'eau froide au robinet et reprit sa position à la table. Il n'arrivait pas à se rappeler la chanson qui faisait craquer Bogart. C'était quoi, leur chanson, à lui et Despie ? Il lui avait un jour dédié « You've Really Got a Hold on Me » par Smokey Robinson à la radio. C'était ça. Leur chanson. Il pensa à la douceur douloureuse de la voix de Smokey, avala une lampée de whisky et faillit vomir. Le téléphone sonna.

— Ouais ?

— Quoi, « ouais » ?

— Despie !

— Je suis furax contre toi.

— A cause de quoi ? bredouilla Buddy.

L'alcool lui chauffait les oreilles et lui faisait friser les dents.

— Tu te fous complètement de moi.

— De quoi tu parles ?

— Ah, laisse tomber.

— Laisse tomber quoi ?

— Ça te regarde pas !

Elle raccrocha brutalement et Buddy bascula en avant. Il n'arrivait pas à croire qu'il pouvait se bourrer la gueule à ce point tout seul. Il but une autre gorgée. Le téléphone sonna, Buddy piqua du nez, se cogna la tête.

— Ah merde... Ouais ?

Allongé par terre, il sentait la douleur lui percer le crâne au-dessus des yeux comme un pic à glace.

— Tu m'épouserais même pas si je me tuais.

— Quoi ?

— C'est bien ce que je pensais.

— Mais qu'est-ce que t'as ?

— Tu sais pas ce que c'est, l'amour, le vrai.

Les yeux de Buddy se baladaient quelque part à l'arrière de sa tête.

— Quoi ?

Ses yeux reprirent leur place, mais la cuisine se mit à tourner.

— Tu veux que je te dise ce que c'est, l'amour, le vrai, pour moi ?

— Quoi ?

— L'amour, ça veut dire qu'on soutient la personne qu'on aime, quoi qu'il arrive.

— Il est quelle heure ?

— Et tu sais ce que ça veut dire, l'amour, pour une femme ? Tu sais ce que c'est, le vrai signe d'amour pour une femme ? C'est vouloir un enfant de l'homme qu'elle aime.

— Ouais, je sais. Il est vraiment trois heures et demie ?

Sur le cadran de l'horloge en forme de soleil, les chiffres se tenaient par la main.

— Et tu sais ce que c'est que le vrai amour pour un homme ? C'est *vouloir* que la femme qui l'aime ait un enfant de lui. Tu le sais, ça ?

— Quoi ? Ouais.

Buddy savait que penser à une glace à la framboise noyée de chocolat était un moyen sûr pour dégueuler.

— Tu m'aimes, Buddy ? Tu m'aimes vraiment ? Parce que moi, je t'aime vraiment, et je voudrais savoir si tu ressens la même chose pour moi.

— Ouais.

Il envisagea de s'enfoncer un doigt dans la gorge pour en finir.

— Je suis contente de l'entendre, Buddy, je suis très contente de l'entendre...

Il imagina un sundae à la framboise d'un mètre cinquante et sentit un goût de bile sur sa langue.

— ... parce que je suis enceinte.

— Hm-hm.

— Je suis contente de l'entendre parce que je me serais sûrement suicidée tout de suite après avoir raccroché si tu ne m'avais pas dit que tu seras auprès de moi et qu'on se mariera. Maintenant, je peux dormir.

— Dormir.

— Je t'aime, Buddy.

— Dormir.

Il se réveilla le lendemain matin, lové sur la machine à laver. Quelque part dans le tambour, le téléphone émettait des hululements de sirène. Buddy chercha l'appareil à tâtons, ramena une poignée de vomi. Avec un mouvement de recul, il sauta par terre, exécuta une petite danse de douleur quand sa tête et le bas de son dos se disputèrent son attention. Sept heures et demie, indiquait l'horloge. La bouteille de Wilson's Scotch était vide, et le grand verre gisait en morceaux sur le linoléum. Le poste à transistor continuait à faire entendre sa petite voix éraillée. Quelqu'un tira la chasse d'eau dans les toilettes. Merde de merde. Reconnaissant la toux de sa mère, Buddy se pencha pour ramasser la bouteille vide, mais il reçut un coup en plein front et s'affala, assis par terre, le dos contre la machine à laver.

— 'jour, chéri... Pourquoi tu t'es levé si tôt ?

Sa mère entra dans la cuisine d'un pas traînant, un

mégot entre les lèvres, une cigarette non allumée à la main.

— Je me sens pas bien, répondit-il.

Il fit glisser la bouteille derrière son dos tandis que sa mère allumait sa nouvelle cigarette au filtre fumant de la précédente.

— Tu veux du café ? Seigneur, quelle odeur ! fit-elle en fronçant le nez.

Buddy se mit debout, expédia la bouteille derrière le réfrigérateur d'un coup de pied et voulut fermer la machine à laver. Il n'y parvint pas tout à fait parce que le téléphone baignait toujours dans le vomi et que le fil maintenait le couvercle entrouvert.

Elle mit la cafetière à chauffer et se retourna pour regarder son fils, dont la chemise et le pantalon en accordéon étaient imprégnés de vomi.

— Comment ça s'est passé avec Machine, hier soir ?

La question emplit Buddy d'une frayeur vague mais insistante. Il s'était passé quelque chose hier soir, ou alors il avait fait un rêve vraiment moche. Quelque chose au sujet de Despie.

— Bien, répondit-il.

— Je suis contente. Bon, il faut que je m'habille, je vais à l'enterrement de la mère d'Helene.

Elle éteignit la deuxième cigarette et sortit, laissant le café bouillir.

Buddy entreprit d'extraire délicatement le téléphone de la machine à laver, l'essuya et le remit sur son socle. Puis il coupa le gaz sous la cafetière et lança la machine, manière de nettoyer le vomi.

Sa mère revint dans la cuisine en soutien-gorge et porte-jarretelles.

— Tu veux bien remonter ma fermeture, chéri ? sollicita-t-elle en lui tournant le dos.

— La fermeture de quoi ?

Elle le regarda un moment d'un air perplexe, haussa les sourcils, forma un petit O avec sa bouche et porta une main à ses lèvres.

— Seigneur ! fit-elle en gloussant. J'ai oublié de mettre ma robe.

Elle ressortit et Buddy se concentra sur ce que Despie avait dit la veille, au sujet des vrais bébés, ou quelque chose comme ça.

Un tintement de clef dans le couloir signala le retour du père de Buddy de son travail de directeur de nuit de plusieurs hôtels de passe de Times Square. La machine à laver fit un bruit de bétonneuse en parvenant au cycle rinçage. La mère de Buddy entonna un air d'opéra avec une voix de scie musicale. La porte claqua.

— Qui c'est qui fait la lessive ?

Vito Borsalino entra, des disques rouges gonflés à la place des yeux, jeta son sac de voyage à la tête de Buddy.

— Tu fais la lessive ? Tu fais la lessive ?

Il marcha sur son fils, le gifla sur les oreilles.

— Ton père rentre du boulot, il doit écouter une saloperie de machine à laver ? Hein ? Hein ?

Buddy se réfugia dans le coin-repas sous un déluge de baffes.

— Tu veux ma mort ? Tu veux ma mort ?

Le père s'arrêta soudain en entendant la sirène de sa femme par-dessus le grondement de sa propre voix et le vacarme de la machine.

— J'SUIS LE BARBIER DE SÉVIIIIILLE, J'SUIS LE BARBIER DE SÉVIIIILLE…

Le petit moteur qui actionnait les deux tics faciaux de Vito passa la vitesse supérieure. Le coin de son œil gauche commença à trembloter, le coin droit de sa bouche se mit à monter et à descendre.

— J'SUIS LE BARBIER DE SÉVIIIILLE…

Délaissant son fils, il pénétra dans la chambre à pas feutrés.

— J'SUIS LE BARBIER DE SÉVIIILLE, J'SUIS LE... HIIIII !

Buddy entendit des meubles tomber, des claques et des coups de gueule, un grognement de son père suivi d'une inspiration brusque de sa mère, le bruit mat d'un poing entrant en contact avec de la chair molle, un craquement de bois ou d'os, puis une respiration bruyante.

— Tu veux ma mort ? Tu veux ma mort, espèce de garce ? Hein ? Hein ?

— NNNFF... NNNFF... NNNNFF…

— Chante ! Chante, salope !

— NNNGGG... NNNNGG…

Buddy se précipita dans la chambre, vit sa mère prise dans un étranglement entre l'avant-bras charnu et la cage thoracique de son père, dont la tête chauve était rouge carmin. Un mince filet de salive pendait des lèvres de sa mère. Vito tenait dans sa main libre un cendrier qu'il fit mine de jeter sur son fils.

— Fous le camp, bâtard, fils de pute !

La machine à laver se mit à faire un boucan d'avion à réaction en entamant l'Essorage Final.

— Arrête cette saleté de truc !

Il lança le cendrier dans la direction générale de Buddy mais, déjà de retour dans la cuisine, Buddy pressa des boutons et tourna des cadrans jusqu'à ce que l'appareil frissonne, ait une embardée et enfin se taise.

— NNNFFF ! NNNNGG ! NNNFF !

— Chante, salope ! J'veux que tu chantes !

Est-ce qu'elle a dit qu'elle était enceinte ? ! !

Buddy eut un hoquet et bascula en arrière contre la machine tandis que toute la conversation défilait dans sa tête comme un journal lumineux au-dessus de Times Square. D'un pas chancelant, il alla dans le séjour sans prêter attention aux bruits du match de catch de ses parents ; il s'assit dans le fauteuil, indifférent au vacarme, et entreprit de réfléchir à l'avenir. Seuls les mex et les bougnoules se faisaient avorter, donc c'était exclu ; en plus, Despie irait en enfer avec le bébé mort, et lui aussi, probablement, alors, la seule chose à faire, c'était de se marier, et d'ailleurs, il aimait vraiment Despie, et ils se seraient mariés tôt ou tard, de toute façon. Comme ça, ils n'auraient plus à se planquer quand ils auraient envie de baiser, sauf que les femmes enceintes peuvent pas baiser. Au moins, il sortirait de ce foutoir et serait débarrassé de ces deux trouducs et ce n'était pas comme s'il ne verrait plus les copains et maintenant au moins, il n'aurait plus à se branler et il savait qu'il n'était pas stérile comme le Grand George et il pourrait laisser tomber ce bahut de merde et trouver un boulot. Il aimait vraiment Despie et le mariage serait aux pommes et Tommy Tooky pouvait faire venir les Zircons et ils les auraient peut-être pour pas cher et ils loueraient la salle du Duke. Pas la peine de dire à qui que ce soit que Despie était en cloque et il l'aimait...

— TA GUEULE ! TA GUEULE !

Buddy se leva d'un bond, se rua dans la chambre et gueula sur ses parents qui se roulaient par terre en se tapant dessus. Ils s'interrompirent dans leur mouvement, posèrent sur leur fils un regard bovin.

Buddy serra les dents et les poings, sa respiration devint asthmatique. Il saisit l'une des lampes intactes et la projeta contre le mur au-dessus de leurs têtes. Ils s'aplatirent sur le sol.

— T'es dingue ! beugla son père.

Buddy était parti.

Il était assis sur une chaise au milieu de la salle de séjour où Despie et sa mère en larmes se blottissaient l'une contre l'autre dans un coin du sofa, contre le mur. Al Carabella faisait les cent pas devant Buddy qui se balançait légèrement en se tenant les genoux. Chaque fois qu'il se tournait vers Despie, il découvrait un visage réduit à quatre fentes de reproche. La bouche de la mère se tordait en une telle convulsion de chagrin muet qu'il avait du mal à croire que tout ce qu'il avait fait, c'était troncher sa fille.

— T'as un travail ? aboya Al Carabella.

Il était petit, rougeaud, chauve et trapu comme le père de Buddy, et il se balançait sur la pointe des pieds comme s'il allait exploser d'une seconde à l'autre et se jeter à la gorge de Buddy.

— Non, j'ai pas fini le lycée.

Coup d'œil méprisant.

— Bon, je te ferai entrer dans l'imprimerie. T'as vingt et un ans ? Faut avoir vingt et un ans.

— J'ai pas encore dix-huit ans.

— Bon Dieu de bon Dieu... ces gosses...

La mère de Despie se remit à sangloter et sa fille la serra contre elle.

— T'as un endroit où vivre ?

— Non... Je...

— Seigneur... Pas de boulot... Pas de maison... Rien là-dedans, dit Al en tapotant le front de Buddy. Tout là, en bas.

Il saisit l'entrejambe de Buddy et pressa. Buddy poussa un cri et faillit tomber en arrière.

— Nom de Dieu... Ces gosses... Bon, vous vivrez au sous-sol, on l'a lambrissé.

Buddy acquiesça de la tête.

— Despie, emmène ta mère en haut, maintenant, je veux causer à ce garçon.

Despie dut quasiment porter sa mère en passant devant Buddy, qui évita ses regards meurtriers.

— Borsalino, reprit le père, je veux avoir avec toi une conversation d'homme à homme.

Il tira une chaise au milieu de la pièce et s'assit, ses genoux touchant presque ceux de l'adolescent.

— Je suis pas le mauvais bougre. J'ai eu ton âge et je me tapais des filles comme si demain n'existait pas. A une différence près : j'ai jamais baisé la fille de quelqu'un.

Il fixa durement Buddy et lui enfonça dans la poitrine un doigt épais comme un cigare. Buddy baissa la tête.

— Non seulement tu l'as fait avec *ma* fille, mais tu lui as collé un polichinelle dans le tiroir, sale con de rital.

Buddy clignait furieusement des yeux pour ne pas pleurer.

— Bon, je te l'ai dit, je suis pas le mauvais bougre et il faut être deux pour danser le tango. Autant que je sache, Despie baise depuis qu'elle est au lycée et t'es le premier crétin à se faire prendre. Pour moi, ça change rien. Tu l'as foutue en cloque, tu dois réparer.

Buddy aspira le contenu humide de son nez et son visage se tordit quand il commença à perdre son combat contre les larmes.

— Hé, c'est quoi, ça ? fit Al en se redressant sur sa chaise. Voilà que t'as peur, maintenant ? !

Il se leva et servit à Buddy un verre de scotch, commença à ranger la bouteille, se ravisa et versa un verre pour lui aussi. Buddy prit le whisky en reniflant.

— Debout, dit Al. A mon futur beau-fils.

Al tendit le bras pour trinquer et Buddy, s'attendant à

demi à recevoir un gnon, eut un mouvement de recul. Al lui passa un bras autour des épaules et le poussa en direction du sous-sol.

— Tu veux voir ton nouvel appart ?

— Je l'ai déjà vu.

— Alors, c'est là que vous avez fait ça, marmonna Al, plus pour lui-même que pour Buddy. Hé, Gloria, descends avec Despie ! cria-t-il vers l'escalier.

Il se tourna de nouveau vers Buddy.

— T'aimes les clams ? Je vous emmène tous à City Island manger des clams.

Buddy hocha la tête d'un air sombre.

— Je suis pas le mauvais bougre, répéta Al une troisième fois avec un haussement d'épaules et un sourire.

Buddy se dirigeait vers le terrain de jeu, la poche arrière pleine d'invitations. Pour la millième fois, il rabâcha dans sa tête l'histoire qu'il raconterait aux copains. Quand il arriva, Richie et Eugene faisaient un deux contre deux au basket avec des Noirs. Buddy s'assit sur le banc, les invitations dans sa main moite, et attendit que cette connerie de partie finisse. Un moment, Richie, le voyant, lui fit signe de la main et Buddy se précipita presque sur le terrain pour lui remettre son invitation.

— *Pff !* Je suis vidé ! dit Eugene en se laissant tomber à côté de Buddy.

Richie hocha la tête.

— Ils sont bons, ces mecs.

— Je me marie, annonça Buddy.

— Il sait sauter, le grand nègre, dit Richie.

Penché en avant, les coudes sur les cuisses, il s'éventait avec l'invitation que Buddy venait de lui donner.

— Moi et Despie, on a décidé de faire ça dans les règles. Tiens...

Buddy tendit une invitation à Eugene.

— Tu vas à la Bronx House, ce soir ? demanda Eugene qui, comme son copain, se servait du carton comme d'un éventail.

— Nan, vaut mieux y aller la semaine prochaine, répondit Richie. Tooky viendra jouer.

— Tooky joue comme un manche, assura Eugene.

— Va te faire foutre, rétorqua Richie, dont Tooky était le cousin. Il joue cent fois mieux que toi.

Eugene venait de commencer à prendre des leçons de saxophone.

— Tu m'étonnes. Si je jouais depuis aussi longtemps que lui, je ferai le Duke toutes les semaines.

— Tu ferais mon zob, ouais.

— Je joue du saxo, pas du pipeau.

— Ahhhhaaa... Wooou !

Ils étaient entourés par une douzaine d'habitués du terrain de jeu qui sentaient venir la castagne.

— Et ta mère joue de la clarinette à moustaches !

— Wooou ! OOOH ! OOOH !

— La tienne suce le chef d'orchestre !

Les habitués vautrés sur le banc ou adossés au grillage poussaient des cris comme un chœur antique en manque.

— Ta mère est allée au cirque et elle a filé la chtouille à un éléphant mourant.

Eugene, écarlate, se raidissait au bord du banc ; Richie était déjà debout.

— L'éléphant, il était malade d'avoir bouffé le cul de ta grand-mère !

— Je me marie vendredi prochain, dit Buddy, plus à lui-même qu'aux autres.

— Ta mère, y a que le métro qui lui est pas passé dessus.

— La tienne bouffe des bites par packs de douze !

— Ah ! ouais ? Ta mère, c'est par packs de...

— Ecoutez-moi, bon Dieu ! s'écria Buddy, qui se leva du banc et donna un coup de pied dans le grillage. Je me marie vendredi prochain, putain. Vous êtes sourds ?

Personne ne savait quoi dire. L'un des habitués dégringola de la clôture et tomba sur les fesses. Deux autres, devinant que la rigolade était finie, s'éloignèrent. Richie se rassit. Lui et Eugene cherchèrent sur le visage de Buddy un signe qu'il leur bourrait le mou.

— Tu déconnes ? fit Eugene.

— Pas du tout.

— Pourquoi, alors ? voulut savoir Richie.

— Parce que j'ai envie, répondit Buddy.

Il se rassit et le silence se fit. Le groupe de curieux commença à se disperser. L'air perplexe de Richie fit place à un sourire.

— Borsalino, tu racontes tellement de salades que t'as les dents toutes vertes.

— On va à la mairie vendredi midi et on fait la fête vendredi soir, dit Buddy en donnant à ses copains deux autres invitations.

Mr et Mrs Al Carabella
Mr et Mrs Vito Borsalino
Ont le plaisir de vous convier
A célébrer le mariage de leurs enfants
Despinoza Marie Carabella
Et Mario Peter Borsalino
Le 1er juin 1962
au foyer du centre communautaire
à 20 h 45 précises
RSVP

— On l'a écrit nous-mêmes, Despie et moi, puis on l'a porté chez l'imprimeur.

— Pourquoi ? demanda Eugene.

— C'est moins cher.

— Non, pourquoi tu te maries, bordel ?

— Je suis amoureux, Eugene. Vous, les gars, vous savez pas ce que c'est qu'être amoureux comme ça... C'est le grand amour.

Touché par sa propre sincérité, Buddy essuya une larme.

— C'est l'occasion de ma vie, ajouta-t-il.

— T'as entendu les cloches ? demanda Richie.

— Tu l'as mise en cloque ? demanda Eugene.

— Non.

— Non quoi ?

— Non j'ai pas entendu ces conneries de cloches, et non je l'ai pas mise en cloque.

Richie passa un bras autour des épaules de Buddy.

— Tu peux nous le dire, t'es notre meilleur copain. Elle est pas enceinte ?

Buddy chercha sur leurs visages une trace de moquerie. Ils ne souriaient même pas.

— Hé, qu'est-ce qui se passe ? fit Joey qui venait de tourner le coin de la rue. Qu'est-ce qu'il a, Buddy ? On dirait que quelqu'un vient de mourir...

— Buddy se marie, expliqua Eugene.

— Sans déconner ?

— Sans déconner.

— Arrêtez de me charrier, bon Dieu.

— Personne te charrie, Joey, dit Richie en lui tendant l'invitation.

— C'est quoi ? Une farce ?

Joey regarda Buddy, plissa les yeux.

— Non, on dirait pas.

Les coudes sur les genoux, Buddy appuyait le menton sur l'entrelacs de ses doigts joints. Richie lui massa les épaules en regardant de l'autre côté du terrain ; Eugene lui effleura le bras et recula ; Joey s'agenouilla par terre devant lui et chercha son regard.

— Tu l'as mise enceinte ? demanda-t-il d'un ton doux et grave.

— Ouais, répondit Buddy d'une voix à peine audible.

— Merde.

Joey pressa le genou de Buddy, se leva, s'assit près de lui et lui entoura les épaules.

— Je sais comment on peut avorter, dit Eugene, qui se sentait évincé par la tendresse de Richie et de Joey. Tu composes PECHES à l'envers sur le bigophone.

— Ça, c'est pour avoir un bordel, dugland.

— Ben, les putes aussi se font engrosser.

— Ah, ta gueule, Eugene.

Eugene décrivit de la main de petits cercles désespérés, ouvrit la bouche pour dire quelque chose, la referma, fourra les mains dans ses poches et quitta le terrain de jeu.

Il rentra chez lui dans un mélange de rage et de terreur. Il avait tringlé onze filles les trois derniers mois, il en tringlerait onze autres au moins dans les deux mois qui venaient et il serait jamais assez con pour en mettre une enceinte. Buddy était un crétin et un vrai porc d'avoir tout foutu en l'air du premier coup. Ce taré avait sûrement envoyé la purée avant même d'avoir mis sa première capote. Seigneur, je suis peut-être stérile. Eugene se rappela qu'il avait baisé Patricia Palladino avec une capote trouée, et elle avait eu ses règles avec deux semaines *d'avance*. Stérile. D'un autre côté, c'était le pied parce que personne n'a envie de se marier et d'avoir des gosses. Il devrait peut-être arrêter carrément les capotes. Il déplia l'invitation, fronça les sourcils. 1er juin. Vendredi prochain. Il avait un rambour avec Nina Becker, vendredi. Numéro douze. Il pouvait peut-être l'amener au mariage. Ou partir plus tôt pour la rejoindre. Il faudrait qu'il donne un coup de fil à Borsalino.

Al Carabella attendait sa fille une ceinture à la main quand elle rentra du lycée à trois heures et demie. Chaque jour depuis qu'elle avait annoncé à ses parents qu'elle était enceinte, il la conduisait sans un mot à sa chambre, en ressortait dix minutes plus tard et fermait la porte à clef jusqu'à l'heure du dîner. Despie demeura étendue sur le lit, les fesses meurtries. Après les deux premières corrections, il ne lui avait même plus paru utile de pleurnicher. Plus que quatre jours avant le mariage. Quatre corrections. Il n'oserait plus la frapper, une fois qu'elle serait mariée. Elle souleva sa blouse, descendit sa jupe, promena les doigts sur son ventre. Gros comme une cacahuète, avait dit le docteur Pugliese. Elle chercha les contours possibles d'un bébé de la dimension d'une cacahuète, les trouva sur la gauche, à une dizaine de centimètres sous son nombril, les suivit du doigt. Elle sentit la bouche, les yeux, les mains et les pieds. Elle le sentit même gigoter sous la pression de sa main. Elle posa un ongle sur la poitrine minuscule. Puis elle ferma le poing et l'abattit, encore et encore, sur son ventre.

Le projet de faire venir Tommy Tooky et les Zircons n'aboutit pas et Buddy passa chez tout le monde collecter des 45 tours pour la soirée. Il dressa la liste des disques afin de pouvoir les rendre quand tout serait fini.

Richie

Patches (s)
Pretty Little Angel Eyes (r)
Tell Laura I Love Her (s)
Runaway (r)
Tears on My Pillow (s)

Spanish Harlem (c)
Heartaches (r)

C

Johnny Angel (c)
Blue Moon (r)
Any Day Now (s)
Soldier Boy (s)
Will You Still Love Me Tomorrow (c)
The End of the World (s)
Da Doo Run Run (r)
Duke of Earl (r)

Joey

Sherry (c)
Big Girls Don't Cry (c)
Walk Like a Man (c)
Ain't It a Shame (r)
The Wanderer (r)
Runaround Sue (r)
Lovers Who Wander (r)
Little Diane (r)

Quarter to Three (r)
Barbara-Ann (r)

Eugene

Could This Be Magic (s)
The Closer You Are (s)
The Wind (s)
Diamonds and Pearls (s)
Valerie (s)
Donna (s)
Every Beat of My Heart (s)
I Only Have Eyes for You (r)

What Time Is It (r)

Il avait à peu près les bonnes proportions : seize slows, douze airs rapides et six cha-cha. Lui-même fournissait près de trois cents disques et Despie presque quatre cents, mais il valait mieux avoir quelques tubes en double.

Perry se tenait devant le lycée de Trenton dans son blouson de Tully, une cigarette pendante aux lèvres, un tout petit classeur bleu sous le bras. Les deux faire-valoir qui l'encadraient tels des serre-livres identiques gardaient un œil sur lui, un œil sur la foule. S'il faisait passer son poids d'une jambe sur l'autre, ils l'imitaient. S'il prenait sa cigarette entre le pouce et l'index, plissait les yeux et soufflait un jet de fumée entre ses lèvres à peine écartées, ils faisaient pareil. Perry tira une dernière bouffée, laissa tomber son mégot et traversa la rue en direction d'un terrain de jeu. Ses lèche-bottes jetèrent leurs clopes et suivirent à un mètre derrière, un de chaque côté pour former une aile. Perry inspecta le terrain de basket, repéra celui qu'il cherchait, confia son classeur à l'un des larbins sans tourner la tête, alluma une autre cigarette et glissa un rouleau de *nickels* dans son poing droit.

— Son nez a éclaté comme une tomate, dit Perry, qui cracha une petite boule de salive. J'ai baissé les yeux vers lui et je lui ai dit : « Garde la monnaie. »

Les lèche-bottes eurent un rire appréciateur, même s'ils avaient assisté à toute la scène.

Perry plissa les yeux, tira une longue taffe et cracha de nouveau.

Assis seul dans le faux salon oriental de sa tante Rosie, il regardait une redif de « Rawhide » sur le téléviseur couleur en mangeant des Fritos et se demandait s'il allait se mettre à ses devoirs. Merde pour les devoirs. Merde pour le lycée. Merde pour le monde. Il s'était fait recaler à cause de son dossier disciplinaire : le bureau du proviseur lui avait collé sur le dos onze bagarres en trois mois, mais Perry ne les voyait pas comme des bagarres. Pour lui, c'étaient trois K.-O., six K.-O. techniques, une victoire aux points à l'unanimité des juges et un nul. De toute façon, il quittait le bahut à la fin du mois, il retournait à New York voir les potes une dernière fois et s'embarquer pour l'Afrique, la Chine ou ailleurs. Il avait entendu dire qu'à Singapour on organisait des spectacles pornos où des femmes se tapaient des serpents, des ours et des derviches tourneurs. A Tokyo, dans les bordels, les filles vous faisaient avec la langue des trucs qui vous rendaient dingue. En Tasmanie, on vous donnait mille dollars pour chaque diable de Tasmanie capturé. On pouvait encore acheter des esclaves en Angola et un putain de harem en Arabie Saoudite. Il avait lu que la politesse pour un Eskimo consistait à vous offrir sa femme comme vous offririez un verre. A Casablanca, des artistes pouvaient vous tatouer sur la queue une enseigne de coiffeur qui se mettait à tourner dès que vous bandiez.

Putain de Trenton, New Jersey.

— Il me casse vraiment les couilles, ce bled, grogna-t-il.

Le téléphone sonna.

— Yo.

— Yo toi-même.

— Qui c'est, bord...

— Hé ! Mista Cramouille !

— Joey !

— Ça gaze, mon vieux pote ? Tout le temps raide ?

— Un os. Et toi ?

— Ça va, ça vient.

— Nom de Dieu, Joey... J'arrive pas à y croire.

— Hé, Buddy se marie.

— Tu déconnes ?

— Je déconne pas. Il a mis Despie en cloque.

— Il la baisait ?

— Non, il l'a mise en cloque en lui faisant minette.

— Il la *baisait* ? fit Perry, toujours puceau.

— Il se marie vendredi prochain. Tu viendras ?

— J'arrive pas à croire qu'il la baisait. Tu parles que je viens !

— Tu pourras dormir chez moi.

— Ça marche.

— Sinon, comment ça va ?

— Je me suis fait recaler.

— Merde. Comment t'as fait ?

— J'ai dérouillé quelques mecs. T'imagines pas les tapettes qu'y a ici. Je suis le gros dur de l'Etat.

— C'est con, quand même.

— Je m'en fous. Je laisse tomber le lycée.

— Tu vas bosser ?

— Non, je vais devenir marin.

— T'iras où ?

— Je sais pas... En Chine.

— Tu peux pas aller en Chine.

— Pourquoi, bordel ?

— C'est communiste.

— Alors, j'irai en Afrique.

— Qu'est-ce que tu vas foutre là-bas ? Des bronzés, t'en as à Tully.

— Je vais plus à Tully.

— Moi non plus, je vais plus y aller.

— Tu laisses tomber ?

— J'ai eu mon diplôme.

— Sale con. T'iras en fac ?

— Tu rigoles ?

— Qu'est-ce que tu feras, alors ?

— Je sais pas. En tout cas, je me tire d'ici, c'est sûr.

— Qu'est-ce que tu veux dire ?

— Ça vaut plus le coup. T'es parti. Buddy, c'est tout comme. Je me suis bagarré avec Eugene, alors, il reste plus que moi et Richie.

— Et Emilio, toujours pareil ?

— Je peux plus vivre dans la même baraque que ce malade.

— Dis-lui juste de planquer ses miches.

— Ouais, six pieds sous terre, tant qu'à faire.

— T'en fais pas, quelqu'un lui fera sa fête un jour.

— Faut que je me tire, Perry.

— Tu veux venir avec moi ?

— Où tu vas ?

— J'ai un oncle marin à Boston, il peut nous avoir les papiers et on se barre.

— Comme ça ?

— Comme ça, Joey. Comme ça.

Jeudi soir après le dîner, Buddy descendit faire un tour. En approchant de la voiture de son père, il vit Perry assis sur le siège du passager.

— La Guardiahhh !

— Hééé !

Joey, Richie et Eugene surgirent de derrière la voiture et se ruèrent sur Buddy en riant, le projetèrent contre la portière, le chargèrent sur leurs épaules et le portèrent dans le bâtiment. Ils le balancèrent dans l'ascenseur et s'y entassèrent avec lui sans cesser de rire et de brailler.

— Qu'est-ce que vous foutez ? cria Buddy, croulant sous les corps de ses potes.

— Enterrement de vie de garçon !

Ils le poussèrent dans l'appartement, lui passèrent une chemise et le ramenèrent à sa voiture.

— Où on va ?

— Au Duke !

Joey prit le volant et la direction du Duke, Central Avenue, à Yonkers.

— Perry ! T'étais où, putain ?

— A ce putain de Trenton, New Jersey.

Buddy examina Perry : il avait fondu.

— Tu m'as manqué, gros lard.

— Moi, j'aurais manqué ça pour rien au monde.

Perry se pencha par-dessus la banquette avant et donna une chiquenaude à l'oreille de son copain. Buddy esquiva, passa à moitié par-dessus le siège et se lança dans un match de catch avec Perry. Richie et Eugene se jetèrent sur eux. Joey donna un coup de volant brutal pour projeter tout le monde contre la portière. Ils se mirent à rire et à gueuler contre lui. Eugene tira de sa poche une flasque de bourbon, Richie une bouteille de Tango. Le temps que Joey se gare dans un crissement de freins, le costume vert d'Eugene était trempé de gnôle, Perry avait perdu une chaussure et Richie avait une bosse grosse comme un œuf sur le front.

Après le deuxième pichet de Seven, Richie se leva et écarta les bras pour réclamer le silence à la table.

— On a un cadeau pour toi, Bors'lino.

Il alla au vestiaire en titubant, revint avec un gros paquet vert, le lança à Buddy.

— Ouvre-le !

— Allez, allez, ouvre-le !

— Attendez ! Donnez-lui la carte !

— Ouais, la carte !

— Filez-lui la carte !

Personne ne trouvait la carte. Les clients des tables voisines qui les observaient reprirent le mot d'ordre :

— La carte ! On veut la carte !

Bientôt tout le monde riait et réclamait la carte. Richie finit par la trouver et la montra à la salle bondée : un fermier fermant la porte de l'écurie tandis que deux chevaux galopaient au loin.

— Ouvre le paquet !

— Ouvre ! cria la foule.

Buddy déchira le papier vert et quatre cents préservatifs emballés dans du papier d'aluminium cascadèrent sur le sol.

Perry et Joey traversèrent le couloir mal éclairé en direction de la porte de l'appartement.

— J'en reviens pas, gloussa Joey.

— T'as vu la tête qu'il faisait ?

Perry imita l'expression de Buddy en formant un grand O avec sa bouche. Joey redoubla de rire, tendit une main dans laquelle Perry claqua la sienne.

Soudain la porte s'ouvrit. Emilio, en caleçon, se frotta les yeux et tira son fils à l'intérieur de l'appartement. La porte se referma avant que Perry ait pu réagir. Immobile, il fixa le panneau de bois tandis qu'une peur horrible s'insinuait dans ses tripes. Une baffe. Une autre. Une inspiration sifflante. Des jurons étouffés. Le silence. La porte s'ouvrit lentement, Perry recula. Joey apparut, le visage grimaçant de souffrance. Des larmes traçaient sur ses joues des pistes grasses et cinq lignes rouges barraient sa peau autour de l'oreille. Il se tenait l'estomac.

— C'est pas vrai !

Joey fit signe à Perry de se taire, hésita quelques secondes puis le fit entrer dans l'appartement obscur.

Richie rentra chez lui à deux heures et demie du matin et appela P. Au bout de deux sonneries, il se rappela qu'elle dormait chez Despie. Il s'assit sur le comptoir de la cuisine et alluma une cigarette, regarda la rue déserte en balançant nonchalamment les jambes. Une rame du métro aérien passa devant la fenêtre, les voitures qui filaient baignèrent son visage de lumière. La rame était vide.

Eugene défit sa cravate en entrant dans la salle de séjour.

— Champion !

Vêtu de sa veste d'intérieur en brocart rouge, son père faisait face au téléviseur éteint. Devant lui, une petite pyramide de mégots s'élevait sur la table basse.

— T'es pas encore couché ?

Al haussa les épaules.

— J'arrive pas à dormir. C'était comment, la soirée de ton copain ?

Eugene prit une cigarette sur la table basse.

— Bien.

— Vous l'avez fait baiser ?

— Non.

— C'est quoi, cet enterrement de vie de garçon ? Nous, quand un de nos potes se faisait harponner, on louait tout un boxon. Y en avait un dans la 38e...

Al alluma une cigarette et rejeta la fumée par le nez.

— Pour Rao le Gaucher, on est allés là-bas, reprit-il avec un petit rire, et je me suis tapé... six gonzesses... *Six* !

Eugene pressa ses doigts sur ses tempes.

— J'ai pas envie d'entendre ça maintenant, d'accord ?

— Qu'est-ce qu'y a ? fit son père, étonné.

— Rien... rien. J'ai juste pas envie d'entendre ces conneries, O.K. ?

Al fronça les sourcils, écrasa sa cigarette, en alluma aussitôt une autre. Eugene se mit à aller et venir dans le séjour.

— Excuse-moi.

Son père haussa les épaules, eut un geste de la main qui tenait la cigarette.

— Je deviens dingue, dit Eugene. Je comprends plus ce qui se passe.

Al promena les yeux sur la pièce, gigota sur ses fesses, l'air mal à l'aise.

— Je me suis battu avec Joey y a un mois et depuis... Je sais pas... J'ai l'impression de me balader avec ma chemise boutonnée de travers.

Al fronça de nouveau les sourcils, toussa.

— La semaine dernière... J'ai amené une fille là-haut, dit Eugene en se rasseyant. Et j'ai pas réussi à bander.

Le visage de son père se figea.

— Bon, le lendemain soir, je lui ai mis double ration pour compenser... N'empêche, l'autre soir, pas moyen. Mais je m'en foutais. J'avais pas peur ni rien, je me foutais de savoir si je rebanderais un jour... C'est vraiment bizarre.

— Tu devrais voir un docteur.

— Un psy ?

— Non, t'as pas besoin de ces couillonnades. Pourquoi t'irais pas voir Glassman, demain ? Pour qu'il jette un coup d'œil.

— A quoi ?

— Je sais pas, tu t'es peut-être froissé un muscle.

Eugene ferma le poing et, l'avant-bras tendu, astiqua une queue invisible. Al éclata de rire.

— Tu te branles encore ?

— Tu plaisantes ? J'ai arrêté quand j'avais douze ans.

— Pas le temps, hein ?

— J'avais mieux à faire avec.

Al s'esclaffa de nouveau et se leva.

— Je vais me pieuter, Champion. Va voir Glassman demain et dis-lui de mettre la visite sur mon compte.

Eugene resta seul sur le canapé, la tête entre les poings. Il avait l'impression qu'on lui avait volé quelque chose, mais il ne savait pas quoi.

Despie et P étaient allongées dans le lit de Despie et contemplaient le plafond.

— A quoi tu penses ? demanda P.

— J'ai oublié d'inviter Debby Tepper.

— Appelle-la demain.

— Elle sera furax.

— Et alors ? C'est un boudin, de toute façon.

— On signe les papiers demain.

— T'as les jetons ?

Despie haussa les épaules.

— Je vais être une femme mariée.

— Quelle impression ça fait ?

Despie roula sur le flanc, le dos tourné à P.

— C'est merdique.

Joey et Perry étaient allongés dans le lit de Joey.

— Le fumier, dit Joey en effleurant son visage là où Emilio l'avait giflé.

— Il se fera arranger la gueule.

— Par qui ?

— T'en fais pas.

— Faut que je me tire d'ici, déclara Joey.

Perry fixait le plafond, les mains derrière la nuque.
— Tu viendrais avec moi ?
Un long silence puis :
— Ouais.
— Je pars dimanche.
— Tu retournes chercher tes affaires ?
— Non.
— Tu pars tout de suite après le mariage ?
— Ouais.
— Pour Boston ?
— Ouais.
Une longue et lente expiration.
— T'emmènes quelqu'un ?
— Juste toi.
Nouvelle longue et lente expiration.
— J'ai les foies, Perry.
— Moi, je suis relax.
Un silence.
— Comment on ira là-bas ?
— J'ai deux billets de car, répondit Perry en tendant le bras par-dessus la poitrine de Joey pour prendre son portefeuille sur la commode. Deux billets et deux cents balles que j'ai piquées à Rosie.
— Moi j'ai pas un flèche.
— T'en fais pas.
— Perry…
— Ouais ?
— Je voudrais pas avoir l'air d'une pédale… mais je t'aime beaucoup… t'es mon meilleur ami.
Autre long silence. Perry roula sur le côté.
— On va s'en tirer, mec.
— Moi je vais pas en Afrique, annonça Joey.
— On commence par se tirer du Bronx.
— Je vais pas en Afrique, c'est tout.

Joey ferma les yeux, écouta Emilio ronfler de l'autre côté du mur.

Eugene rêvait qu'il était couché tout habillé dans un lit, à une réception, et que sa bite sortait de sa braguette. Il avait beau se rouler sur les couvertures, se tourner dans tous les sens, il n'arrivait pas à cacher que sa bite sortait de sa braguette. Des hommes séduisants et des femmes splendides entouraient le lit et bavardaient, un verre à la main, et il n'arrivait pas à leur cacher sa bite malgré toutes ses contorsions.

Buddy rentra dans une maison vide. Son père était au boulot, sa mère n'était pas encore revenue de sa partie de mah-jong. Il avait préparé ses affaires pour s'installer chez Despie le lendemain après-midi, les deux valises étaient encore ouvertes sur son lit. Il avait l'impression de partir en colo pour deux semaines. Il parcourut la liste de disques pour la réception du lendemain soir et cela le réconforta un peu. Il n'était pas sûr que son père soit au courant, pour le mariage. Quand il en avait parlé à sa mère, elle lui avait conseillé de ne rien dire à Vito parce qu'il piquerait une crise. Elle lui annoncerait, elle. Mais Buddy ne savait pas quand, au juste. Ça ne changeait rien. Vito travaillerait ce soir-là et Buddy ne voulait pas de lui à cette foutue réception, de toute manière. Sa mère aussi pouvait rester à la maison. Il l'entendit ouvrir la porte et entrer en fredonnant un air d'opéra. Buddy débarrassa son lit en vitesse et fit semblant de dormir. Elle passa devant sa chambre sans s'arrêter.

Le vendredi matin, les Vagabonds séchèrent les cours et allèrent à Fordham Road acheter des vestes neuves pour le mariage. Ils descendirent de l'autobus au coin de Fordham et Webster Avenue, devant le grand magasin Sears Roebuck, et entamèrent la longue montée.

— On va où ? demanda Eugene.

— Chez Alexander's.

— Des clous. J'achète pas ces saloperies.

— Où tu veux aller, au Wallachs ?

— A Slak Shak.

— C'est la même merde qu'Alexander's.

— J'irai pas chez Alexander's.

— Tu veux qu'on se sépare ?

— Moi, je suis obligé d'aller chez Alexander's.

— Ouais, j'ai que vingt sacs.

— Ils ont de bons trucs.

— Laissez tomber, je vous retrouve plus tard, décida Eugene, qui commença à s'éloigner.

— Hé, attends !

Il se retourna.

— Quoi ?

— Qu'est-ce que t'as ?

Il eut un haussement d'épaules irrité.

— J'achète pas de veste dans un magasin de merde. Faut que je te le mette par écrit ?

— Tu ferais mieux de faire gaffe à tes fesses, Caputo ! lui lança Joey.

Ils s'affrontèrent du regard, sans ciller, les lèvres serrées. Eugene recommença à descendre Fordham Road ; Perry fit un pas dans sa direction, mais Joey le retint par le bras.

— Qu'il aille se faire foutre.

Les Vagabonds continuèrent à monter la colline vers Alexander's.

Au sous-sol du magasin, Richie dénicha une veste argent avec des revers de feutre vert. Buddy mit la main sur un modèle en mohair jaune pâle sans revers.

— Elle me plaît, celle-là, dit-il.

Il l'enfila sur son débardeur et s'admira dans un miroir à quatre faces.

— Elle est sensass, commenta Perry.

— J'ai une cravate jaune, ajouta Buddy en traçant de la main sur son torse une cravate imaginaire. Avec une chemise à col à pattes...

— Extra.

— Qu'est-ce que vous en dites ? s'enquit Richie en paradant devant eux avec sa trouvaille.

— Je savais pas que Téfal faisait des vestes, répondit Joey.

— Je t'emmerde. Faites voir ce que vous avez choisi.

Joey et Perry échangèrent un regard.

— Je crois que je vais mettre celle que j'ai déjà, déclara Joey.

— T'en achètes pas une neuve ? fit Buddy.

— Non, j'en ai une bien à la maison.

— Je me sens vexé, dit Buddy, à demi sérieux.

— Elle m'a coûté trente-cinq sacs, je l'ai portée que deux fois.

— Je crois que je vais pas en acheter non plus, dit Perry. J'ai pas de pognon.

— Je te le prête, le pognon, proposa Buddy.

Perry se défila :

— J'en ai apporté une, de toute façon.

— Bande d'emmanchés ! Richie, si t'achètes pas cette veste, je te coupe les couilles, menaça Buddy.

— Elle est moche.

— Elle ferait déplacée.

— Qu'est-ce qui se passe ? explosa Buddy en saisissant le portant d'un poing exsangue. Vous dites que vous allez chercher des vestes pour le mariage et personne achète rien ! ?

Des clients se retournèrent et le regardèrent.

— Qu'est-ce qui se passe, bon Dieu !

Richie roula la veste argent en boule, Joey et Perry fixèrent le sol.

— Merde, à la fin !

Buddy défit la veste jaune, la jeta à l'autre bout du magasin et remonta au rez-de-chaussée.

— Buddy ! le rappela Richie en courant derrière lui.

Perry retint Joey.

— On a pas les moyens, Joey.

— Mais c'est son mariage, mec !

— On a pas le fric pour.

— Mais c'est *Buddy* !

Perry secoua la tête.

— On peut pas.

Ils passèrent lentement devant les pantalons, les disques, les réveils et sortirent dans Fordham Road.

Une heure après que Buddy fut rentré de chez Alexander's, Al passa le prendre et le conduisit avec Despie au Bureau des mariages. L'affaire fut expédiée en vingt minutes. Sur le chemin du retour, Buddy eut envie de voir s'il y avait des copains dans le coin et demanda à Al de le déposer à la cité. Despie ne dit rien. Al arrêta la voiture devant le bâtiment de Buddy puis rentra avec sa fille mariée.

Buddy alla au terrain de jeu, mais aucun des gars ne s'y trouvait. Il poussa jusqu'au camp et marcha sans but, envoyant dinguer des cailloux du pied, donnant de grands coups aux herbes hautes.

— Hé.

Buddy se retourna pour découvrir Eugene assis par terre, le dos contre le garage en tôle qui délimitait un des côtés de leur repaire. Une rame de métro passa au-dessus de leur tête en grondant, jetant des ombres fuyantes sur le garage et la moitié du terrain vague. Buddy s'approcha d'Eugene d'un pas désinvolte, s'assit à côté de lui. Eugene sortit son paquet de clopes de sa poche, en proposa une à Buddy. Buddy se pencha vers les mains en coupe d'Eugene pour avoir du feu et se laissa retomber contre le mur du garage.

— T'as acheté une veste ? demanda-t-il, les yeux clos, des bandes de fumée jumelles sortant de ses narines.

— Ouais.

Long silence.

— Je suis un homme marié, maintenant. Un putain d'homme marié.

Eugene posa son front dans la fourche de son pouce et de son index, la tête inclinée sur le côté.

— Y a pire.

Buddy déterrait distraitement des touffes d'herbe du sol avec son pied.

— Toi, t'es verni, Eugene. T'as tout : le physique, l'intelligence, le pognon. T'as dû te faire une centaine de nanas et il s'est rien passé. Moi, je me tape ma première fille, et vlan, je suis papa.

Ils rirent, malgré eux.

— Papa, bordel, dit Buddy en secouant tristement la tête.

— C'est toi qui es verni. Y a pas beaucoup de types qui ont quelqu'un à aimer comme toi.

— J'aurais dû lui acheter un bracelet de cheville et m'en tenir à la branlette.

— C'est sympa d'avoir une femme, un gosse, un endroit à toi...

— J'ai dix-sept ans, bon Dieu.

— Et alors ? On sera pas longs à te rattraper.

Un autre métro passa au-dessus d'eux en grondant. D'une chiquenaude, Eugene expédia son mégot dans les hautes herbes.

— Si ce gosse naît arriéré, je le découpe avec un couteau de boucher et je le balance dans l'incinérateur.

Eugene regarda Buddy mais ne dit rien, alluma une autre cigarette et passa le paquet à Buddy.

— Baiser, c'est de la connerie, déclara Eugene. L'amour, c'est de la connerie. Tout est de la connerie.

— T'es bien placé pour en parler, fit Buddy avec un sourire narquois.

— Ouais, je sais que ça a l'air...

— D'une connerie ? suggéra Buddy.

Ils rirent de nouveau tous les deux.

— Il doit quand même y avoir autre chose. Je veux pas jouer au philosophe mais... le cul, c'est le cul, tu vois ce que je veux dire ?

— Non.

— Baiser ne fait pas de toi quelqu'un de meilleur, O.K. ?

— Tu veux dire... le plaisir que t'en tires vaut pas les emmerdes que ça t'apporte ?

— Ça aussi, c'est de la connerie. Etre un homme, c'est pas seulement savoir baiser.

— Je pense quand même que le plaisir que t'en tires vaut pas les emmerdes que ça t'apporte, dit Buddy en enfonçant dans la terre sa cigarette à moitié fumée.

Perry et Joey passèrent le reste de l'après-midi dans les magasins de surplus de l'armée de Fordham Road. Ils achetèrent des pantalons bleu marine, de gros pulls à col roulé, des bonnets de marin, des cabans, des manuels pour apprendre à faire des nœuds et six mètres de cordage pour s'entraîner dans le car. Ils fourrèrent le tout dans des sacs en toile. Sur l'îlot directionnel où les Boules à Z traînaient avant la mort de Sloopy, ils se tinrent devant le centre de recrutement de la marine.

— Demain à cette heure-ci, on sera à Boston, dit Perry.

— Ton oncle sait qu'on vient ?

— Non, mais je sais où il habite.

— T'es vraiment con ! Et s'il est sur un bateau quelque part ?

Perry secoua la tête.

— Ça m'étonnerait. La dernière fois que je l'ai vu, il était à l'hôpital.

— Il va peut-être mieux.

— Il va nulle part, il a plus de jambes.

— Bon, pas la peine de te donner des conseils pour ta nuit de noces, je suppose, dit la mère de Despie qui, une demi-douzaine d'épingles entre ses lèvres serrées, avait entrepris de refaire la décoration du sous-sol.

Buddy rentra chez lui, s'étira sur son lit et s'endormit. En partant au travail, Vito Borsalino s'arrêta devant la chambre de son fils, vit qu'il dormait et glissa deux cents dollars dans la poche de la veste accrochée à une chaise. Une demi-heure plus tard, le téléphone sonna, Buddy sauta hors du lit.

— Allô ?

— Qu'est-ce que tu fabriques ?

En entendant la voix de Despie, il se sentit envahi de terreur. Il raccrocha et se pencha pour ramasser un élastique sur la carpette. La fête devait commencer dans deux heures.

Situé en face de Bronx Park, le centre communautaire était un bâtiment trapu en briques rouges voisin de l'immeuble d'où Scottie Hite s'était jeté. Le foyer se réduisait à une salle aux murs de parpaings peints en vert pâle et au sol en béton. Les gardiens reçurent un pourboire pour installer à l'intérieur les deux longues tables du buffet et une vingtaine de chaises pliantes qu'ils alignèrent contre les murs. La salle était relativement propre, exception faite de quelques grandes feuilles coloriées abandonnées par les élèves du cours d'expression artistique à même le sol. L'endroit sentait la colle.

— Bon, ils ont apporté les tables, dit Al Carabella en poussant la porte du pied, les bras chargés de sacs de provisions.

Buddy suivait avec un sac en plastique et un électrophone.

— Elle est bien, cette salle, dit Al en reniflant.

Buddy la trouvait merdique, elle puait le centre aéré. Al posa ses sacs sur l'une des tables et en tira une longue nappe en papier, des assiettes et des couverts en plastique, des serviettes en papier décorées, d'énormes paquets de M&M's, de Fritos et de pop-corn, de la viande froide, de la salade de pommes de terre, de la salade de chou, de la salade de macaronis, des gobelets en plastique. Pendant que Buddy déroulait la nappe, Al apporta les disques, un casier de Pepsi-Cola, une grande glacière remplie de glaçons, une douzaine de rouleaux de papier crépon, un sac de ballons de baudruche et un rouleau de ruban adhésif.

— Ça va être une sacrée fête, dit-il.

Perry et Joey s'examinaient dans le grand miroir de la chambre de Joey.

— Il est trop large, ce froc, se plaignit Perry en empoignant le tissu en bas du pantalon.

— S'il était plus moulant, je verrais les veines de tes couilles.

— Ouais. D'accord.

Perry fronça les sourcils, empoigna le tissu à l'entrejambe.

Joey ajusta la barrette de col qui lui serrait le cou, lissa sa banane et claqua des mains.

— On y va, mon frère !

Perry fit une grimace au miroir, empoigna le tissu du pantalon aux fesses et se dirigea vers la porte.

— Tes affaires, lui dit Joey en accrochant son sac en toile à son épaule.

— Pour quoi faire ? On les prendra quand on partira.

— On revient pas ici.

— Quoi ?

— Je dors plus une seule nuit ici. On passe cette porte et basta. Je m'en fous si on doit pioncer à la gare routière.

Perry haussa les épaules et souleva son sac.

— Salut.

En se retournant, Joey vit Emilio dans l'entrée, vêtu d'un tee-shirt de pompier moulant qui le faisait paraître deux fois plus costaud qu'il ne l'était.

— Qu'est-ce qu'il y a, là-dedans ? demanda-t-il en montrant les sacs.

— Des cadeaux. Du linge sale, répondirent-ils en même temps.

Emilio prit le sac de Joey, l'ouvrit, regarda à l'intérieur.

— C'est des cadeaux, s'empressa d'expliquer Perry. Buddy part en voyage de noces.

— Sur un bateau, ajouta Joey. Faire de la voile.

— De la voile, hein ? dit Emilio, qui fixait son fils en hochant légèrement la tête. De la voile.

Pendant un long moment, il le regarda sans bouger, sans rien dire, puis il lui rendit le sac, se retourna et rentra dans sa chambre. Joey resta planté dans l'entrée, perplexe.

— Allez, murmura Perry en le poussant dans le couloir. Putain, c'était moins une.

Joey ne répondit pas.

Lorsque Richie passa prendre P, il la trouva en larmes dans sa chambre.

— Qu'est-ce qui se passe ?

Elle leva les yeux vers lui, le maquillage de ses joues creusé de sillons jumeaux.

— Salaud, gémit-elle. Tu sais pas ce que c'est, le grand amour.

Despie quitta la maison en fin d'après-midi avec sa mère, la chevelure relevée en une choucroute d'un pied de haut, des anglaises collées aux tempes avec du Scotch. Comme le centre communautaire se trouvait sept rues plus bas et que le vent risquait de bousiller sa coiffure, elle proposa à sa mère :

— Tu veux qu'on prenne un taxi ?

— Je crois qu'il vaut mieux marcher. Tu vas devoir t'habituer à avoir moins d'argent.

Eugene passa à la cité de Gun Hill prendre la fille avec qui il avait rencard, Nina Becker. Comme les parents étaient partis pour le week-end, si elle baisait un tant soit peu, c'était dans la poche. Il l'avait rencontrée deux semaines plus tôt à une boum chez des copains, il était salement schlass mais assez lucide quand même pour lui demander son numéro de téléphone et lui fixer un rendez-vous. Seul problème, il ne se rappelait pas de quoi elle avait l'air. La fille qui vint ouvrir était d'une beauté si simple et si pure qu'il tomba immédiatement amoureux. Elle avait des cheveux blond cendré qui lui descendaient jusqu'aux fesses, d'immenses yeux gris, un nez long et mince, des lèvres fines et délicates comme des hosties et une expression d'innocence si séduisante, si dévastatrice, qu'Eugene était quasiment ivre de ravissement.

— Salut, dit-elle avec un sourire.

Eugene eut un petit rire. Il était complètement anéanti.

Perry et Joey furent les premiers invités à arriver. Assis sur des chaises pliantes, Al Carabella et Buddy buvaient du Pepsi quand ils entrèrent dans le foyer et posèrent leurs sacs dans un coin.

— Alors, les gars, vous étiez où quand on avait besoin de vous ? leur lança Al.

Buddy leva les yeux au ciel, alla à leur rencontre et les prit chacun par un bras.

— Ça va, mec ?

— Ça va. Vous avez vu ça ? murmura Buddy.

Le plafond était transformé en un réseau veineux de papier crépon et de ballons rouges, bleus, verts et jaunes.

— C'est plus un mariage, c'est carnaval. Vous voulez manger quelque chose ?

— Non. T'as de la gnôle ?

— Merde, non... Tu viens avec moi, Perry ?

— D'ac.

— Joey, tu restes avec le clown.

— Des queues, je viens avec vous.

Buddy se tourna vers son beau-père.

— Euh, Al, on revient tout de suite.

— Te sauve pas, hah, hah, hah.

— Haha, hah, hah, fit Buddy en se dirigeant vers la porte. Connard.

Deux secondes après le départ de Buddy avec Joey et Perry, Despie et sa mère arrivèrent. Al se leva et plissa le front. Despie avait un appareil photo attaché à son poignet.

Richie entra avec P, qui pleurait encore. Elle prit Despie dans ses bras et Despie se mit à sangloter, elle aussi. Richie serra la main d'Al comme un homme, comme son père lui avait appris à le faire.

— Richie Gennaro.

— Al Carabella.

— Félicitations.

— Merci, répondit Al avec un clin d'œil.

Richie s'excusa, alla au buffet, prit un M&M's, s'approcha de l'électrophone et se mit à examiner les disques avec une intensité qui aurait fait fondre de la cire.

Eugene planait tellement avec Nina Becker assise à côté de lui dans la voiture qu'il faillit se manger un pilier du métro aérien dans Gun Hill Road. Nina passa un bras sous celui d'Eugene et referma les doigts autour de son biceps. Il souriait comme un débile et avait complètement oublié son texte. Après qu'il eut garé la voiture, ils marchèrent main dans la main jusqu'au centre communautaire. Avec ses hauts talons, elle était presque aussi grande que lui. Elle avait des fesses moulées à la louche, des nichons fermes, des jambes extra, mais tout ce sur quoi Eugene arrivait à se concentrer, c'était son visage et la chaleur sèche de sa main dans la sienne.

— Eugene ! s'exclama Richie, si content de voir enfin un de ses potes qu'il en laissa tomber une demi-douzaine de disques par terre.

Eugene se dirigea vers lui et s'assit avec Nina, sans même saluer Despie ni P. Richie en fut vexé et il s'apprêtait à sortir quand Perry, Joey et Buddy revinrent avec des petits sacs en papier brun. Ils allèrent tous les quatre dehors s'offrir un gorgeon.

— Eugene ! appela Perry en montrant son sac puis la porte.

Eugene sourit, fit un signe de la main et reprit sa conversation avec Nina.

— C'est qui, la grognasse ? demanda Buddy.

— On s'en branle, répondit Richie.

Appuyés contre le bâtiment de briques rouges, ils regardaient le soleil disparaître derrière les cimes des arbres.

— Tu pars en voyage de noces ?

— Peut-être plus tard. Je sais pas. Il faut que je finisse le lycée.

Richie but une gorgée de Tango.

— Moi, mon vieux, il est allé aux chutes du Niagara.

— Le mien aussi, dit Perry.

— Je crois que le mien est allé à Devil's Island, dit Joey.

— Ça s'arrose, estima Perry.

— Tu dors chez Joey, ce soir ?

— Je pense, ouais... Merde, je sais pas... Je crois que oui.

Buddy but longuement à la bouteille.

— Les gars, vous venez tous demain soir à la maison pendre la crémaillère.

— D'accord, répondit Richie.

Perry et Joey gardèrent le silence.

— D'accord, les gars ?

— O.K., dit Joey.

— Perry ?

— O.K.

Lorsqu'ils revinrent à l'intérieur, ils découvrirent quinze ou vingt copines de lycée de Despie accompagnées des garçons avec qui elles sortaient. Eugene parlait toujours à Nina. Despie et P dansaient. Près de l'électrophone, une poignée de chips dans une main, Al tapait du pied au rythme de la musique. La grand-mère de Despie bavait sur sa robe en émettant des petits bruits. La mère de Despie se tenait derrière elle, les bras croisés sur la poitrine comme un Indien malveillant. La salle était chaude comme une garce. Buddy évitait Despie, Richie évitait P. Eugene était perdu pour la soirée. Perry et Joey restaient collés l'un à l'autre. Quelqu'un renversa du soda sur l'électrophone, quelqu'un traita quelqu'un d'autre de trou du cul. Quelqu'un se mit à faire éclater les ballons en sautant en l'air et en les piquant avec une épingle. Despie commença à prendre des photos avec son Brownie. Quelqu'un cria « Ta gueule » et mit « Sixteen Candles » par Johnny Maestro et les Crests. Al invita Despie à danser un slow et la fit tourner autour de la salle. Elle avait envie de l'estourbir avec son appareil photo. Buddy et tous les gars partageaient le même avis : son beau-père était le roi des cons. P lança un regard noir à Richie et Richie lui fit un doigt d'honneur. Eugene et Nina sortirent, bras dessus bras dessous. Après le slow, quelqu'un mit un twist et la grand-mère de Despie, qui s'était aventurée sur la piste, se fit renverser par les danseurs. Despie prit une photo de sa mère raide comme un piquet devant la tombe du Soldat inconnu. Elle prit une photo de Buddy, qui la regarda. Elle abaissa l'appareil et sourit. Il sourit, l'enlaça et la serra contre lui du plus fort qu'il put. C'était la première fois qu'ils se touchaient depuis que Despie avait découvert qu'elle était enceinte. Il lui déclara qu'il l'aimait, elle l'embrassa dans le cou et répondit qu'elle l'aimait, elle aussi. Perry jeta un coup d'œil à sa montre et fit signe à Joey, qui devint livide. Quand Perry se leva pour prendre son sac, Joey lui posa une main sur le bras.

— Attends.

— Il faut qu'on y aille, Joey.

Joey saisit ses deux copains par les bras et les entraîna vers Perry.

— Restez là.

Il sortit et trouva Eugene et sa fille en train de se peloter sur un banc du parc.

— Viens voir.

— Plus tard.

— Eugene, amène-toi, sinon, je le jure devant Dieu, je te casse la gueule.

Un silence, un soupir, des murmures. Eugene suivit Joey à l'intérieur du bâtiment. Les Vagabonds attendaient en se demandant ce que Joey manigançait. Il fouilla fiévreusement dans la montagne de 45 tours de la table, trouva le disque qu'il cherchait et arrêta celui qui tournait sur l'électrophone. Des voix s'élevèrent mais Joey, insensible aux protestations, mit son disque. Quand les premières notes de piano du « Vagabond » résonnèrent dans la salle, les invités se remirent à danser. Joey se tourna vers ses quatre amis et se mit à chanter. L'un après l'autre, ils l'imitèrent :

Je vagabonde de ville en ville
Je traverse la vie sans m'en faire

Joey pleurait en chantant. Perry sentit une cape de tristesse lui couvrir la tête et les épaules. Richie était terrifié par il ne savait quoi. Eugene était ému par les larmes de Joey, mais Nina Becker occupait encore plus de la moitié de ses pensées. Buddy passa les bras autour des épaules de Richie et de Joey et les pressa aussi fort qu'il put, comme si son étreinte allait empêcher les choses de changer. Bientôt ils furent tous unis par une chaîne de bras et tentèrent de former un cercle que rien ne pourrait briser : ni le lycée, ni les femmes, les bébés, les mariages, les pères, les mères.

La chanson était finie. On passa à autre chose et le cercle se rompit. Il était minuit et demi. Perry fit signe à Joey, Eugene pensa à Nina, Richie attira l'attention de P et lui fit un clin d'œil. Buddy commença à réfléchir à sa condition de futur père, Eugene sortit à la recherche de Nina. Perry et Joey finirent par partir. Richie et P aussi. Despie et Buddy suivirent, en se touchant avec un mélange de terreur et d'amour. Il ne resta bientôt plus dans la salle qu'une bande de connards en train de danser.

12

Epilogue : le viol

— Bref, à quatorze ans, j'ai remarqué que quand je bandais, ma queue descendait au lieu de monter. Le jour où on s'était branlés tous ensemble, chez Gennaro, j'avais vu que les gars bandaient vers le haut et que j'étais le seul à bander vers le bas et j'ai pensé, merde, je suis mal foutu, tu vois. J'étais dingue. Je me disais, à moins de convaincre une fille de faire le poirier et d'écarter les jambes pour que je puisse la pénétrer en me baissant, tu vois le genre, je baiserai jamais. J'y connaissais rien, j'avais quatorze ans...

Nina tira les couvertures sur ses épaules nues et nicha sa tête au creux de l'épaule d'Eugene.

— Tu n'en avais jamais parlé à personne ?

— Ben, c'était le problème. Mon père... Depuis que j'avais douze ans et que je rentrais après avoir été au ciné ou ailleurs avec une fille, il me disait : « Alors, Champion, t'as marqué ? » Au début, je comprenais même pas. Marqué quoi ? Et puis il s'est mis à me raconter toutes ces histoires : qu'à onze ans il s'était fait sucer par sa prof, qu'il s'était farci deux filles le jour de sa confirmation, des conneries de ce genre. Du coup, à treize ans, je répondais « Ouais, j'ai tiré » ou « Ouais, elle m'a fait une pompe ! ». Alors que j'avais même pas encore réussi à peloter les nichons d'une fille ni rien. Et quand j'ai eu quinze ans, mon vieux pensait que je passais la moitié de mon temps à baiser. Alors que j'étais puceau comme à ma naissance, mais je ne pouvais pas lui dire : « Papa, je crois que ma queue bande dans le mauvais sens et ça me fout les jetons, je pourrai jamais baiser une fille. » Parce qu'il m'aurait répondu : « Quoi ? Je croyais que tu baisais depuis des années. Pourquoi tu m'as bourré le mou ? » J'avais trop honte pour lui en parler et je pouvais pas en parler aux copains non plus parce qu'à eux aussi je racontais que je baisais. J'ai essayé d'en parler à ma daronne, mais elle est vraiment casse-couilles là-dessus parce qu'elle pense que mon vieux se farcit tout ce qui bouge. Dans un sens, je peux pas le lui reprocher, à ma mère. Mon père, il ramenait même des femmes à la maison, le midi. Quand j'étais gamin, j'avais tellement de tantes qui venaient à la maison avec mon père que j'arrivais pas à les compter. Je disais à tout le monde que j'avais la plus grande famille du Bronx. Un jour, en huitième, je me suis battu avec un autre gosse, Silvio Rusciano. Il avait quatorze frères et sœurs. On s'est battus pour savoir qui avait la plus grande famille. Il m'a filé un gnon sur le nez, je croyais que j'avais plus de visage. Je rentre, plein de sang, et ma mère se met à gueuler que je dois me conduire comme un homme, elle me pousse dehors et elle me dit de ne pas revenir avant d'avoir mis une trempe à l'autre. Merde, ce Rusciano, il aurait pu me manger la soupe sur la tête. Même avec un char Sherman en soutien, je l'aurais pas attaqué. Elle m'a laissé à la porte toute la journée. J'ai attendu assis sur le perron que mon père rentre, conclut Eugene en riant.

— C'est une malade, dit Nina.

— Ah, elle est O.K., répondit Eugene en éteignant la lumière.

— Sûrement pas. Et ton père est un con. Un abruti.

— Ah, il est O.K. Bref, je m'imaginais que j'étais impuissant. Quand j'ai eu l'âge de baiser, quinze, seize ans, tu vois, j'amenais les filles au lit et je faisais tout avec elle, je dis bien *tout*, les préliminaires, tu vois, mais je trempais jamais mon biscuit, j'avais peur, je sais pas, j'étais sûr que ça marcherait pas. C'était vraiment chiant parce qu'elles s'excitaient et qu'au bout d'un moment elles avaient envie de baiser, et je devais carrément les *insulter* ou... faire quelque chose pour qu'elles se foutent en rogne et qu'elles partent. C'était chiant. Je pouvais jamais sortir avec une fille qui me plaisait vraiment parce que si elle se mettait à avoir envie de baiser je serais obligé de la faire se mettre en colère contre moi. On est au lit, elle se barre, c'est pas de ma faute si on baise pas, ma réputation en souffre pas, personne n'apprend mon petit secret. J'avais tout combiné dans ma tête.

Il alluma une autre cigarette et ajusta l'oreiller sous sa nuque. Nina s'appuya sur un coude, ses longs cheveux lui effleurant le cou.

— Et puis, y a trois mois de ça, reprit-il, je drague une nana dans un bar, je la ramène chez Buddy, on s'y met et d'un seul coup, elle me prend la bite avant que je puisse dire ou faire quoi que ce soit et elle se la glisse dedans. Tout simplement. J'étais guéri, j'étais sauvé... *Ta-ta-ta !*

Il se tourna vers Nina.

— Sauf que je suis pas sauvé. Tu connais l'expression, « Des kilomètres à se taper avant de pouvoir dormir » ? C'est tout moi, ça. Des kilomètres à me taper avant de pouvoir dormir. Baiser, c'est sans intérêt. Comprends-moi bien, j'adore coucher avec toi, Nina, et je t'aime comme j'ai jamais aimé personne, mais être un homme, c'est plus que ça, tu vois. Un moment, j'ai pensé, maintenant que je baise, fini les problèmes, fini les tracasseries. Mais quelquefois, quelquefois, je me sens plus mal que jamais. Je ne suis plus un gosse. Je dois agir, prendre des décisions.

— Qu'est-ce que tu vas décider ?

— Je sais pas. Peut-être aller en fac. Peut-être me marier. Tu veux te marier ?

— Non.

— Pourquoi pas ?

— Tu me plais trop.

Elle l'embrassa brièvement sur la bouche, se pencha pour prendre une cigarette sur la table de nuit. Le paquet était vide. Elle sauta du lit et alluma la lumière.

— Où tu vas ? demanda-t-il.

— Je descends acheter des clopes, répondit-elle en enfilant sa robe.

— Il est minuit et demi.

— Le magasin de bonbons du coin de la rue est ouvert.

— Tu veux que je t'accompagne ?

— Non, j'en ai pour une minute.

— Tu mets pas de sous-vêtements ? dit Eugene, qui sentait l'irritation monter en lui.

— Il fait chaud, dehors.

Il se laissa retomber en arrière lorsque la porte claqua. Il avait vraiment été con. Tu veux te marier ? Pourquoi pas ? Bordel, pensa-t-il en faisant la grimace.

Il remarqua les chaussures de Nina sur la carpette. Elles étaient en suède gris, douces contre sa paume. Pas de doute, il était mal barré avec Nina Becker. Le simple fait de toucher ses godasses le faisait haleter. Il se redressa brusquement. Si ses pompes étaient ici, elle se baladait pieds nus. Il vit son soutien-gorge accroché au fauteuil de son bureau, sa culotte roulée en boule sur le siège. Furieux, il se leva d'un bond. Elle était partie depuis un quart d'heure. Il passa son pantalon. Pieds et torse nus, il descendit, sortit sur la véranda. La rue était aussi silencieuse que l'heure était tardive. Eugene s'avança sur le trottoir, inspecta le pâté de maisons. Il voyait le magasin de bonbons, ses lumières étaient éteintes. Avec un juron, il se mit à descendre la rue. L'air était frais ; les branches des arbres s'inclinaient comme des palmes dans le vent. Un chat blanc perché sur une poubelle le regarda passer. Eugene se sentait mal à l'aise sans chaussures et sans chemise. Il entendit rire dans l'une des maisons. Le magasin de bonbons était fermé, une grille en fer condamnait la porte. Il scruta l'obscurité – la pendule accrochée au mur indiquait une heure –, inspecta la rue dans les deux sens. Pas de Nina. Quelle conne ! Il se tourna dans la direction d'où il était venu : il l'avait peut-être ratée alors qu'elle rentrait. Il se mit à courir vers la maison, s'arrêta, regarda de nouveau le magasin. Non, il l'aurait forcément vue revenir. Il ne savait pas où la chercher. Elle était peut-être rentrée chez elle. Dis pas de conneries. Il entra dans le hall d'un immeuble miteux jouxtant le magasin. Silence total. Un vieux miroir et un ascenseur. Il demeura un moment immobile, à se demander dans quel autre endroit il pouvait chercher. Il devrait peut-être descendre jusqu'au magasin de Radcliffe Avenue. Il arrivait à la porte quand il remarqua un couloir partant de l'ascenseur. Il décida d'aller voir et découvrit un renfoncement avec des boîtes aux lettres et un grand balaise noir, le short sur les genoux, allongé sur une femme blanche. Tout ce qu'il voyait d'elle, c'étaient ses jambes écartées. La partie supérieure du corps d'Eugene se vida de son sang.

— Pardon, marmonna-t-il.

Le Noir tourna vers lui un visage impassible, la femme

demeura immobile sous son poids. Terrible silence. Eugene crut voir quelque chose briller. Couteau. Nègre. Viol. Un instant, il resta paralysé, sans savoir s'il devait bondir en avant ou en arrière. Il entendit un faible gémissement. Couteau. Nègre. Il retourna dans le hall, la panique le démangeant derrière les yeux. Il remarqua la porte d'un appartement au rez-de-chaussée, tendit le bras vers la sonnette, arrêta son geste et sortit précipitamment de l'immeuble. La rue était déserte. Cent mètres plus bas, il vit un couple marchant dans sa direction. Il s'élança vers eux, s'immobilisa. Pas la peine, ils feront rien. J'arriverai pas à leur expliquer. De l'autre côté de la rue, il vit une cabine téléphonique. Il traversa en courant, tira de sa poche une poignée de monnaie, sema des *dimes*, des *quarters* et des *nickels* sur la chaussée.

— Opératrice ? La police. Vite. Allez, vite.

— Désolée, vous voulez répéter ?

Il vit le type sortir de l'immeuble. Le Noir regarda Eugene dans la cabine et partit d'un pas rapide vers Burke Avenue. Eugene lâcha le téléphone et se rua vers l'immeuble. Dès qu'il ouvrit la porte, il entendit Nina pousser des cris hystériques. Elle apparut devant l'ascenseur, titubante, nue, traînant sa robe au bout d'une jambe. Il la prit dans ses bras. Elle tremblait, elle criait.

— Ça va aller, ça va aller, murmura-t-il.

Elle sanglotait, hoquetait.

— Mon Dieu, i-il allait me t-tuer. Il m'aurait *t-tuée* !

— Ça va aller, ça va aller, répétait-il en lui lissant machinalement les cheveux. Il t'a fait mal ?

— Il... il a-avait un rasoir ! s'écria-t-elle, la terreur et les larmes bouillonnant dans sa gorge. Il... il m'au-m'aurait tuéééе...

Elle émit une plainte aiguë et faillit s'écrouler. Eugene

la soutint fermement et l'aida à s'asseoir sur les marches, s'accroupit devant elle.

— Nina ! Nina ! Il t'a fait mal ?

— I-il a-avait un *rasoir* !

Elle laissa sa tête tomber sur le bras d'Eugene puis se redressa.

— Il disait qu'il m-me tuerait, i-il a-avait un r-rasoir !

— Ça va aller, ça va aller.

Il vit les lignes rouges courant sur le côté gauche du cou de Nina.

— Q-quel-quel-quelqu'un est venu. Q-quelqu'un est venu et est r-reparti ! S-sans rien d-dire...

Eugene serra les dents. Lâche, pédé, tantouse, gonzesse, lâche, lâche, lâche.

— M-mais il a eu p-peur et il est parti. I-il m'aurait tuée, Eugene !

Elle se laissa aller contre son épaule, il lui caressa les cheveux. Couteau. Eugene se rappela avoir baissé les yeux et vu le Noir allongé sur elle. Il se rappela le terrible silence. Et le petit gémissement. La plainte. Cette image et ce son le tiraient par saccades comme des hameçons invisibles enfoncés dans ses tripes. Nina sombra dans une sorte de demi-sommeil larmoyant. Il l'aida à se lever et à remettre sa robe, la conduisit dans la rue. Elle trébucha, un bras entourant mollement les épaules d'Eugene. Lâche. Gonzesse.

Lorsque ses parents rentrèrent à trois heures du matin, ils le trouvèrent assis sur le perron devant la maison.

— Qu'est-ce que tu fais là ? demanda son père.

— Peux pas dormir, répondit-il avec un haussement d'épaules.

Ils se penchaient vers lui, bras dessus, bras dessous.

— T'avais un rencard, ce soir ?

— Je vais rentrer, dit-il avec une grimace.

Ses parents le laissèrent. Il essaya de se faire pleurer, se rendit compte que, s'il commençait, il n'arrêterait plus. La chanson des Four Seasons, « Walk Like a Man » lui passa dans la tête. Il se leva avec un soupir, entra dans la maison. Sa mère faisait du café dans la cuisine. Il entendit son père en haut dans la salle de bains.

— M'man ?

Elle le regarda sans rien dire.

— Faut que je te parle. Il s'est passé quelque chose, ce soir.

Elle haussa les sourcils, continua à faire le café.

— Je t'écoute.

— Ma copine s'est fait violer.

— Quoi ? fit-elle en se figeant.

— On était dans la maison, elle est descendue acheter des cigarettes. Comme elle ne revenait pas, je suis parti à sa recherche. Je suis tombé sur un nègre qui la violait près du magasin de bonbons. Il l'avait entraînée dans un immeuble.

— Tu étais *là* !

— Ouais et...

— Qu'est-ce que t'as fait ?

— J'ai regardé et...

— Qu'est-ce que tu as *fait* ?

Il leva les mains, bégaya :

— J-j'ai vu...

— Eugene, qu'est-ce que tu as *fait* ?

Les lèvres de sa mère étaient des lignes blanches, ses yeux des fentes étroites.

— J'ai vu et... Il pressait un *rasoir* contre sa gorge.

— Eugene... t'as fait *quoi* ?

Elle serra les dents, les veines de son cou saillant comme des racines.

— J'ai appelé les flics.

— Tu t'es sauvé.

— J'ai appelé les flics.

Elle répéta la sentence :

— Tu t'es sauvé. Un nègre violait ta copine et tu t'es *sauvé* !

— Non !

Des larmes grossirent dans les yeux d'Eugene, coulèrent sur son visage. Il avait du mal à respirer.

— Où elle est ? demanda sa mère d'un ton méprisant.

— J-j'ai téléphoné à son p-père.

Ecrasé de chagrin, il se laissa tomber sur une chaise. Sa mère finit de faire le café et il leva les yeux vers elle comme pour quémander une faveur.

— Monte prendre un bain, lui ordonna-t-elle.

— Quoi ?

— Fais ce que je te dis, lui enjoignit-elle, le congédiant d'un geste dégoûté.

Il obtempéra d'un air hébété, monta l'escalier en titubant, croisa son père dans le couloir sans dire un mot et entra dans la salle de bains.

Il était assis dans l'eau fumante, à moitié engourdi. Les larmes coulaient et s'arrêtaient. Ses mains reposaient sur ses cuisses, comme mortes. Il fixait une goutte d'eau qui s'était condensée sur un tuyau, sous le lavabo. La porte s'ouvrit, sa mère entra vêtue d'un peignoir de bain. Elle s'appuya au lavabo, croisa les bras sur sa poitrine et posa sur Eugene un regard implacable.

— Un jour, mon fils, tu apprendras que les deux plus

grandes joies, quand on est un homme, c'est mettre une volée à quelqu'un et s'en *faire* mettre une, bonne nuit.

Elle sortit et referma la porte.

Eugene reporta son attention sur la goutte d'eau. Quand elle finit par tomber du tuyau, il ferma le poing et se frappa en pleine figure.

Il passa toute la nuit à fixer le mur, étendu dans son lit. A six heures et demie du matin, il entendit sa mère se lever et l'idée qu'elle allait peut-être entrer dans sa chambre le terrifia. Lorsqu'il l'entendit quitter la maison, une demi-heure plus tard, il se leva, s'habilla et prit la voiture de son père pour aller chez Nina.

— Je le hais, dit-elle entre ses dents serrées.

Eugene et Nina étaient assis dans le coin-repas dont la table était jonchée des restes d'un petit déjeuner léger.

— L'empaffé ! fit-elle avec un rire sans joie en secouant la tête.

Il baissa les yeux et marmonna :

— J'aurais dû lui sauter dessus.

Nina tâta avec précaution les entailles de sa gorge.

— Qu'est-ce que tu veux dire ?

— C'est moi qui suis venu quand il était sur toi... Je me suis débiné.

Elle ne semblait pas comprendre.

— Quoi ?

— Je suis un lâche, je me suis débiné.

Elle lui toucha la main.

— Je vous ai regardés... et je me suis barré comme un lâche.

— Baby...

Nina essaya de le regarder dans les yeux mais il ne relevait pas la tête.

— Si tu lui avais sauté dessus, comme tu penses que tu aurais dû le faire, je ne serais pas ici en ce moment. Je serais morte deux secondes après, et toi aussi, peut-être.

— Ou lui, dit-il en haussant les épaules.

— Eugene, tu ne comprends pas…

— C'est toi qui comprends pas ! rétorqua-t-il en se levant et en frappant le mur du poing. Tu crois que mes copains se seraient débinés, eux ?

— S'ils ont quelque chose dans la cervelle, oui ! Eugene, quand ce type t'a vu, il a eu peur. Si tu étais resté, il aurait été obligé de blesser quelqu'un. Moi, peut-être. Ou toi. Ou les deux. En partant, tu lui as offert une porte de sortie. Une chance de se tirer.

Elle montra du doigt les marques de rasoir sur son cou.

— Regarde ça, Eugene. Regarde.

Il jeta un coup d'œil aux entailles, grimaça et détourna les yeux.

— Tu comprends pas, répéta-t-il.

— Tu parles que je comprends pas ! Moi, tu t'en fiches ! Tout ce qui compte, c'est ton orgueil. Ça te serait bien égal qu'il m'ait égorgée.

— Tu ne com…

— Arrête de dire ça. Je comprends mieux que tu ne comprendras jamais !

Eugene sortit de l'appartement et descendit l'escalier.

— Tu ne reconnaîtrais même pas un homme, un vrai, s'il venait te botter les fesses ! lui lança-t-elle du haut des marches.

Elle retourna dans l'appartement en courant, claqua la porte et pleura jusqu'à ce que les coupures de sa gorge commencent à lui faire mal.

Eugene dévala les sept étages quatre à quatre. Il venait de prendre une décision que Nina, il en était sûr, ne comprendrait jamais.

Cher Richie,

Moi et Perry on est à Fayot-Ville pour se dégotter des papiers de marin et ambarquer. Perry veut aller en Afrique, moi au Japon, alors on a fait un compromis et on va en Arizona (ha ha). On est partis juste après le mariage. Buddy doit être en train de tirer, je suppose (ha ha). On t'écrira de tous les ports et on enverra des photos. Donne le bonjour à Buddy et à Eugene mais pas au salopard (Emilio).

Ton vieux pote,

Joey « Le Vagabond » Capra

P.S. On couche dans un motel à côté d'une prostituée. Je te le jure. On va tirer, ce soir !

P.P.S. Fais gaffe à toi et te fais pas refiler de la chatte en toc.

Richie retourna la carte postale et vit le dessin d'un grand pot de haricots en surimpression sur une photo de Boston, avec cette légende incurvée comme un arc-en-ciel : « Vous ne connaissez pas les haricots si vous n'êtes jamais venus à Boston ! »

Richie poussa un juron. Le terrain de jeu était désert, à dix heures un samedi matin. Il relut la carte et boxa le banc de bois en criant :

— Merde ! Trois de moins !

Pourquoi ils avaient rien dit ? Il serait parti avec eux. Putain de bordel de merde. Il allait faire une chaleur à crever. Richie observa les mouvements lents et mécaniques du gardien qui balayait les terrains de hand-ball. Au bout des terrains de basket, il vit Buddy et Despie se faufiler par la brèche dans la clôture.

— Salut !

— Salut, ça va ?

— Ça va. Et la vie de couple ?

Ils sourirent.

— Ça va.

Buddy tira un paquet de cigarettes de la poche de sa chemise. Despie avait des rouleaux dans les cheveux et une livre de maquillage sur le visage. Avec son short bleu ciel court et son bain de soleil de rayonne rouge, elle n'avait pas du tout l'air enceinte.

— Je passe chez P, annonça-t-elle.

Elle leur adressa un geste de la main, croisa les bras sur sa poitrine et s'éloigna en faisant claquer ses chaussures plates sur le trottoir. Buddy s'assit avec un soupir.

— Ça gaze ? lui demanda Gennaro en lui donnant une tape sur le genou.

— Ouais. Et toi, quoi de neuf ?

— Rien. Tiens, regarde, dit-il en tendant la carte.

Buddy la lut et sourit.

— Merde, alors.

— Ça te fout pas en l'air, ça ?

— C'est quelque chose.

Qu'est-ce qu'il veut dire avec son « C'est quelque chose » ? pensa Richie, qui sentait la rogne le gagner.

Pendant les dix minutes qui suivirent, Buddy regarda le gardien balayer les terrains de hand-ball tandis que Richie, fumasse, ruminait en silence. Despie revint.

— Buddy, j'ai envie de rentrer.

Buddy se leva, bâilla et étudia le ciel en plissant les yeux.

— Bon, à plus tard.

Richie les regarda repasser par le trou dans le grillage.

Des gamins débarquèrent avec un ballon de basket et se mirent à jouer, lançant la balle en l'air et la regardant rebondir. Aucun d'eux n'arrivait à toucher le panneau, sans même parler de mettre un panier. Randy, le frère de Richie, déboula dans le terrain de jeu sur un vélo de course noir à dix vitesses.

— M'man veut que t'ailles faire des courses, dit-il en tirant de sa salopette quelques billets chiffonnés.

— Vas-y toi-même ! répliqua Richie.

— Elle a dit toi.

— Merde. J'y vais pas.

— Je m'en fous.

Randy tenta de donner les billets à son frère, qui ne voulut pas les prendre. Randy avait grandi de dix centimètres en quelques mois et son corps s'étoffait. Richie craignait que son frère ne soit bientôt plus costaud que lui. Randy laissa les dollars tomber aux pieds de Richie.

— Un pain de mie, deux briques de lait et de la cire à parquet, récita-t-il en remontant sur son vélo.

— Tu fais chier ! J'y vais pas !

— Bon, t'y vas pas.

Il haussa les épaules et repartit, traversant le terrain de jeu telle une fusée.

— Merde de merde ! fulmina Richie en se baissant pour ramasser l'argent.

D'autres gosses prirent possession du terrain de jeu, et bientôt l'endroit grouilla de gamins jouant au basket, au hand, courant et roulant à vélo. Richie s'apprêtait à filer au supermarché quand Eugene apparut, avec la coupe de cheveux la plus courte qu'il eût jamais vue.

— Qu'est-ce qui t'arrive, mec ?

Eugene s'assit en riant, étendit les bras sur le dossier du banc. Ses cheveux étaient si ras sur les côtés de la tête qu'il semblait chauve.

— T'as l'air d'un œuf.

— Je t'emmerde.

— Putain, si Nina voit ça, elle part en courant.

Eugene détourna la tête.

— Où t'étais passé ? dit Richie. Je t'ai appelé six fois, cette semaine.

Avec ses cernes sombres sous les yeux et son visage bouffi, Eugene paraissait épuisé.

— Regarde ça, fit Richie en lui tendant la carte.

Eugene ne la prit pas mais y jeta un coup d'œil.

— Je sais.

— Ça te fout pas en l'air ?

Eugene haussa les épaules.

— Je peux comprendre.

— Comment ça, tu peux comprendre ? Moi, ça me fout en l'air.

— Richie, c'est normal. Il faut qu'on commence à se bouger. On est plus des mômes.

— Comme Buddy, hein ?

— Chacun suit son chemin.

— Ils reviendront, dit Richie d'un ton amer.

— Tu vas rester assis là à les attendre ?

— J'ai des choses à faire, répliqua Richie, sur la défensive.

— Moi aussi, dit Eugene.

Il tira de son portefeuille une feuille de papier pliée et la tendit à son copain. Richie grogna en pensant à la première chose qu'il avait à faire : aller au Safeway pour sa mère. Il écarquilla les yeux en lisant la feuille.

— Putain ! s'exclama-t-il, incrédule.

— Je pars le lendemain de la remise des diplômes.

— Pourquoi les marines, bordel ?

Eugene garda le silence.

— Pourquoi ces enculés de marines ? T'es cinglé ? Si tu veux mourir, achète-toi un rasoir !

— Richie, t'apprendras un jour que les deux plus grandes joies, quand on est un homme, c'est mettre une volée à quelqu'un et s'en faire mettre une.

— Suce-moi le zob ! J'ai jamais rien entendu d'aussi crétin !

Eugene se leva, Richie le regarda quitter le terrain de jeu.

— Et t'as l'air d'un con, avec ta coupe de cheveux !

Eugene continua à s'éloigner, sa silhouette rapetissant à chaque pas. Un instant, Richie eut l'impression que le terrain de jeu était plein à ras bord de millions de gamins de dix ans qui gueulaient comme des dingues. Il se laissa retomber en arrière contre le dossier du banc et plaqua ses mains sur ses oreilles.

Achevé d'imprimer sur les presses de

BUSSIÈRE

GROUPE CPI

à Saint-Amand-Montrond (Cher)
en mars 2005
pour les Presses de la Cité
12, avenue d'Italie
75013 Paris

Composition : Facompo, Lisieux

N° d'édition : 7261. — N° d'impression : 051235/1.
Dépôt légal : mars 2005.

Imprimé en France